HORS SYSTÈME

ww.editions-jclattes

Okwari, Shahi Yena et Xavier Fortin

HORS SYSTÈME

Onze ans sous l'étoile de la liberté

Écrit avec la collaboration de Laurence Vidal

JC Lattès

ISBN : 978-2-7096-3442-7

Première éditions mars 2010.

À notre père et grand-père, le docteur Philippe Fortin, qui a quitté ce monde pendant la rédaction de ce livre, pour les valeurs de droiture, d'honnêteté et de devoir qu'il s'est efforcé de nous transmettre.

À notre mère et grand-mère, Arlette Fortin-Bozzi.

À tous nos nombreux amis, à tous nos « frères et sœurs », pour leur précieux soutien qui prouve l'importance de la solidarité, du cœur et de l'idéal.

Aux minorités qui résistent pour faire respecter leur intégrité, leur vie et l'avenir de leurs enfants.

À nos amis « du voyage ».

À notre Mère la Terre, à qui nous devons tout.

Avec nos remerciements à Laurence Vidal pour son écoute sensible et sa compréhension.

« Le vieux Lakota était un sage ; il savait que le cœur de l'homme éloigné de la nature devient dur ; il savait que l'oubli du respect dû à ce qui pousse et à ce qui vit amène également à ne plus respecter l'homme. »

Flying Hawk, Indien oglala (1852-1931)

Note des auteurs

Si tous les faits du récit qui va suivre sont véridiques, les noms de personnes et de lieux, en revanche, ont été le plus souvent modifiés, afin de préserver l'anonymat et la tranquillité des personnes citées.

Prologue

Qui ne se rappelle pas l'affaire Fortin, qui défrayait la chronique au printemps 2009 ? Échappant à toutes les polices de France, un père avait enlevé ses enfants à leur mère, disait-on, et les avait entraînés dans une cavale qui avait duré... onze ans ! Dans une vallée enneigée, perdue au fin fond de l'Ariège, on venait de retrouver le fugitif, Xavier Fortin, caché sous le nom de Pierre Duchêne. Mais où étaient donc ses deux garçons, Shahi Yena et Okwari, désormais âgés de dix-huit et dix-sept ans ?

Pendant deux ou trois jours : suspense. Puis l'apparition des deux frères au commissariat ariégeois où, depuis la Corse, ils s'étaient librement rendus... On s'attendait à voir débarquer deux Mowgli, on découvrait deux adolescents bien dans leur peau, vifs, attachants, pleins d'humour, clamant haut et fort que leur père ne les avait pas enlevés, onze ans plus tôt, mais qu'il les avait « gardés » à leur demande, les sauvant d'une vie qui les rendait malheureux. À six et sept ans, affirmaient Manu et Théo – leurs prénoms d'emprunt du moment –, ils savaient parfaitement ce qu'ils ne voulaient pas : l'enfermement sur la Côte d'Azur, entre école, télévision et nourrice, dans l'appartement minuscule où les avait entraînés leur mère revenue à la vie « civilisée ». Ils réclamaient leur vie d'« avant », l'existence semi-nomade, entre caravane sur la route et campement saisonnier, où ils étaient nés et avaient grandi. Ils voulaient retrouver la nature, leurs chiens, leurs chevaux, leurs chèvres et les bêtes de toutes sortes de leur petit cirque d'animation...

Pendant six semaines, Théo et Manu, le blond passionné et le brun réservé, ont raconté aux journalistes leur cavale, quelques-uns des lieux où ils se sont cachés, des noms qu'ils ont empruntés, des apprentissages qu'ils ont faits, des expériences qu'ils ont acquises au cours de ces onze années, entre l'école du matin que leur faisait leur père, et l'agriculture, l'élevage, le dressage, l'attelage, la voltige, la taille de pierre ou de bois, la construction de maisons, l'informatique, la musique...

Souriants, brillants, combatifs dès lors qu'il s'agissait de défendre et leur père et leur mode de vie atypique, ces deux-là avaient conquis les médias et, avec eux, l'opinion publique.

Le 17 mars 2009, au terme d'une journée de procès au tribunal correctionnel de Draguignan et devant une salle comble, en grande partie acquise à sa cause, Xavier Fortin était relâché.

Un an après, Xavier, Shahi Yena et Okwari Fortin reviennent sur leur aventure et sa genèse. Comment deux idéalistes, Xavier et Catherine, se sont rencontrés à la fin des années quatre-vingt. Ils avaient en commun l'amour de la nature, de la fraternité, d'une pauvreté volontaire qui était pour eux une forme de sagesse. Ils voulaient vivre en marge de la société matérialiste, proches de la terre, des bêtes, des hommes, et inculquer à leurs enfants ces valeurs perdues qu'enseignent les peuples premiers, Amérindiens, Touareg, Tsiganes... Comment Shahi Yena et Okwari sont nés de ce mariage à l'heure indienne de deux parents désormais appelés Manu et Katia. Comment, avec leur demi-frère Nicolas, premier enfant de Catherine-Katia, ils ont grandi entre roulotte et tipi, campements cévenol et normand, au rythme saisonnier des jardins et de la route. Comment Catherine-Katia, peut-être épuisée par cette vie frugale, a soudain choisi de la quitter, filant rejoindre ses parents à mille kilomètres de là, les trois enfants dans ses bagages. Comment une première décision du tribunal confierait la garde des trois garçons à leur père. Comment ce jugement ne serait jamais appliqué, puisque la mère retiendrait aussitôt ses fils dans l'appartement qu'elle vient de louer sur la Côte d'Azur. Comment la justice condamnerait Catherine-Katia... avant de lui donner néanmoins la garde, Nico s'habituant peu à peu à sa nouvelle vie tandis que Shahi Yena et Okwari regimbent, malheureux comme les pierres loin de leur père, leurs bêtes, leurs amis... et de la nature. Dix-huit mois, pour ces bambins de quatre à six ans, sans parvenir à se faire entendre, ni de leur mère, ni de la justice. Dix-huit mois, pour Xavier-Manu, à voir ses fils dépérir lorsque, très rarement, il obtient de les emmener pour les vacances... Jusqu'au désespoir des trois, à leur révolte... Et leur entrée en clandestinité...

Leur cavale les aura menés du Gers à l'Ariège, en passant par la Haute-Garonne, le Vaucluse et les Cévennes. De caravane en grenier, en cabanon, en villa bourgeoise, en collectif anarchiste, mas perdu dans les montagnes ou communauté néo-rurale, elle les aura presque toujours gardés près de la nature, « cette mère que nous n'avons pas eue », dira l'aîné des deux frères. Elle les aura vite entourés, aussi, d'un réseau d'amitiés, de solidarités qui ne se démentiront jamais. Et leur aura appris, dans les situations les plus désespérées, à s'en remettre à la Providence...

Forcés de maquiller leur histoire jusqu'à se prétendre orphelins pour éluder les questions relatives à leur mère absente, les frères Fortin et leur père auront multiplié les identités. Que le lecteur ne s'étonne pas, donc, de croiser Xavier-Manu Fortin sous les noms de Pierre Duchêne, Michaël Milan puis Vannier, Bertrand Delaroque et Paco Fraille, Shahi Yena sous les prénoms de Théo, Michel, Benoît et Léo, Okwari sous ceux de Manu, Jean-François, Sylvain et Lucas.

« Hors système », les trois Fortin ne le sont plus vraiment, maintenant qu'une décision en justice leur a rendu le droit de vivre au grand jour. « Sous l'étoile de la liberté », en revanche, ils comptent bien y vivre toujours…

Xavier, Shahi Yena et Okwari Fortin évoquent ici les joies, les peines et les révoltes de ces onze années clandestines. Ils témoignent, par-dessus tout, de leur gratitude envers la nature, la liberté, leurs amis, et cette Providence qui n'a cessé de guider leurs pas…

L'éditeur

NB : Okwari, Shahi Yena et Xavier Fortin ont tenu à ce que cet ouvrage soit imprimé sur du papier recyclé.

I

CES JOURS QU'ON ATTENDAIT DEPUIS ONZE ANS...

Théo

Il suffit de faire confiance…

Un mois déjà qu'on est en Corse : depuis le 25 décembre 2008, parce que la traversée était moins chère. Noël, de toute façon, on ne l'a jamais vraiment fêté. Pierre étant tombé dans la potion magique indienne quand il était petit, il nous a autant appris « Notre Mère la Terre » que « Notre Père qui es aux cieux »…

Ce soir-là, sur le pont, fouettés par le vent et la pluie, Manu et moi avons bien déliré. On était avec Jean-Marc, un ami de la vallée qui est pour nous comme un frère. On avait fui la neige, le froid, une ambiance familiale à couteaux tirés, et on se retrouvait là, sur ce bateau super clean, tout bien luxueux. Notre premier bateau… Un verre au bar pour fêter ça, Marseille qui brille dans la nuit et s'efface, deux-trois longueurs dans la piscine déserte, vision irréelle d'une pièce de théâtre enfantine pour la maigre poignée de spectateurs que nous sommes, la suite dans des transats à rouler avec la houle et zieuter les étoiles… Joyeux Noël, finalement !

Au matin, à Ajaccio, les pêcheurs sortaient au taquet des loups de mer échappés des bassins. Ça attirait la presse locale, ce raffut après la tempête. Un photographe nous a repérés. Le lendemain, dans *Corse Matin,* on avait notre portrait sur trois colonnes... Côté discrétion, c'était raté. Mais après toutes ces années, qui nous aurait reconnus ?

La vie cachée, de toute façon, j'en ai ma claque. Je rêve qu'on en finisse. Toutes mes disputes avec Pierre, notre père, finissent par buter là-dessus. Sans carte d'identité ni numéro de sécu, je suis interdit d'apprentissage, d'embauche, de permis de conduire ; l'hiver dernier j'ai dû renoncer à un voyage au Brésil, avec un copain... Deux ans que je tourne en rond, piégé par la vieille histoire qu'on traîne comme un boulet, Manu et moi. J'en ai ma claque, vraiment ! Et l'ambiance à Bolant s'en ressent...

Heureusement, il y a la Corse, grand bol d'air après l'asphyxie. On y a cherché du boulot. Olives, oranges, clémentines, amandes : on arrivait toujours trop tard. J'ai vite épuisé mes contacts. On a essayé Corte, pour la saison des sports d'hiver. Puis on est descendus vers la plaine orientale. Bastia, Aléria, Ghizonaccia... On s'arrêtait devant chaque champ, on frappait à chaque porte de maraîcher, de vigneron, d'arboriculteur... Ça ne donnait jamais rien. Et quand on précisait, en plus, qu'on ne voulait pas être déclarés, alors là ça coinçait vraiment. Jusqu'à ce qu'on ait l'idée de se présenter au nom de La Ferme écologique, association de Pierre Duchêne, le dernier faux nom du père...

Partis avec 800 euros en poche à nous trois, on n'était pas loin de la galère. Puis un ami de passage nous a dépannés de quelques billets, le propriétaire d'une forêt d'eucalyptus nous a employés une semaine au débitage du bois, un artisan super sympa nous a embarqués pour la cueillette du romarin dont il fait ses huiles essentielles. Et puis il y a eu Didier, l'homme providentiel qui nous a prêté le chalet où on est posés depuis trois semaines.

Trente mètres carrés au bord d'une rivière, le jour le soleil, la nuit le vieux poêle qui fumait à mort mais qu'on a colmaté avec un mastic de cendre et sel… C'est cool la Corse ! C'est l'aventure au jour le jour, les rencontres, les surprises. Comme cette fois où on campait au bord d'un étang et où un local, fils de colonel, avec qui on bavardait, nous a donné le poisson qu'il venait de pêcher – mon premier loup de mer… Ou comme le gros bonhomme jailli de son C15, furieux de nous trouver sur ses terres ; on a discuté le coup avec lui, lui a raconté ce qu'on faisait, et le voilà qui lâche en partant : « OK, vous pouvez rester »… et nous offre une bouteille de son vin !

À part une ou deux embrouilles avec menaces à la chevrotine, la Corse, globalement, ça le fait ! Un jour, quand je n'aurai plus à me cacher, j'irai visiter les ruines du château des Bozzi, ces ancêtres maternels de Xavier, quelque part dans le Bozio. Sculpteurs de père en fils, paraît-il. Est-ce d'eux que je tiens le goût de tailler la pierre, de voir surgir de la matière les formes qui peuplent mon imagination ?

Pour l'heure, la bonne nouvelle, c'est qu'on a trouvé du boulot ! Taille des pruniers chez un notaire à la retraite qui est aussi arboriculteur. Une semaine d'apprentissage payée par la MSA[1], ensuite deux mois de travail, histoire de se renflouer. On commence dans trois jours.

Il suffit de faire confiance…

1. Mutualité sociale agricole.

Xavier

Les dés sont jetés !

C'est un matin comme tous les matins, l'hiver, en Haute Ariège. Mon deuxième hiver à Bolant, dans les neiges de Bellair, au-dessus de Massat.

Cette maison, cette vallée, je ne les ai pas choisies. Je suis homme du voyage, du soleil et de la nature. Plus à l'aise dans la ronde chaleur d'un tipi ou la simplicité d'une caravane qu'entre les murs carrés glacés d'une maison, ma place à moi c'est la route, mes frères sont les bêtes tout autant que les hommes, les pierres et les étoiles, mon appartenance, c'est Notre Mère la Terre…

Qu'on soit nomade ou sédentaire, la vie prend quelquefois des chemins biscornus. Avec mes deux fils, elle m'a conduit ici, dans cette vallée humide, il y a un an et demi. La vie m'y a poussé, mais aussi un bras de fer avec des squatters, à trente kilomètres de là. Après une année de résistance, j'ai dû abandonner un beau projet d'éco-village avec ferme pédagogique, et trouver un nouveau point de chute. La vallée de Bellair m'a accueilli, loin de tout pour moi qui n'ai pas de voiture.

Depuis le mois de novembre 2008, mes fils sont en Corse, où un arboriculteur les a embauchés. Peu après leur départ, notre ami et voisin Norman s'est éteint, à l'hôpital. Grande solitude, donc… Et je ne suis pas sûr d'avoir assez de vivres tirés de mes récoltes pour tenir jusqu'à la fin de l'hiver.

Tout m'apparaît un peu lourd, en ce froid matin de fin janvier… Je viens de nourrir les oies, les poules, les paons. Je suis en train de verser à boire aux lapins, lorsque mon portable sonne. On ne capte pas bien, dans la vallée. Je reconnais quand même la voix de Susanne, une voisine.

« Pierre, les flics débarquent ! La police, les gendarmes : il y en a partout dans la vallée ! Ils viennent de passer devant chez moi et marchent vers Bolant. C'est forcément pour toi… »

Cela fait six mois que tout Bellair est au courant, pour nous trois. Sur des photos, à la Poste, un voisin a reconnu les garçons. Il en a parlé à l'un, à l'autre. On a dû s'expliquer avec Barbara, personnage clé de la vallée. De porte en porte, de bouche à oreille, la rumeur a circulé : nous ne sommes pas Pierre, Théo et Manu Duchêne mais Xavier, Shahi Yena et Okwari Fortin, en cavale depuis onze ans.

La rumeur n'a pas franchi les frontières de la vallée. Ici, on fiche la paix aux gens tant qu'ils vous fichent la paix et on n'apprécie guère les fouinards et les zonards. Aujourd'hui, pourtant, la rumeur me rattrape. Et moi je mentirais si je n'avouais pas que je m'y attendais. On s'y attendait tous les trois. On s'est même mis d'accord, avec les garçons, avant qu'ils partent pour la Corse : si on est retrouvés, cette fois, on ne s'enfuit plus. Théo est majeur maintenant ; Manu, à dix-sept ans, ne court pas trop le risque d'être placé en foyer. Aucun de nous n'a plus ni l'envie ni la force de tout reprendre à zéro. La vie décidera…

Les flics marchent sur Bolant : la vie a décidé.

Avec toute cette neige, ils ne seront pas là avant une petite demi-heure. J'aurais le temps de fuir – réflexe à la peau dure… Mais non : je les attends. Le cœur à cent à l'heure et les gestes ralentis, je continue ma tournée comme si de rien n'était. Après les lapins, les chiens, les chèvres, les brebis, les pigeons. Je n'aurai pas le temps d'apporter leur fourrage aux ânes et aux poneys, puisque voilà les hommes, tout engoncés de pulls et de gilets pare-balle. Un gendarme de Massat que j'ai souvent croisé s'avance vers moi, très poliment. « Nous avons un témoignage, dit-il – étrange pudeur pour dire délation – , il y aurait un doute sur votre identité… »

Un moment, je m'interroge, j'essaie de savoir ce qu'ils savent, ne savent pas. On est tous là, debout, au milieu des chèvres. Les choses semblent assez avancées, puisqu'ils ont ordre de me placer en garde à vue… D'abord, je n'avoue rien : j'écoute, j'interroge, histoire de prendre la température. Je connais le gendarme, mais me méfie des policiers… J'en ai trop connu qui m'ont bousculé, qui m'ont insulté, sans m'accorder le droit de m'exprimer librement : j'ai besoin de voir à qui j'ai affaire… Des types bien, cette fois, on dirait. Alors je me décide : « Xavier Fortin, c'est moi. »

Ils sont un peu sidérés.

« Pas la peine de me mettre les menottes, je ne vais pas m'enfuir. D'ailleurs je vous attendais. Avec mes fils, on a décidé de s'expliquer à la justice… J'ai tous les éléments. Il faut juste que je récupère des documents… »

La suite se déroule ensuite à la fois très vite et de façon humaine. Ils me suivent partout mais ne perquisitionnent pas vraiment. Ils me laissent me changer – pour la première fois, hélas pas la dernière, me voilà obligé de me déshabiller sous le regard des flics. Ils m'accompagnent jusqu'au poulailler où je récupère, cachés sous la paille, notre volumineux dossier judiciaire et les 1 200 euros que je garde toujours pour payer le voyage des garçons, au cas où ils décideraient d'aller voir leur mère.

J'ai la tête qui tourne, mes gestes s'effectuent en pilotage automatique. Et nous partons, à pied. Les pas s'enfoncent dans la neige, ça ralentit la marche. Comme si une part de moi renâclait à bouger. Ils ont la gentillesse de s'arrêter un instant chez Susanne à qui je confie la maison et les bêtes. J'imagine un jour, deux jours de garde à vue. Ou je n'imagine rien… Les dés sont jetés. Les jeux sont faits. Après onze ans, la roue s'est remise à tourner – rien ne va plus !

Manu

Le jour J qu'on attendait tous

Longtemps après le soleil, nous avons émergé tous trois de nos sacs de couchage. Jean-Marc et moi attablés dehors, Théo encore dans le chalet, nous attaquons le petit déjeuner. Le ciel est bleu, l'air déjà tiède. La bouillasse de Bolant est loin. La Corse a beau être assez bourgeoise, assez fermée, pas très accueillante, elle présente quelques avantages. Son climat, par exemple...

Soudain, Théo est devant nous, son téléphone à la main. Il est blême, il gesticule. Qu'est-ce qu'il a à stresser comme ça ?

« Je viens de parler à Susanne... »

Susanne, c'est une voisine, à Bellair, dans l'Ariège. Entre chez elle et Bolant, notre maison, un quart d'heure de marche, un peu plus en hiver à cause de la neige... Qu'est-ce qu'elle disait, Susanne ?

« Dans la vallée, ce matin : les flics ont débarqué... Pierre s'est fait choper ! »

Silence de mort autour de la table...

Pierre, c'est le paternel. Xavier Fortin de son vrai nom. Nous, enfants, on l'appelait Manu, comme tout le monde à l'époque. Il avait pris son deuxième prénom d'Emmanuel le jour où, sous un chêne et avec Nico pour témoin, il avait épousé Cathy, devenue Katia ce même jour, Katia, notre future maman. Plus tard, avec la cavale, on a pris le pli de l'appeler tour à tour Michaël, Bertrand, Paco et, depuis bientôt quatre ans : Pierre. C'est avec Manu-Pierre-Xavier qu'on s'est sauvés, il y a onze ans, de chez Katia et de son appartement minuscule. C'est avec lui qu'on a dû se cacher, tout ce temps, pour avoir le droit de vivre avec nos bêtes, dans la nature. Onze ans à se balader sans papiers, à vivre libres, loin de l'école, mais à subir en contrepartie les descentes de flics, à devoir abandonner en catastrophe maison, amis, animaux et reprendre la vie à zéro, une fois, deux fois, cinq fois…

L'a-t-on attendu, ce jour ! L'a-t-on imaginé, en onze ans ! Et le voilà arrivé… Le jour J qu'on a tellement craint, celui qu'on a évoqué tous les trois, avec Pierre, avant le départ pour la Corse, quand Théo était exaspéré et qu'on a décidé, ensemble, de ne plus fuir en cas d'alerte, de se rendre, de s'expliquer, enfin, au grand jour… Ce jour, c'est aujourd'hui. Et on est là, scotchés, stress maximum. Avec une question : quoi faire ?

D'abord, ôter les puces des portables, histoire de n'être pas repérés. Ensuite… la tête en surrégime, l'adrénaline à fond, une demi-heure à discuter sur partir, ne pas partir, se cacher, se rendre… « Et toi, Jean-Marc, qu'est-ce que tu fais ? demande l'un de nous deux au passage. Tu n'es pas obligé d'embarquer dans notre galère. Il vaut peut-être mieux que tu restes ici à bosser, comme c'était prévu. C'est à toi de voir… » « Moi je ne vous lâche pas, répond Jean-Marc qui est un peu un grand frère et sait tout de notre histoire. Où vous allez, je suis avec vous. Vous avez carte blanche pour la décision… »

La décision qui se dessine, c'est rentrer sur le continent, d'abord, puis filer vers l'Ariège... Oui, mais avec quel argent, au fait ? On n'a pas de billet retour...

En deux temps trois mouvements, nous plions le camp. Fini le chalet, la Corse, la taille des pruniers. Pas le temps de prévenir Didier dont on quitte la maison, ni l'arboriculteur qui, lundi, attendra en vain. Tout laisser en plan, filer – on a l'habitude ! – à quelques kilomètres d'ici, chez un couple super cool avec qui on a cueilli le romarin, l'autre jour.

Et nous voilà tous deux, tous trois avec Jean-Marc qui la connaît, à déballer notre histoire. « Je ne m'appelle pas Manu… pas Théo… Nos vrais noms c'est Okwari et Shahi Yena… oui oui, des noms indiens… Notre père, Xavier, arrêté ce matin… et oui, ça fait onze ans… » Les voisins hallucinent. Nous, on raconte à toute vitesse. On est juste deux boules de nerfs.

« Calmez-vous… asseyez-vous… » Ensemble, nous réfléchissons. Se rendre, oui, pas d'autre solution. Se rendre et tout expliquer. Faire sortir le père de prison. Donc, pour commencer : retourner dans la vallée, chez nous, et y faire le point.

On téléphone à un copain, là-bas, à Massat. On lui explique le problème : il est au courant, bien sûr, toute la vallée est au courant depuis que les flics sont passés… Il achète trois billets Bastia-Toulon au nom de Jean-Marc et nous les envoie par mail. Pendant ce temps, nos amis corses nous ont préparé un repas. On reste la journée chez eux. On s'est calmés – enfin, presque. Et en fin d'après-midi, on décolle.

Juste comme on sort des petites routes, on croise une voiture de flics qui file là d'où nous venons. Est-ce pour nous ? Coup dans la poitrine. Et puis on éclate de rire : on n'est pas le père, pour se méfier ainsi de tout – non à la parano !

À Bastia, le soir, on embarque. Nuit blanche pour tous les deux. Rien à voir avec l'aller. Qu'on discute ou se taise : dans nos têtes, c'est le même ramdam. Qu'est-ce qui va se passer ? Qu'est-ce qu'on doit faire ? Pierre en taule, il faut agir… Théo est majeur, moi pas. Va-t-on me placer dans un foyer ? Me renvoyer chez Katia dont je ne me rappelle ni la voix ni le visage, après toutes ces années ? Est-ce comme ça qu'elle gère les vies, cette justice qui ne nous a jamais écoutés ?

À dix-sept ans, je suis capable de me faire entendre, pas comme autrefois, quand j'en avais six. Je me vois assez déclarer aux flics, aux juges, à n'importe qui : le père s'est enfui pour nous sauver, parce qu'on était malheureux, malades, et qu'on ne voulait qu'une chose, retrouver notre vie d'avant… Il a dû se cacher, mais c'était pour nous, parce que personne ne voulait nous entendre, ni Katia, ni la justice… On ne va pas en prison pour ça !

C'est si clair dans nos têtes, à Théo et à moi, que dans nos minutes les plus optimistes on pense régler l'affaire en deux semaines… et retourner bosser en Corse.

Ça ne s'est pas passé comme ça. Cette nuit-là, malgré les questions qui fusent, et le stress, et onze ans de vie qui, nécessairement, remontent à la surface, on est loin de se douter de ce qui nous attend. La proportion que va prendre l'histoire : chasse à l'homme médiatique, fuite devant les photographes, contrats, avocats, interviews, valse des journaux, radios, télés…

On est loin d'imaginer, surtout, que vingt-quatre heures plus tard, au terme d'une journée éreintante à tracer sur les routes de France, au terme d'une nuit improbable à répondre aux questions des flics, on va se retrouver face à elle. Elle, Katia, notre mère. Celle qui nous a embarqués treize ans plus tôt, nous arrachant à la vie familiale entre tipi, roulotte et bêtes, puis qu'on a fuie, avec Pierre, qu'on appelait encore Manu. Celle qui nous pleurait à la télévision mais ne répondait pas à nos lettres, au tout début de notre cavale, quand Pierre nous forçait encore à lui écrire ; pas plus qu'elle ne prenait de nos nouvelles auprès des amis qui lui en proposaient. Celle que j'ai fini par oublier…

Xavier

Quatre murs de béton

On m'a retiré ma ceinture, vidé les poches, dressé la liste de leur contenu qui a disparu dans l'antre de l'administration policière. Puis on m'a fait descendre dans un sous-sol sinistre. Ma cellule est là : quatre murs de béton, deux mètres sur deux à peine ; à gauche, une couchette, en béton elle aussi, avec couche de plastique en guise de matelas ; au plafond, un œilleton – une caméra sans doute. Me voilà prisonnier, pour la première fois de ma vie. Je n'ai rien vécu d'aussi choquant depuis l'épisode des squatters...

Les pieds dans les bottes de caoutchouc que je n'ai pas songé à changer tout à l'heure à Bolant, une main qui retient le pantalon trop grand qui me glisse sur les hanches, sans montre, sans couleur du jour, je tourne en rond dans ces quatre mètres carrés. Quelle heure peut-il bien être ?

De temps à autre, on me sort de là, pour faire ma déposition. Deux officiers de la PJ m'interrogent. J'explique, je raconte tout des dix-huit mois de cauchemar, depuis ce jour de juin 1996 où Katia est partie sans rien dire, nos trois enfants sous le bras. Je raconte la belle vie qui était alors la nôtre – vie semi-nomade, nature, animaux – ; et Katia soudain disparue, que je retrouve chez son père ; et lui qui me met dehors – « un bohémien comme toi : tu n'as aucune chance devant la justice ; oublie tes enfants, c'est fini ! » – ; et le vieux juge plein d'expérience qui me confie le droit de garde ; et les garçons fous de joie ; mais la mère qui refuse de les laisser partir, les gendarmes qui me ricanent au nez quand je leur demande assistance. Je raconte la fuite comme un jeu, d'abord ; puis la descente des flics, armés, pour la chasse à l'homme ; et la vraie clandestinité qui commence, sans que nous renoncions pourtant à nous faire entendre en justice ; mais les dés pipés, toujours, d'abord parce qu'on me traite avec le mépris réservé à mes « frères » manouches, plus tard parce qu'on me voit comme un criminel... Je raconte l'espoir qui s'amenuise, jusqu'à disparaître tout entier. Je raconte et raconte encore, flot d'images, de souvenirs, d'injustices et d'humiliations. Fabrice et Romain, les deux OPJ[1], écoutent. On dirait même qu'ils comprennent. « On a des enfants, nous aussi... »

Même quand j'évoque, révolté, dix-huit mois d'une justice bâclée, discrimination contre le père, délit de sale gueule – entendez : de vie marginale –, enfants qui trinquent, et flics pourris par là-dessus, ils écoutent, ne réagissent pas. Ils demandent des précisions, prennent mes documents, les consultent, posent de nouvelles questions. Jamais ils ne critiquent ni ne jugent. Ils sont là, précis, impartiaux. Amicaux, même.

Ça se passe en plusieurs fois : une heure ou deux d'interrogatoire, puis retour à ma cellule où le temps à nouveau perd son fil. Puis un flic qui revient me chercher et la déposition qui reprend. Avec, chaque fois,

1. Officiers de la police judiciaire.

cette écoute vraie, ce respect, la probité de vouloir dresser un dossier aussi complet, aussi objectif que possible. La police, voilà douze ans, ne m'a pas habitué à ça. J'en suis un peu rasséréné, malgré les quatre murs de béton où on me ramène toujours, et l'infâme barquette en plastique qu'on m'apporte, avec quelques morceaux de poulet qui nagent dans un riz jaunâtre. « On s'excuse, me dit le flic qui l'a déposée dans ma cellule : on n'a que ça »... Drôlement humains, ces policiers !

Il faut dire qu'en quelques heures, je crois bien qu'ils me connaissent tous. À peine l'un vient me tirer de ma cellule, à peine un autre m'y ramène, à peine nous en croisons un troisième : à tous je raconte mon histoire, et encore et encore. Comme s'il me fallait rattraper ces onze années de silence, me faire entendre, *nous* faire entendre, enfin. Et je vois bien qu'ils entendent. Je vois, même, qu'ils comprennent. Je sens cette solidarité muette entre hommes qui en ont beaucoup vu – beaucoup subi eux-mêmes peut-être ? – de ces jugettes des affaires familiales qui, à coup d'irréalisme et de féminisme obtus, brisent des familles, des vies entières...

Je suis un peu sur les nerfs. Au point que le médecin que je demande à voir me colle des médicaments contre la tension – encore une première dans ma vie !

Les deux OPJ veulent savoir où sont les enfants. Ils ont beau revenir à la charge, c'est la seule question à laquelle je refuse de répondre. Ils finissent par appeler le procureur, un certain Leprince, un grand maigre, distant, qui me prend de haut. Au contraire des policiers, et comme nombre de ses semblables avant lui, son opinion est faite – je suis un criminel ! – et son ton cassant, son mépris, me le font clairement savoir. D'entrée, il me fait la morale sur la pauvre maman qui pleure ses enfants depuis douze ans. Il me rappelle que j'ai été condamné par défaut[1], voilà quatre ans, à deux ans de prison ferme pour non représentation d'enfants. Et qu'il compte bien me faire juger une seconde fois, pour la période 2005-2009 où j'ai continué de vivre hors-la-loi… J'encours jusqu'à cinq ans fermes !

« Les enfants doivent être là, dans l'heure ! » m'assène-t-il enfin, comme si la haute fonction de procureur lui donnait pouvoir sur l'espace et sur le temps.

« Pas possible, ils sont loin », je me fais un plaisir de lui annoncer.

L'autre menace de prolonger ma garde à vue jusqu'à ce qu'ils se présentent.

« Ils viendront aussi vite qu'ils pourront... », je le rassure. Et précise : « Ils viendront à condition de savoir ce qui va se passer pour eux et pour moi. »

Tête furieuse du grand homme !

« L'un des deux est encore mineur, je développe. Il est hors de question de le placer en foyer ou en famille d'accueil ; encore moins dans la belle-famille. Mis sous tutelle, bien sûr, c'est la loi ; mais que ce soit une personne de son choix ; qu'il soit écouté, respecté, non pas soumis à l'arbitraire. »

Le grand maigre est agacé. Pour lui, c'est évident, le criminel que je suis n'a pas le droit à la parole. Il concède cependant. « À dix-sept ans, en effet, on peut difficilement obliger Okwari… »

« Pour préparer mon dossier, j'enchaîne, il me faut du temps et la liberté d'aller et venir : je réclame donc d'être mis en liberté surveillée. » Et d'expliquer que je ne compte pas me sauver puisque au contraire, et depuis le début, je veux que la lumière soit faite sur cette affaire. Je n'ai attendu toutes ces années que pour protéger les

1. Jugement rendu en l'absence de l'accusé.

enfants, encore mineurs, des décisions abusives qu'on prenait pour eux...

« Pour la liberté surveillée, on va voir, répond le procureur qui tempère son impatience. Ce n'est pas impossible, puisque cette décision m'appartient... Voyons les enfants d'abord... »

Okwari respecté et cette vague, très vague promesse de ne pas me garder en prison : je n'en obtiendrai pas davantage... Alors je finis par dire : « Les deux enfants sont en Corse. On peut les joindre, par téléphone... »

Théo

Un amour à couteaux tirés

On avait tracé tout le jour, roulé et grillé clope sur clope – un paquet de tabac en vingt-quatre heures. Quand on avait rallumé le portable, des dizaines de messages attendaient. Il y en avait d'amis de la vallée, d'un oncle en Bretagne qui proposait son assistance, d'une vieille amie de Pierre[1] prête à réveiller le « Comité de soutien pour la défense et la liberté de Shahi Yena et Okwari Fortin » en sommeil depuis sept ans. C'est chez elle qu'on avait foncé. Elle connaissait notre histoire à fond. Pendant cinq ans, à travers médiations, tracts, pétitions, lettres aux juges, aux associations pour la défense des enfants, en justice même, elle nous avait défendus. L'oncle, puis Pierre au téléphone, depuis le commissariat, nous conseillaient de la contacter. Puisqu'elle demeurait près de Montpellier, ce ne serait qu'un petit détour.

Après le déjeuner chez Françoise, une de nos amies – un grand merci à elle pour son appui qui ne s'est jamais démenti ! –, on avait repris la route. Depuis Arles, le portable n'arrêtait pas de sonner : tantôt Fabrice, tan-

1. Et, il y a bien longtemps, de Katia, avant que notre « affaire » ne les sépare.

tôt Romain, les deux flics du commissariat nous mettaient la pression. « Soyez raisonnables, venez tout de suite. C'est la meilleure solution. » Pierre au téléphone avait confirmé : « On attend votre déposition, pour la liberté conditionnelle. Venez au plus vite, il n'y a pas de problème : toi tu es majeur de toute façon, quant à Manu, c'est arrangé... » On était plus rassurés. Déjà, la nuit nous avait calmés. Mais là, il y avait du neuf : notre témoignage allait suffire, il serait peut-être relâché...

C'est qu'on avait eu le temps d'y penser, tous les mois d'avant : puisqu'il avait été condamné quatre ans plus tôt, en son absence, Pierre devrait en passer par un nouveau procès et, avant cela, par la prison, sans doute. Un coup plus dur que tous les autres, pour ce fils du vent et de la liberté !

Dans cette vieille voiture qui roulait aussi vite qu'elle pouvait, deux années de rage me quittaient. Tous les reproches, les prises de tête, les vieilles rancunes que Pierre ne cessait de m'opposer, toutes les injustices, les malentendus et pas entendus du tout que je gardais sur le cœur : tout ça, d'un coup, s'évanouissait... Rien ne soulage comme l'action. Enfin, je pouvais agir : j'allais, nous allions le tirer de là !

L'arrivée à Foix en pleine nuit. Un café, quinzième de la journée, histoire de décompresser. Voiture à peine garée en face du bar allumé : le portable sonne, les flics – « Qu'est-ce que vous faites ? On vous attend ! » Du calme les gars, on arrive... On boit notre café, tranquille. Tranquille, enfin pas vraiment. Et on y va.

Ils nous attendaient dans la rue, à mi-chemin du bar et du commissariat. À croire qu'on était pistés – ce qu'ils confirmeraient plus tard : pistés, on l'était depuis la Corse ; ils avaient même envisagé de bloquer les sorties de l'autoroute Toulon-Marseille, au cas où on aurait voulu se barrer. Plutôt sympa, d'ailleurs, les OPJ. Crevés –

ça faisait quarante-huit heures qu'ils étaient sur la brèche – mais sympa.

Les premières minutes, tous les flics du poste avaient défilé. Ils voulaient voir nos têtes, semblait-il. Ils s'attendaient à trouver quoi ? Des enfants sauvages ? Des petits Mowgli ?

Ensuite, ça s'était calmé. J'étais interrogé par Fabrice, un gars à l'accent du Sud. Manu déposait devant Romain, celui qui m'avait accueilli en disant : « C'est moi que tu as rabroué tout à l'heure, au téléphone. » Sourire, excuses : « C'est vrai que j'étais un peu vénère… » Il ne m'en voulait pas plus que ça.

Fabrice questionnait, il écoutait. Je veux dire : écoutait vraiment, sans idée derrière la tête qu'il aurait essayé de me faire dire. Assez vite, on s'était tutoyés. Il me laissait fumer dans le bureau – vingt clopes en une nuit, au moins. Il voulait tout savoir de notre vie, surtout les quatre dernières années, en Ariège. Ça durait, ça durait… on n'en pouvait plus.

Il devait être 3 heures du matin, et voilà le procureur qui se pointe. Rien à voir avec les flics, celui-là. Aussi distant, aussi froid, aussi coincé qu'ils étaient ouverts. Et qu'est-ce qu'il nous balance, le proc ? « Si vous voulez voir votre père, il va d'abord falloir rencontrer votre maman. Elle est là, avec votre frère. Elle attend depuis plusieurs heures… »

Le chantage, j'ai jamais trop aimé. Alors j'ai dit « non ! », tout de suite. Mais le knock-out venait d'ailleurs. Retrouver Katia, tout d'un coup, sans préparation ni rien : voilà qui dépassait mes scénarios les plus chauds !

Manu et moi, on s'est regardés. On a demandé à sortir, histoire d'encaisser le choc. Le procureur a refusé – il craignait peut-être qu'on lui échappe ? –, mais nous a laissés un moment seuls, dans une pièce à la lumière glauque. Centième clope de la journée... Nous, ce qu'on avait imaginé jusque-là, c'était prison, procès, témoignage. On n'avait pas pensé plus loin. Mais voilà, on y était. Il fallait l'accepter, de toute manière. Faire face au truc, malgré l'appréhension. Se préparer à voir des gens qu'on ne visualisait même plus, une mère, un frère, des souvenirs... mais si loin, si occultés au fond de moi que c'est un retour du bout du monde, une porte qui s'ouvre brutalement. C'est violent.

« Si on faisait monter Nico d'abord ? a proposé Manu assez vite. Avec lui, il n'y a pas de conflit... »

Le conflit, oui. Le conflit de qui ?... Suis-je en conflit avec ma mère ? Ou suis-je la victime d'une guerre qui fait rage, depuis treize ans, entre Katia et Pierre, entre Pierre et Katia ?

Me la suis-je posée, cette question, depuis une vingtaine de mois ! À sept ans, c'est sûr, je lui en voulais. Pourquoi elle nous avait embarqués sans crier gare à mille kilomètres de chez nous, nous entraînant chez papy Charles que l'on connaissait à peine ? Pourquoi elle nous avait ensuite laissés dans un appartement timbre poste, nous interdisant de revoir le père, et nos bêtes, et nos amis ? Pourquoi elle avait lâché sur nous les flics, une nuit qu'on était en vacances avec lui et nos copains manouches ? Pourquoi elle ne voyait pas qu'on souffrait, qu'on n'en voulait pas, n'en pouvait plus de cette vie entre l'école, le trottoir, la télé et la nounou, coupés de tout, coupés d'elle surtout, d'elle qui s'occupait de nous, « avant », et qui avait tellement changé ? Je lui en avais voulu longtemps, terrifié à l'idée que nous récupère l'étrangère qu'elle m'était devenue, terrifié quand les flics débarquaient... Et puis j'avais oublié. Il était même arrivé qu'elle me manque, elle ou la tendresse maternelle, les jours où je me sentais si seul, certaines fois à Boscavès, quand les copains et copines avaient, tous, une maman...

Ensuite était venue l'adolescence, premiers envols vers l'indépendance : je n'avais plus eu le temps d'y penser. Jusqu'à ces vingt derniers mois, quand je tournais en rond dans la vallée, que Xavier était invivable et que j'imaginais à Katia bien des circonstances atténuantes...

Je n'avais pas de conflit avec Katia. J'avais un conflit avec moi. Refus, désir fou de la revoir. Un amour à couteaux tirés. Et je ne le savais pas encore...

Xavier

Des flics, d'accord, mais des gens bien !

Ma première nuit en prison : un calvaire. Impossible de dormir… « Vous n'auriez pas quelque chose à lire ? » Rien hélas, rien du tout… À moins que le bottin téléphonique ? Merci, non, sans façon.

Alors une nuit interminable, à tourner et retourner dans ma tête les événements de la journée, ceux de treize années entières… Je suis complètement secoué.

Ces quatre murs en béton, l'inaction, l'incertitude, ce procureur qui ne m'inspire pas confiance, l'impression écrasante d'être à la merci de quelqu'un qui d'emblée, et sans m'entendre, m'a déjà jugé… Tout ça est très éprouvant.

Quand le procureur est reparti, tout à l'heure, après qu'on a appelé les enfants, j'ai compris que ça s'était passé au plus mal. Là où il attendait un misérable, l'échine courbée par la peur et la honte, il m'avait eu moi, droit comme un i, et qui ne mâchais pas mes mots. Pour lui j'étais un délinquant qui ne méritait que son mépris. Pour moi, j'étais la victime d'une erreur judiciaire et j'espérais le lui faire entendre. Mésentente totale. Il me prenait pour un forcené…

La nuit n'en finit pas de ne pas finir. Je ne peux pas dire que je compte les heures, puisque je n'ai pas la moindre idée de l'heure. Mais je pourrais compter les pensées toutes plus ou moins sombres qui me traversent la tête en pagaille. Les souvenirs, les révoltes, l'appréhension du lendemain : libéré ou pas libéré ?

Au matin, quand on me ramène auprès des deux officiers de la PJ, ils m'ont acheté des croissants de leur poche, et du tabac... Des anges, ces deux-là ! Avec eux, on s'est tutoyés tout de suite. Pas le tutoiement du mépris : celui de la rencontre humaine. Ils me posent des questions sur mon existence, autonome, avec les produits du jardin, et l'élevage, dans la montagne. On voit que ça les intrigue, ce mode de vie atypique, que ça les intéresse vraiment. Ils ne sont pas comme les flics du Var ou ce commissaire de Normandie qui, m'ayant catalogué « bohémien », m'avaient écrasé de leur arrogance et dénié le moindre droit. Pendant ces deux jours, au commissariat, nous aurons de vraies discussions. L'un d'eux me confiera avoir deux fils, comme moi, qu'il a lui aussi appelés Emmanuel et Théo...

Plusieurs fois, dans la journée, les OPJ ont relancé les garçons. Parfois ils me les ont passés. Au téléphone, Shahi Yena s'est vite entendu avec Fabrice, celui qui a l'accent du Sud et, comme mon fils, son franc-parler. Le courant est moins bien passé avec Romain, à qui Théo, à un moment, a refusé de parler. « Passe-moi l'autre ! a-t-il dit avec son impétuosité coutumière. Celui-là ne m'inspire pas confiance... » J'ai corrigé tout de suite : « Ne dis pas ça : tu te trompes. C'est la première fois qu'on me traite avec respect dans un commissariat de police. Je t'assure, tu peux avoir confiance : ce sont des flics, d'accord, mais ce sont aussi des gens bien. » Conversation surréaliste, avec les deux OPJ qui écoutaient...

Les garçons ont un peu tardé. Normal : ils n'étaient pas prêts à se laisser dicter n'importe quoi. Ils sont passés voir Françoise, près de Montpellier : Françoise, amie de Katia et moi, quand tout allait bien ; Françoise qui, avant et pendant la clandestinité, a fait cinq propositions de médiation à Katia ; Françoise qui nous a soutenus, les garçons et moi, aussi longtemps qu'elle l'a pu, jusqu'à ce qu'un juge de Draguignan l'inculpe elle aussi, pour complicité... Je suis sûr qu'elle leur aura été de bon conseil.

Donc, les garçons ont pris leur temps. Alors les OPJ les rappelaient, les rappelaient encore... Le procureur n'arrêtait pas de leur mettre la pression, à eux aussi. Mais Théo et Manu ne se sont pas laissé impressionner. Au téléphone, je devinais qu'ils négociaient un peu de marge de manœuvre. Pas plus affolés que ça, ils avaient pris la situation en main. On avait eu tellement d'histoires de gendarmes, en treize ans ! Ils savaient qu'il ne fallait ni paniquer ni faire confiance. Ils étaient aguerris.

Manu

Un procureur pas très subtil

« On ne vous a pas dit, lance le procureur, mais il y a votre mère et votre frère qui sont là. Ils sont venus de Saint-Raphaël dès qu'on a su que vous arriviez. Est-ce que vous voulez les voir ? »

Sur le coup c'est « non ». On a eu notre dose d'émotions pour la journée. On en a même encaissé pour plusieurs jours… Ce serait une bonne idée de remettre à plus tard, et à des circonstances plus propices, les retrouvailles avec Katia.

Mais le proc ne nous laisse pas le choix. « Si vous voulez voir votre père, il va falloir voir votre mère… » Sympathique, le type ! La subtilité faite homme…

« Vous nous accordez cinq minutes, qu'on se concerte ? » je demande. Il nous laisse dans une pièce pas loin. On fume une clope, avale un café. Il est 3 heures du matin, on a une nuit blanche derrière nous, deux jours de stress par-dessus, on vient de déposer pendant près de quatre heures, on n'a toujours pas vu le père et maintenant : ça… OK. Pas le choix. On va faire avec…

C'est là que je dis : « Si on faisait monter Nicolas d'abord ? Le frère, c'est plus facile : il n'est pas dans le conflit… »

Et Nicolas arrive… casquette de rappeur, les Nike, le look : pas vraiment le même genre que nous. Il s'avance, gars plutôt ouvert : « Putain qu'est-ce que je suis content de vous voir ! » Ça brise un peu la glace… « C'est fou comme vous avez changé ! Je vous aurais croisés dans la rue, je ne vous aurais pas reconnus. » – et nous donc… Nico a vingt-quatre ans. Il en avait treize quand on s'est quittés sans se dire au revoir, un jour de décembre 1997.

Ça va vite, tout ça. Depuis quelques heures, on se croirait dans un film en accéléré. Il est cool, le grand frère, pas de problème… Sauf quand on lui parle du père en taule et que je lui propose : « Tu veux pas venir le voir avec nous ? » Là, direct, la réaction : « Vaut mieux pas : si je le vois j'ai envie de le taper. » Silence dans la salle… Cela dit, je comprends : après toutes ces années, lui avec Katia, nous avec Pierre, il est fort probable qu'on n'ait plus en commun ni éducation ni expériences de vie ni version des faits. Juste un passé enfoui, loin, très loin dans nos enfances…

On discute un peu, pressés par l'horloge. Un peu bizarre, quand même : comme des étrangers qui croiraient se rappeler qu'ils se sont connus, un jour, peut-être… On se raconte vite fait où on vit, comment… On a juste le temps de lui glisser : « Il faut que Katia retire sa plainte », lui de nous répondre qu'il n'est au courant de rien… Et le procureur débarque : « Je fais monter votre mère. »

Xavier

Bienvenue chez Big Brother !

La nuit est tombée depuis longtemps – ma deuxième nuit en prison. On m'a ramené à ma cellule. Je n'ai toujours pas vu les garçons…

Tout à l'heure – ou était-ce hier ? Trente-six heures ici et déjà mes souvenirs s'embrouillent – j'ai dû affronter une épreuve : celle du fichage obligatoire. Les photos bien sûr, comme dans une mauvaise série policière : de face, de profil, sous toutes les coutures, avec le vilain flash qui éblouit. Ensuite la prise des empreintes : digitales d'abord, les dix doigts l'un après l'autre et chacun sous tous les angles ; génétiques ensuite, une éponge dans la bouche qui prend la salive… Comme pour vous mettre en condition, aux murs de ce « bureau scientifique » plein d'instruments inconnus sont placardées les photos des grands bandits de l'histoire plus ou moins récente – Mesrine, Conti ou je ne sais qui… J'essaie d'en rire, même si c'est jaune : « Ben dis donc, je suis donc considéré comme eux ? »

Le vrai problème est ailleurs. Le problème, c'est que je ne veux pas être fiché : je ne suis pas un délinquant… Le jeune policier à son ouvrage m'explique que je n'ai pas le choix. Depuis Sarkozy, toute personne en garde à vue est fichée, ADN inclus. Si tu refuses, c'est prison ferme et 1 500 euros d'amende. « Et une fois que c'est fait, quand la justice m'aura blanchi, comment je fais pour effacer ça ? » Ben là c'est plus compliqué : là tout d'un coup il faut de l'argent, il faut engager un avocat, entamer une procédure pour faire annuler le fichage… Et qui me prouve, une fois mes données les plus intimes avalées par l'ordinateur, qu'elles seront effectivement effacées ? Pas grand-chose : affaire de confiance... L'incursion chez Big Brother donne la chair de poule…

À ce moment je réalise que, de toute façon, je suis probablement fiché depuis mes vingt ans : tous ces collectifs anarchistes auxquels j'ai participé, cette mouvance libertaire, ces festivals si follement libres qui ont toujours inquiété les pouvoirs en place… Mon nom suivi d'une poignée de lignes, leurs fichiers doivent l'avoir depuis longtemps. Mais ma photo désormais, et mes empreintes, et mon ADN ! Même si le jeune flic est bon enfant, la minute est traumatisante…

À cet instant, dans cette cellule où je ne trouve pas le sommeil, l'attente suffit à me ronger.

On doit être au milieu de la nuit. Bientôt la fin de la garde à vue.

Qu'est-ce qui se trame, à l'étage du dessus ?

Théo

« Elle est entrée, tout petite… »

Elle est entrée, toute petite, bien plus petite que dans mon souvenir. Elle a lancé, comme s'effondrant : « Shahi Yena ! Okwari ! » Moitié riant, moitié pleurant, Katia s'est approchée de nous.

Le procureur est toujours là, un flic avec lui. « Vous pouvez sortir, maintenant ? » je leur lance, énervé. Ils font un mètre vers la porte et ne bougent plus. Ils veulent notre portrait ou quoi ? Je marche vers eux, les prends par l'épaule : « C'est bon, là : y'a rien à voir ! » Et je ferme la porte sur leurs talons.

Alors seulement je la regarde. Sous mon énervement : le trouble… Ça me remue, je crois, de la voir, de la serrer dans mes bras. On est un peu gauches, tous les trois. Un peu raides, un peu maladroits. On s'assied ensemble, dans un coin de la pièce. Elle commence à nous raconter… nous raconter son épopée, comment elle nous a cherchés, comment elle nous a pleurés, comment elle n'a jamais renoncé à nous retrouver, nous, ses enfants perdus… Moi, je me suis souvent dit que si elle avait dialogué avec Pierre, au moins par amis médiateurs interposés, plutôt que de nous lâcher les tribunaux puis les flics sur le dos, on se serait retrouvés sans problème – mais ça ne me vient pas d'en parler. Sur le moment, j'ai la tête vide. Je tourne dans un drôle de film : retrouvailles mère et fils, après onze ans, dans la lumière glauque d'un commissariat, aux alentours des 4 heures du matin.

Katia continue de parler. Elle nous pose peu de questions : elle a eu tout le temps de discuter avec Jean-Marc, en bas, dans la salle d'attente. Elle nous montre sa carte postale, comme celle qu'on avait « avant » : sa ferme pédagogique, ses animations... Elle nous raconte, aussi, une sorte d'histoire « miraculeuse » : comment, quatre jours plus tôt, dans une église où elle venait d'entrer, elle avait posé ses yeux sur la colombe du Saint-Esprit qui ornait la couverture d'une Bible ; comment, en cet instant-là, un grand apaisement lui était venu ; elle pardonnait, soudain ! Après onze ans, elle posait le fardeau de la haine et pardonnait tout à Pierre, qu'elle appelle Manu... Trois jours plus tard, hier donc, le procureur l'appelait : Pierre était arrêté, elle allait retrouver ses fils...

Cette mère qui nous déboule d'un coup, ces histoires qu'elle nous raconte, la présence qu'elle a, raz-de-marée jailli du passé : pour moi, soudain, c'est l'overdose. Je suis gelé... Et puis il y a le père, à quelques cloisons de là. Le père en taule, la priorité. Il faut le faire sortir d'ici !

« Écoute, maman... tout va bien aller, maintenant... on se retrouve... on repart de zéro... on va le rattraper, le temps perdu, tu verras... Mais il faut que Pierre – pardon, Manu – sorte de prison, tu sais. Il faut que tu retires ta plainte... »

Je crois bien qu'elle a tiqué. C'est un peu rapide, je sais. Ça jette un froid sur les retrouvailles. Mais est-ce qu'on a le choix ? Est-ce que cet idiot de procureur qui nous a forcé la main nous laisse le temps de faire autrement ?

D'abord, Katia s'est rebiffée. « Je ne sais pas si je peux, dit-elle, il y a la loi, les procédures… » Nous on insiste : si elle veut qu'on parte sur des bases saines, et puisqu'elle a pardonné, il faut remettre les compteurs à zéro, rendre sa liberté à Pierre… Elle n'a pas l'air enchanté mais finit par dire « D'accord : je vais retirer ma plainte, si c'est ce que vous voulez… »

Les flics à cet instant sont revenus. Crevés les flics, pressés, tout d'un coup, de nous faire signer nos dépositions, de rentrer chez eux, enfin, sur les 5 heures du matin. Ils nous ont laissés… quoi ? dix minutes ? un petit quart d'heure ? tous les trois ensemble… Maintenant, on se sépare – échange de numéros de téléphone, on se revoit, oui, dans quelques jours…

Je les ai regardés partir, Katia et Nicolas, la mère et le frère soudain reparus. Puis j'ai regardé mes mains. Est-ce à cause de tout le tabac ingurgité depuis le matin ? Les jointures en étaient blanches.

Manu

Rester zen !

C'est là qu'on retrouve Pierre. Bottes en caoutchouc, cheveux longs, yeux révulsés par les cachetons et les deux nuits sans sommeil : il a une gueule de déterré, on dirait un terroriste. Il est assez remonté. On lui dit : « Reste zen, ça sert à rien de t'énerver contre des gens qui ont le pouvoir, de toute façon. » Rester zen et essayer de gérer en conséquence : c'est ce qu'on a toujours fait, non ? Théo lui aussi est tendu à bloc. Il a du mal à calmer ses ardeurs. Il s'est même énervé un peu, tout à l'heure, avec les flics. Moi ça va, je maîtrise à peu près. Le plus zen des trois, au fond, et jusqu'à la fin…

Pour l'heure, Pierre nous raconte vite fait ce que le procureur lui a dit – cinq ans de prison ferme peut-être, au terme d'un nouveau procès ; mais, tout de suite, l'espoir d'une liberté conditionnelle. Nous, on lui a parlé, au procureur : on sait déjà que la conditionnelle, il ne faut pas trop y songer.

On a dix minutes devant nous : pas plus. Alors on pare au plus pressé, on fait un peu le point sur ce qu'il y a à faire, tout à chaud, rien de vraiment concret. On lui dit qu'on a vu Françoise. Lui est déjà dans l'optique de contacter les médias ; nous, on ne le voit pas encore comme ça.

À un moment, les flics entrent. Le procureur est là, dans le couloir. Xavier le rejoint. Ils discutent un peu : on suit leurs mouvements à travers la vitre. Le père vient probablement de comprendre qu'on lui refusait la conditionnelle, car le voilà qui s'énerve : « Des marionnettes de m… dans ton genre, j'en ai vu des tas ! » On devine. Les flics doivent le calmer. Il est blême. Nous, on comprend que le procureur attendait juste la fin de notre déposition pour l'incarcérer.

Quand Pierre revient dans la petite pièce, on le calme comme on peut, nous aussi. On lui dit que le procureur nous a promis un droit de visite… Que dire d'intelligent à un homme qui s'est battu toute sa vie pour sa liberté, pour la nôtre, et qu'on embarque au petit matin, de la garde à vue à la vraie prison, pour une durée indéterminée ?

Xavier

Ces hommes que l'on brise…

Ils m'avaient sorti de la cellule en pleine nuit, m'avaient rendu ma ceinture, mes affaires. Je m'étais rhabillé – la veste, le bonnet – et j'avais enfin retrouvé les garçons. On nous avait laissé un petit bureau. Là, j'avais appris que le procureur avait fait venir Katia, que Théo et Manu venaient de la voir, lui avaient demandé de retirer sa plainte. « Il n'a pas l'air de t'aimer, le proc ! » me confirmaient-ils… C'est là que j'ai su qu'il avait donné l'ordre de me jeter en prison. Il m'avait entortillé. « Leprince… le prince des hypocrites, oui ! » j'ai lâché, fou de rage, tandis que les OPJ se retenaient de sourire. D'autant que je le voyais, de l'autre côté de la vitre, ce juge qui, d'un claquement de doigts, faisait basculer des existences entières. Il n'en menait pas large, malgré son pouvoir… Les enfants m'ont calmé. Le procureur s'est éclipsé. Fabrice et Romain, les deux officiers, étaient désolés : ils étaient chargés de me conduire à la prison voisine…

Une prison déserte, vers 5 heures du matin. D'entrée, mis en cage, je reçois l'ordre de me déshabiller. Complètement.

« Tu as les boules », me dit un des flics qui m'ont amené ici. Bien sûr, j'ai les boules ! Ce n'est pas la nudité : elle, je m'en fiche, on a connu ça dans les communautés. C'est l'humiliation, ce protocole sadique qui anéantit toute dignité... De moins aguerris doivent en sortir cassés : ça, ça me révolte. Je n'accepte pas, je n'accepterai jamais...

« Tu verras, ajoute l'OPJ, tu seras quand même mieux ici qu'en garde à vue. »

Je sors de la cage, on me rend mes vêtements, préalablement fouillés, vidés de leur contenu. On me prend en photo, me donne un numéro d'écrou... On passe des grilles, encore d'autres grilles, jusqu'à ma cellule. Un tel enfermement, serrure après serrure ! La prison, c'est ce lieu du monde où tu n'es plus un homme ; tu es du bétail, un simple numéro et qui doit répondre à l'appel de son chiffre... Heureusement que j'ai un certain recul. Intérieurement, je sais où j'en suis, je vis ça un peu comme une expérience. Mais je réalise comment d'autres que moi peuvent en sortir brisés. C'est insupportable !

La cellule est immonde. Deux couchettes, un lavabo, une cuvette de W.-C., une vieille télé cassée qui traîne dans un coin et un gros sac poubelle avec les déchets du détenu d'avant. On me donne une serviette, un drap, une couverture. Et je reste là, jusqu'au bout de la nuit.

Plus tard dans la journée, on m'expliquera les règles de la prison : le courrier le matin, les heures des repas, les études possibles, le travail volontaire contre rémunération, les remises de peine pour bonne conduite... J'écoute ça, hébété. Le chef des gardiens qui me débite son discours s'imagine peut-être que je vais rester là jusqu'à la fin des temps ?

Plus tard encore, je verrai le procureur, « venu spécialement pour vous, et un dimanche en plus ! » me dit le maton qui m'emmène au greffe de la prison. Il est là, rigolant à moitié, à me tendre une main que je ne serrerai pas. « Vous devez penser que je suis un peu hypocrite », traduit-il, sur le ton de la blague. « Oui, précisément. » Et comme il a le culot de me demander si ça va : « Non, ça ne va pas. Ça ne va pas du tout. Et ça n'ira pas tant que je serai ici. » Il s'obstine un moment à la jouer jovial ; sa condescendance a quelque chose d'insupportable. « Vous savez un peu ce que c'est que la prison ? je demande, dégoûté. Vous devriez venir y faire un petit stage : vous verriez ce que vivent ceux que vous y envoyez. » « Moi jamais, voyons ! C'est hors de question... » sourit le magistrat, un peu jaune cette fois. Sa jovialité a des limites ; être confondu avec le tout-venant qu'on envoie au trou doit en faire partie...

Il n'est pas là pour rien, ce M. Leprince. Il veut que je signe une série de papiers avec, notamment, mon opposition au jugement de 2005. C'est la procédure, en cas de contumace, pour que puisse débuter un nouveau procès. « Je suis gentil avec vous, dit-il, je vous ai tout préparé. » Méfiance... Et aussitôt : « Comme ça ce sera jugé très rapidement ! » Il évoque même un jugement dans les quinze jours. C'est donc là le piège...

« J'ai beaucoup de choses à dire, je réplique aussitôt. Je ne veux pas que mon affaire soit bâclée. Il me faut le temps de préparer ma défense, celui de contacter le comité de soutien. Quinze jours, c'est beaucoup trop court... Et ce n'est pas en prison que je vais préparer tout ça correctement ! »

Comme il est pressé, soudain, le petit juge ! Pour la mise en liberté provisoire, ce n'est plus son affaire : « Le juge d'application des peines en décidera, à Draguignan. » Pour les papiers qu'il m'a remis, je dois lire tout, tout de suite, et signer aussitôt. « Et cette clause, là : je ne suis pas d'accord ! Si je ne signe pas, qu'est-ce qui se passe ? » « Ça ne changera absolument rien. » Alors je signe : quel choix me laisse-t-il ?

Pas le choix, non plus, lorsque le chef des gardiens m'annonce devant l'autre mon transfert dans une cellule avec codétenus. « Pas avec des criminels, je dis, je n'ai rien à faire avec ce genre de gens… » « Vous préféreriez sans doute des gitans ? » glisse le procureur… qui ne peut s'empêcher d'ajouter : « Nous, les gitans, on ne les aime pas du tout… » Encore cette discrimination à laquelle je me suis heurté toutes ces années ; contre les gitans, les beurs, les « marginaux », tous ceux qui, par culture ou par choix, ont d'autres valeurs, d'autres modes de vie que la plupart ! Auront-ils un jour le droit d'exister librement, tous ces « autres » qui sont mes frères, que les moutons montrent du doigt et que les pouvoirs en place écrasent ?

Plus tard donc, dans cette même journée, on me transférera vers une autre cellule, moderne celle-là, toute neuve, avec douche – du grand luxe ! – et avec deux codétenus : un jeune, un vieux. Le jeune, un peu foufou, milieu difficile, déjà pas mal de prison derrière lui, a l'air d'être là pour avoir balancé des grenades dans une gendarmerie. Le vieux, plus coriace, tout un passé de taule pour détournement de mineurs, y est cette fois-ci en préventive. Rencontre du troisième type… Et pourtant, non. Ce sont des hommes, comme moi. On discute ensemble. Ça se passe bien. C'est que j'en ai tellement vu, des gens de toutes sortes, des qui avaient vécu mille espèces de vie, des violents, des doux, des cassés de partout, des rebelles de tout, des pacifiques aussi… En quoi ces deux-là seraient-ils différents ?

Ce soir-là, le vieux qui connaît la musique me conseillera un avocat. « Écris à Guy Dedieu, c'est le meilleur avocat d'Ariège ! Il gagne tout le temps, tu vas voir… »

Dedieu, c'est pas mal comme nom ! Surtout qu'il exerce à Foix... Sans meilleur critère pour choisir mon défenseur, je veux croire que ces homonymies sont de bon augure... Et le soir même je rédigerai une lettre à l'avocat providentiel.

Après ça, l'attente commence...

Manu

Sous tutelle

Parce que j'étais mineur, le procureur m'avait expliqué qu'en vertu de la loi il ne pouvait pas me lâcher dans la nature – après onze années de liberté, il ne manquait pas d'humour ! Une famille d'accueil m'attendait, paraît-il. Heureusement, dans sa toute bienveillance, et au vu des circonstances, Sa Seigneurie voulait bien me placer sous la tutelle d'un proche. Il avait d'abord songé à Théo puis, se ravisant, avait porté son choix sur Jean-Marc. « Tiers digne de confiance », celui-ci devenait mon tuteur provisoire. Une fiction comme une autre, au milieu de cette nuit abracadabrante. Heureusement pour moi, il y a bien longtemps que j'ai pris mon parti des situations les plus incohérentes. À quoi bon la révolte, les comptes qu'on réclame, tous ces arguments ? À moins d'un enjeu qui en vaille la peine, le réel est ce qu'il est, il faut faire avec.

Il était 6 heures du matin. On avait roulé vers Massat. Nous étions épuisés tous trois, nous étions sous le choc, donc pas un mot dans l'habitacle… Jusqu'à ce que Théo se sente mal.

Jean-Marc s'est arrêté. Théo a jailli hors de la voiture : il partait en live… Trop de tension, trop d'émotions, depuis quarante-huit heures, qu'il avait fallu réprimer, alors le voilà qui criait, qui frappait, qui se traînait par terre – il a même éclaté un panneau de signalisation, dans son délire… Nous deux, dans la voiture, on n'en menait pas large. Moi, je continuais de maîtriser, comme je l'ai toujours fait ; je me disais « On se calme ; on va essayer d'oublier tout ce qui vient de se passer et, demain peut-être, demain sûrement, on y verra plus clair… » Mais c'était troublant, quand même, de voir mon frère dans cet état. Je contrôlais, oui ; mais je tremblais. Je tremblais depuis le matin, de toute façon. Et les tonnes de café, de cigarettes, n'avaient rien arrangé.

Théo

Je n'y suis pour personne !

Fercette, c'est une maison au bout de la piste, à sept kilomètres au-dessus de Massat. C'est l'entrée de la vallée, à plus d'une heure de Foix. À Fercette, vivent Pascal et Barbara. Ils sont arrivés dans la vallée de Bellair il y a une trentaine d'années, elle, fille d'officier allemand débarquée de Berlin, lui, fils d'officier français, venu de Bretagne comme agriculteur. Avec leurs huit enfants, les compagnes, les compagnons, ils sont un peu l'âme de la vallée. C'est Barbara qui m'a présenté son fils Saël, il y a trois ans et demi – et c'est avec lui que j'ai commencé à travailler dans le bâtiment. C'est Barbara, deux ans plus tard, qui nous a trouvé la maison de Bolant. Elle s'est prise d'affection pour moi. Surtout quand elle a appris que j'avais perdu ma mère... Drame, évidemment, quand elle a su, pour l'histoire...

C'était il y a six mois. Cet après-midi-là, on travaillait au jardin, avec Pierre, quand on a vu Barbara débarquer : « Il faut que je te parle, Pierre. Et seul ! » Tous deux se sont éloignés. Plus tard j'ai appris qu'elle lui avait lancé tout à trac : « Ils le savent, au moins, que leur mère n'est pas morte ? » Pauvre Barbara ! Tellement fleur bleue !

C'est pour nous, d'abord, qu'elle s'inquiétait... Pierre lui a tout expliqué. Il nous a appelés. On a confirmé. Elle n'en croyait pas ses oreilles. « Il faut vous rendre tout de suite ! disait-elle. Vous ne pouvez pas vivre dans le mensonge… Et cette femme, cette mère, cette pauvre mère : il faut que les garçons aillent la trouver. » Merveilleuse Barbara ! Pas très réaliste, mais pleine de bons sentiments… Ce soir-là, à Fercette, on était convoqués comme au tribunal. La famille était là. Si ce n'est au complet, du moins en partie. C'est Pascal, quelques jours plus tôt, qui nous avait reconnus, sur des photos d'enfants recherchés placardées à la Poste. Pascal qui maintenant écoutait, questionnait, découvrait toute notre histoire. Qui pesait le pour, le contre… moi j'étais majeur, Manu pas encore… Il avait conclu qu'on avait raison : on devait attendre encore avant de se rendre. Barbara, au fil des heures, s'était rangée à son opinion. La vallée saurait, mais la vallée se tairait : nous pouvions y compter.

Allais-je y repenser, les semaines suivant cette journée, à cette reddition qui m'aurait rendu des papiers, une identité légale, la liberté, en somme ! Allais-je m'imaginer appeler cette mère vers qui, de plus en plus souvent, allaient mes pensées... Vers 2003, dans une de ses rares et brèves lettres, Katia nous avait laissé son numéro de portable – un piège sans doute puisque, étant recherchés par la police, un simple coup de fil nous ferait repérer. Cinq années plus tard, majeur donc libre, j'étais parfois tenté de le composer, ce numéro de portable. Et puis je renonçais. Un jour, bientôt…

Et voilà que cette nuit du 31 janvier 2009, sans que j'aie eu le temps de me préparer, j'avais vu les flics, j'avais vu Katia, tout s'était passé à la vitesse de la lumière… Et ça me laissait dans un noir complet… D'où cette crise violente, en sortant du commissariat ; cette pression qui montait, que je ne pouvais nommer ni retenir… « Jean-Marc, dès que tu peux, arrête-toi, vite ! » Juste le réflexe de déposer sur le tableau de bord le dossier de Pierre confié par les flics et je partais en live…

Cette bête blessée qui hurlait à la mort, était-ce vraiment moi ? Était-ce moi qui frappais, pleurais, tempêtais ? Moi qui avais défoncé ce panneau, sur le bord de la route ? Moi qui m'étais roulé, traîné sur la terre, inconscient du froid ? Était-ce moi, enfin, qui avais hoqueté pendant les deux heures qu'avait duré la fin du trajet ? Est-ce moi, enfin, qui me réveille en piteux état, ce dimanche vers midi, chez Pascal et Barbara ?

Je reprends mes esprits – enfin, ce qu'il en reste. En bas, je les entends : ils sont tous levés. Je me rappelle vaguement que je dois appeler quelqu'un… Et que j'ai oublié ma carte de téléphone dans la voiture.

Je descends le chemin, frissonne dans l'air glacé. Et soudain, qui je vois, dans le parking désert ? La mère, le demi-frère, le parrain…

Je ne sais pas ce que je fais, je ne sais pas ce que je dis : je sais juste qu'il est trop tôt, que je me sens envahi, que j'ai besoin de me refaire… Alors je lance un truc du genre : « Qu'est-ce que vous faites là ? Vous ne pouvez pas rester, pour l'instant on n'a rien à se dire. On se verra plus tard mais là, non, pas maintenant… » Je dois avoir une tête à faire peur parce que Katia s'éloigne, s'assied au pied d'un arbre, tandis que Nico essaie de calmer les choses. Moi, je n'en peux plus. Puisqu'il semble y tenir, on remonte ensemble. Il parle, il apaise : il voit bien, c'est sûr, que je suis à cran. Et lorsque l'on croise Manu, qui venait à ma rencontre, je les laisse ensemble, remonte à Fercette. Qu'on me fiche la paix !

Je n'y suis pour personne… Surtout pas pour moi !

Xavier

Le fils perdu...

Le lendemain matin, un gardien passe me prendre : visite au parloir.

« Le parloir ? un lundi... C'est bizarre », remarque l'aîné de mes codétenus. Pourquoi bizarre ? « Parce que ce n'est pas le jour des parloirs, ici. »

Bizarre ou pas, me voilà en route, de grille en couloir, précédé du maton. Et voilà les enfants, Manu, Théo... On nous laisse seuls. Nous avons une demi-heure.

« Nico n'est pas loin », m'annoncent-ils d'abord. Nicolas, c'est mon fils aîné. Mon fils adoptif. Du moins pendant les dix ans où je l'ai élevé. « Pourquoi vous n'êtes pas venus avec lui ? » je demande, ému. Onze ans que je ne l'ai pas vu, Nicolas ! Depuis ce lendemain de Noël où Katia m'a annoncé qu'il avait « rendez-vous avec son vrai père » et ne souhaitait pas me voir... « Pas une bonne idée, répondent les garçons, il veut te casser la figure. » Je tombe des nues. L'incompréhension n'a donc pas de limites...

Ils m'expliquent ensuite qu'ils ont apporté tout un barda : nourriture, vêtements, puisque je n'avais rien. Sauf que tout est stocké à l'entrée de la prison. Pendant les deux mois d'incarcération, je n'en verrai pas la couleur.

Moi je leur raconte les papiers signés, l'avocat Dedieu que je leur demande d'appeler, le procureur en qui je n'ai pas confiance et le JAP[1], bientôt, à Draguignan... Je leur dis que ce parloir, un lundi, ça sent le coup fourré : le procureur m'a laissé entendre que je reviendrais ici après Draguignan, mais je commence à en douter... et crains de ne pas les revoir, eux, mes fils, avant un moment...

Alors quand ils m'annoncent que des journalistes se tenaient à l'entrée de la prison et que c'était pour eux, ils en sont sûrs, je lâche : « Allez-y, surtout ! Parlez à la presse ! Si j'ai une seule chance de sortir de là, c'est par les médias que ça se fera. Sinon, ce que je vois venir, c'est un petit procès, expédié, bâclé, où je serai jugé comme un délinquant de seconde zone et où je prendrai le maximum. C'est ce qu'espère le procureur... »

Il faut qu'ils en parlent, oui. Qu'ils racontent notre histoire. La *vraie* histoire. Parce que, de l'autre côté, ils n'hésiteront pas à se déchaîner. La pauvre maman privée de ses enfants pendant onze années... et le vilain père qui a les séquestrés, un marginal de surcroît, presque un bohémien, un homme dangereux... Je connais les termes, les injures, les mensonges : ils sont de tous les jugements, de toutes les procédures endurés en treize ans. Pas de preuves, jamais, juste des « on dit », des délits de sale gueule – cheveux longs, caravane, des amis manouches... –, et autres « témoignages » dictés par les proches aux enfants terrifiés – ils avaient cinq ans, six ans, à l'époque – devant les gendarmes...

Je suis remonté, soudain, dans ce parloir entouré de grilles ! Les garçons voient bien que je me sens mal. Ils

1. Juge d'application des peines.

essaient de me calmer. Trop de souvenirs, trop de coups sordides, pendant toutes ces années, et qui ressortent. Trop d'incertitudes, depuis quatre jours… Eux, ils ont confiance, mais se laissent convaincre de dire la vérité, toute notre vérité, aux médias – et au plus vite !

Le soir même, dans la cellule où la télévision déverse ses eaux sales toute la journée, je verrai notre affaire passer aux infos. Je verrai le procureur plastronner dans son bureau. Il fait de moi « un reclus volontaire », use d'expressions comme « vallée occupée par des marginaux » pour qualifier l'endroit où nous vivons, et conclut sur ces mots : « Il risque jusqu'à cinq ans de prison. »

Le lendemain, à l'aube, le gardien débarque : « Fortin, vous préparez vos affaires, literie incluse, couverture, gamelle. Vous déposez ça sur le chariot, là. Vous partez pour Draguignan, voir le JAP. »

« On ne te reverra pas, commente le vieux qui connaît les rites. Sans quoi tu n'aurais emporté que le nécessaire de toilette et quelques crayons… » Puis il m'explique en vitesse ce qui m'attend : les menottes d'abord, le fourgon cellulaire, plusieurs heures de route…

Rien ne s'est passé comme il l'avait prédit.

Théo

Nicolas, mon frère…

Ce lundi matin, toujours avec Jean-Marc, on descend en ville. Passer au tribunal trouver le procureur pour le droit de visite ; faire quelques achats pour Pierre qu'on passera voir au pénitencier ; prendre un verre avec Katia, Nico, la famille retrouvée : la matinée est chargée. Dire qu'on devrait être sous le soleil de Corse, au milieu des pruniers… Heureusement qu'on a eu le dimanche pour décompresser. Je me sens requinqué. Un brin nerveux, peut-être, mais prêt à affronter une nouvelle journée, que j'imagine plus soft…

Sauf qu'en arrivant devant le pénitencier, les bras pleins des sacs apportés pour Pierre, on tombe sur une voiture – France 2 ou France 3 – et une caméra qui mate la prison. « Bonjour, vous filmez quoi, là ? » « Juste la prison… » Sauf que quand je me retourne, en passant le seuil, c'est gros plan sur nous ! On s'engouffre en vitesse et j'avise le gardien : « Il y a des journalistes, là, dehors. Faudrait qu'ils dégagent ! » On n'est pas des bêtes curieuses. Pas question de se laisser filmer…

C'est Pierre, un peu plus tard, qui nous persuade de passer à la télé, au contraire. On n'est pas très chauds, mais il est tellement stressé, limite paniqué, qu'on se laisse convaincre… Du coup, quand le directeur de la prison débarque, averti pour la presse et un peu inquiet, on est prêts à lui dire : OK, retenez-les, on va leur parler… Ils sont déjà partis.

Ce n'est pas plus mal. Ça nous laisse un peu de temps pour nous préparer.

Pierre nous confirme, par ailleurs, que juridiquement Katia peut tout à fait retirer sa plainte. Il nous apprend surtout que, dans les papiers que le procureur lui a fait signer, il a lu qu'elle réclamait 200 000 euros de dommages et intérêts. En voilà une somme : ça ne tient pas debout !

Aussi, quand on ressort, quand on rejoint Katia, et Nico, et le parrain de Katia, on est vénère. On s'assoit au bar, on commande un verre, je laisse la pression retomber un peu et je m'assieds en face d'elle. Je lui prends les mains : « Écoute, maman, on a un problème… Tu nous as dit que tu retirais ta plainte et, là, on apprend qu'il y a une demande de 200 000 euros de dommages et intérêts. C'est quoi ce bordel ? » C'est vrai, je m'emporte. Pour peu que l'émotion s'en mêle, j'ai tendance à m'échauffer. Elle, elle dit non, non, c'est pas ça du tout… Elle nous explique je ne sais pas trop quoi. Elle nous calme comme elle peut. Nous, on insiste… on n'en démord pas, jusqu'à ce qu'elle promette de la retirer, sa plainte, une bonne fois pour toutes !

C'est la deuxième rencontre : on ne peut pas dire que ça se soit passé au mieux…

Heureusement, il y a Nico. Il a pris une semaine de congé. Il la passera avec nous. On va lui présenter nos amis, notre vie. La fratrie, peut-être, va se reconstituer…

Ce premier soir, donc, on monte avec lui jusqu'à la vallée. Bolant, maison vide après passage des flics, c'est un peu sinistre. Alors on s'installe quelques pans de neige plus bas, dans la maison de Norman – un voisin que j'aimais bien et dont j'ai appris la mort dans le bateau qui nous emmenait en Corse. On se fait un feu, se cale dans les fauteuils… et on reste là, à parler toute la nuit… Manu s'endort vite. Nicolas et moi, on passe tout en revue : son enfance, la mienne, comment il a vécu la séparation, la douleur de Katia, qu'il a dû porter… et puis, aujourd'hui, la petite amie, l'appartement à Cassis dont il va devoir payer les traites pendant quinze ans, le « boulot alimentaire » qui ne l'emballe pas… Tout en l'écoutant, je mesure la vie que j'aurais menée si nous n'avions pas choisi d'y échapper. Je n'ai pas de regrets. Même s'il m'a l'air bien pris par le système, accro à l'argent, pas si épanoui que ça, j'aime bien ce grand garçon brun, là, que je redécouvre. Nicolas, mon frère…

Manu

Chasse à l'homme

Il y a eu des nuits, il y a eu des jours… La nuit où Nico est venu avec nous, chez Norman, à Bellair. Je tombais de sommeil. Le jour où on est partis, le lendemain je crois, pour un déjeuner avec Katia, Nico et Thierry, le parrain de Katia. Ça s'est passé tranquille, cette fois-là. Théo a même proposé à notre mère de passer avec nous une semaine entière, pour qu'elle découvre nos amis, les endroits où on avait vécu ; pour qu'on se connaisse un peu, quoi ! Sur le coup, elle a eu l'air d'accord. C'était cool.

Mais quelques heures plus tard, à la nuit tombée, comme on s'apprêtait à retourner dans la vallée avec Nico qui conduisait, un coup de fil de Jean-Marc nous a stoppés net. « Ne venez pas, ne venez pas : c'est la chasse à l'homme ! Y'a des journalistes partout, dans la vallée… C'est la grosse battue… Sont comme des chacals… » Déjà, le matin, on avait croisé une voiture de RTL à l'entrée de la piste – on n'avait pas fait gaffe. Ce soir-là, bien sûr, on change de cap. Nuit chez un copain qui fait partie d'une association SOS Papa… Je ne cautionne pas trop, c'est un peu partial en faveur des pères, mais le gars nous accueille et – merci la Providence ! – il a pour avocat… Me Guy Dedieu. Il l'appelle, lui parle, me le passe ensuite : le feeling est bon. L'avocat a reçu la lettre de Pierre ; il est d'accord pour assurer sa défense.

Entre-temps, Jean-Marc nous a avertis que les journalistes sont tellement impatients de nous mettre la main dessus que certains proposent de l'argent, de grosses sommes, même… C'est quoi ces histoires ? On n'en revient pas !

« S'ils sont tous là à se faire concurrence, il doit y avoir moyen de négocier quelque chose », remarque Nicolas qui est bien branché tunes. Banco pour l'argent ! On rappelle Jean-Marc : « Fais courir le bruit que notre premier entretien sera donné au plus offrant. » Ce soir, on s'amuse ! Tout ça est irréel. Vaguement excitant. L'adrénaline, à dose quotidienne, fait l'effet d'une drogue.

À peine on raccroche : c'est l'heure des infos. On parle de nous. Notre vie cachée jetée en pâture à des millions de gens : encore un truc fou qu'il faut intégrer… Gros plan sur Bolant sous la neige, d'abord ; ensuite, Draguignan, le père y est bouclé jusqu'au jour du procès, le 17 mars – ça nous fait peu de temps pour préparer le dossier mais, d'un autre côté, pas trop de temps non plus, pour lui, en prison. J'aperçois ensuite l'avocate commise d'office, une toute jeune femme qui balance un truc du genre « mon client affirme avoir enlevé ses enfants pour leur bien-être » avec l'air de ne pas trop y croire… Comme défenseur, elle ne fait pas le poids. Je l'appellerai quand même, quelques minutes plus tard…

Et ce même soir, remontés à bloc, on téléphone aux chaînes de télévision. « Il se trouve que tel quotidien nous propose 10 000 euros pour une interview avec photos… Je pense que la télévision aura un gros effort à faire pour s'aligner »... Naïfs que nous sommes ! La télévision est un milieu de requins, d'accord, mais de requins en col blanc, et qui font la morale – nous allons l'apprendre. « On fait de l'info, nous, jeune homme. On n'achète pas l'info... » Ah bon ! Nous, on fait nos classes. On découvre ainsi qu'en Angleterre, aux États-Unis, les chaînes de télé paient les invités qui font leur Audimat ; en France, pas question : on passe pour la gloire et on dit merci, même quand, au finish, les gars au montage vous mitonnent des coupes qui vous feront dire le contraire de ce que vous avez dit – je sais de quoi je parle : ça nous est arrivé...

Bref, ce soir-là, pas encore rodés, on met les pieds dans le plat. Une chaîne, le lendemain, se fichera de nous : « Les fils Fortin demandent rémunération pour leur interview... » Plutôt rigolo, mais mauvais pour l'image. Dans ce monde cathodique – leçon numéro deux –, tout est affaire d'image, d'image et de pouvoir... Pour nous, ce n'est pas grave : juste une petite erreur, de celles qu'il faut faire si l'on veut apprendre. Cette rencontre forcée avec les médias n'est qu'un apprentissage de plus, après tous les autres...

Il y a eu des nuits, il y a eu des jours... Le matin où on est remontés à Bolant, par exemple, entre sept et huit. On se planquait un peu : il ne s'agissait pas d'être repérés. On avait rendez-vous avec Joanna, la fille de *La Dépêche du midi* que Jean-Marc nous avait recommandée. « Elle est cool, cette fille. On l'a déjà vue par ici. Elle fait du boulot honnête. » Avec elle, un photographe et une agence photos, on avait négocié une exclusivité. Ancien journaliste, Me Guy Dedieu verrouillait le contrat. Ce matin-là, donc, de retour à Bolant, on était tous les quatre, Théo, Nico, Jean-Marc et moi, un peu surexcités. On attendait Joanna et le photographe. On s'est fait du café, on a allumé la musique à fond, on se la jouait dégagés, pour endiguer le stress. Nos premières photos, notre première interview… Et pour 10 000 euros, en plus, qui nous serviraient à payer les avocats de Pierre... La réalité fonçait à mille à l'heure. Elle prenait ce nouveau visage ; nous, on s'adaptait, comme on l'avait toujours fait…

Trois heures plus tard, à peine la dernière photo mise en boîte, à peine la dernière réponse donnée à Joanna : nouvelle décharge d'adrénaline. « Attention, les journalistes ! lance le photographe. Ils arrivent de partout. » Ni une ni deux : on envoie Jean-Marc pour les éloigner, Nico file chercher les affaires laissées chez Norman quelques nuits plus tôt, nous on enfile nos vestes, foulards remontés, capuches rabattues – une photo dans la presse avant dix jours et l'exclu est gâchée ! – et on trace dans la neige, on saute les clôtures, à fond dans la descente. En bas de la pente dévalée jusqu'au parking, on lance à Nico qui nous a rejoints : « C'est pas les flics, d'accord… Mais on aura au moins cavalé une fois ensemble ! »

Xavier

Coup fourré

Les menottes, oui. Mais pas de fourgon cellulaire. J'allais avoir droit à d'autres égards. Je devais être une affaire urgente, ou qu'il fallait urgemment cacher, puisqu'on m'envoyait à Draguignan… par avion, et très discrètement.

On m'avait fait sortir par une porte dérobée. Un coup d'œil au ciel de cette aurore blême : des flics en civil me poussaient aussitôt dans une voiture banalisée. On avait roulé à toute vitesse. Direction Toulouse, avais-je compris, même si on se refusait à répondre à mes questions. Sauf qu'on s'était arrêté une première fois, dans une espèce de hangar et loin de tout regard, pour changer de véhicule, d'escorte. Mes accompagnateurs semblaient tous pressés, stressés, timing serré apparemment et peur de louper l'avion. Ça communiquait par téléphone. Ordres, contrordres, état des lieux, de la circulation, de notre situation… On se serait cru dans un film policier !

Moi je profitais de ces nouveaux visages pour raconter mon histoire. À chaque fois, à chacun, je la racontais encore et encore. Certains écoutaient à peine, on les devinait blasés – des erreurs judiciaires, ils en avaient vu d'autres ! D'autres s'intéressaient, comme cette jeune flic qui, après m'avoir écouté, s'est exclamée : « Mais c'est elle qui devrait être en prison ! » Personne n'était au courant de rien. Chacun faisait son boulot – en l'occurrence, me transporter – , sans avoir la moindre idée, ni la moindre curiosité pour la plupart, de qui il trimbalait, quel être humain, quelle vie... C'était hallucinant.

Ce qui était fou, aussi, c'était les précautions qu'on prenait autour de ma personne. Menotté, encadré, surveillé par des types armés mais toujours en civil qui se relayaient, on a changé de véhicule cinq ou six fois, ce matin-là, avec toujours grand soin de me tenir à distance des regards curieux.

De la prison à Toulouse puis de Toulouse à Nice et de Nice à Draguignan : le parcours m'a paru bien long. Une seule fois, je suis parvenu à déjouer l'attention de mes geôliers : dans l'avion de Corse Air où, embarqués longtemps avant les autres, on m'avait retiré les menottes et collé contre un hublot, dans la première rangée, armes discrètement engouffrées dans le coffre à bagages. Lorsque le personnel de bord a distribué le journal, j'ai joué mon rôle de passager « normal » et réclamé *Le Midi libre*... Ma photo couvrant la première page, je m'étais fait une joie de la brandir devant l'équipage qui, roulant des yeux de la photo à mon visage, m'adressait un sourire de compréhension, au grand dam de mes gardes du corps qui espéraient l'anonymat... Ce voyage auprès de mes compatriotes – la Corse est le pays de ma mère – m'avait rasséréné. Peut-être, finalement, allais-je l'obtenir, cette mise en liberté provisoire...

L'arrivée à Draguignan, la confrontation avec la juge d'application des peines, ses questions agressives, biaisées, plus proches du réquisitoire que de l'interrogatoire impartial, allaient me faire atterrir. La date du procès était fixée au 17 mars. Nous étions le 3 février.

J'avais six semaines pour préparer mon dossier. Mais pour le préparer… en prison : la liberté provisoire m'était refusée. J'avais eu beau argumenter – la jeune avocate commise d'office cinq minutes plus tôt s'en révélant incapable, ce qui se comprend –, dire que je ne risquais pas de m'enfuir, attendant depuis trop longtemps cette occasion de pouvoir m'exprimer enfin… la juge, toute à ses a priori, n'avait rien voulu savoir. Et pour cause : j'allais apprendre que c'était cette même juge qui avait condamné Françoise, sept ans plus tôt, pour « complicité de non présentation d'enfants » dans notre affaire. Elle avait de mon dossier une idée bien arrêtée. Une idée qu'il lui faudrait défendre coûte que coûte pour ne pas se méjuger… puisque ce serait elle qui, dans six semaines, allait présider à mon procès.

J'étais tombé dans un coup fourré.

Théo

Pris dans la bulle médiatique

Elle hallucine, notre première journaliste !

Vingt-cinq ans, mignonne, à fond dans l'histoire, Joanna a pris ses notes à toute vitesse. À la fin, enthousiaste, elle nous sort : « Bon, les garçons, vous gardez la tête froide. Parce qu'avec votre histoire, un contrat de bouquin, un contrat de film : je vous le signe tout de suite ! Attendez-vous à être hyper sollicités... » À notre tour d'halluciner... Mais ses confrères commencent à rôder autour de la maison : on n'épilogue pas, on se jette dans la pente, galopant comme des chevreaux... vers le rendez-vous suivant. Avec le journaliste de *Paris-Match,* cette fois. Une autre paire de manches...

Bien sapé, bien blasé, je le vois sortir de sa grosse voiture de location : le courant ne passe pas. Les sens en alerte, pas vraiment confiance. Et puis le bonhomme pose des tas de questions, trop à mon goût. Il veut tout savoir, tout comprendre. Moi je suis tendu, méfiant. C'est ma deuxième interview de la journée. Ce feu roulant de questions m'épuise, tout d'un coup. D'autant que certaines choses de ma vie, mes états d'âme notamment, je n'ai pas l'intention d'en parler. Alors je coupe le micro et le lui dis. « Une collaboration, d'accord ; mais si tu veux tout savoir : là, non, je ne marche pas... » Il m'explique que c'est son boulot. « Toi c'est ton boulot, moi c'est ma vie. Et dans deux heures, on se quitte probablement pour toujours. Alors ?... »

Cahin-caha, c'est dans la boîte. On a fini par s'entendre. Parfois, quand je n'en pouvais plus, je sortais griller une cigarette. Manu se débrouillait avec lui... Au final, ça nous a bien pris cinq heures... Tout ça après un lever à l'aube, une séance photos, une interview – les toutes premières de notre vie – et ensuite cette chasse à l'homme qui réveillait de mauvais souvenirs. C'était un peu brutal, en fait !

On ne s'était attendu à rien de tout ça. Notre histoire livrée à des millions de gens, toute cette ampleur que l'affaire prenait, ça avait quelque chose d'irréel. Se voir à la télévision, par exemple. La première fois, ça fait bizarre. C'est à la fois hallucinant et... un peu banal. Comme si c'était au second plan – ce n'est pas la priorité du moment. La priorité, c'est la justice, tirer Pierre de ce guêpier... Les premières photos de la maison de Bolant en gros plan sur l'écran plat, et celles de nous deux enfants, et les bribes de notre histoire devenue méconnaissable : sur le coup, c'est du délire.

La suite du délire, c'est les gens qui commencent à t'arrêter dans la rue, qui te parlent, qui te félicitent. Vedettes du jour au lendemain : c'est hyper valorisant, au début. Ça donne un peu la grosse tête, elle avait raison Joanna. C'est sympa, aussi, toutes ces rencontres. Qu'ils soient jeunes ou vieux, blancs, noirs, rebeus, rastas, punks ou bourgeois en costume cravate : tous ceux qui t'abordent se sentent concernés par ton histoire ; ils ont un père qui... une fille que... ; alors ensemble on discute justice, éducation, écoute des enfants, discrimination contre les marginaux... À un moment, j'étais tellement à fond dans le stress que je tenais des monologues à tout le monde, sur n'importe quel sujet... Le pire, c'est que les gens m'écoutaient ! Juste parce qu'ils m'avaient vu à la télé ! Ça donne un sentiment de surpuissance, forcément... Jusqu'au moment où ça devient trop. D'un coup, le ballon se dégonfle. Envie de ne plus voir personne. Un tel sentiment de solitude, quand tu réalises que tous ces gens adulent une image ! Sans cette baudruche médiatique qui les fait rêver, ils se ficheraient bien de toi...

Un autre revers de cette fausse gloire, c'est les requins qui veulent t'entuber... Ainsi ces deux tocards qui nous ont appelés, un jour, Manu et moi. Ils se présentaient comme écrivains. Ils prétendaient avoir fait signer à notre père, en prison, je ne sais quel bout de papier qui leur donnait l'exclusivité d'un livre qu'ils comptaient écrire sur lui, sur nous. « Vous êtes liés par ce contrat, disaient-ils, vous ne pouvez rien signer. » Nous, justement, on montait à Paris pour une émission de télé, pour rencontrer les avocats et, peut-être aussi, deux éditeurs. Ils tombaient mal, les deux escrocs. D'autant que, vérification faite par un coup de téléphone à Me Guy Dedieu, le papier signé par Pierre était une vague promesse d'accord qui n'avait aucune valeur. Ils avaient voulu nous bluffer ! Deux Mowgli lâchés dans le showbiz, ils pensaient n'en faire qu'une bouchée...

Ils n'étaient pas les seuls, remarque, à croire ça. Certains journalistes, à leur façon, étaient à peine plus clairs. On leur parlait pendant des heures, répondait à leurs questions, insistait particulièrement sur un point ou sur un autre. Tout ça se retrouvait tronqué, une fois à l'écran. Cinq minutes et puis s'en vont. Quand on rappelait que Katia l'avait d'abord choisi, ce mode de vie où elle nous avait fait naître et grandir avant de nous en arracher : coupé. Quand on évoquait les médiations proposées par des amis, pendant la clandestinité, mais qu'elle avait refusées : coupé encore. Les passages sur l'injustice d'une justice qui n'écoute pas les enfants ne passaient pas davantage – sauf sur Canal Plus, après le procès, et parce que c'était en direct. Ce n'est pourtant pas anecdotique qu'en contradiction avec la Convention internationale des droits des enfants, que la France a pourtant signée, la justice traite les enfants du divorce comme des objets qu'on trimbale ! Mais non : même si c'est *le* sujet, la cause de notre entrée en résistance, ce n'est pas un sujet vendeur. Ou alors ça dérange...

Et si c'était seulement tronqué... Il est aussi arrivé qu'on nous fasse dire le contraire de nos propos. Il avait suffi, pour cela, d'insérer dans une voix *off* des extraits de nos réponses, dûment amputées et tirées de leur contexte... On appelle ça de l'information ! Quand on pense aux millions de gens, aux millions de jeunes, comme moi, qui ne se forment le jugement qu'entre le prêt-à-penser qu'on leur transmet au collège et les fadaises qu'on leur sert à la télévision, temple de la manipulation à mes yeux... Pas étonnant qu'ils en manquent, de jugement, les pauvres !

Mais non : les Mowgli, les enfants sauvages, ceux qui ne connaissaient rien à la vie, à la société, c'était nous. Ainsi, ce journaliste scandalisé parce qu'on osait lui demander de visionner notre interview avant sa diffusion : « On ne fait jamais ça, dans le métier ! » affirmait-il. Un confrère croisé dans les studios venait de m'expliquer le contraire : les grands pontes de la politique ou de la finance exerçaient librement ce droit... Qui croire ? Si passer devant les caméras continuait d'être impressionnant, décharge d'adrénaline assez sympathique au fond, le métier de journaliste était sérieusement démystifié.

À une ou deux rencontres près, je conserve de toutes ces semaines un enseignement et des souvenirs mitigés… Tout sous la main, presque en claquant des doigts : taxis, restaurants, bars gratuits ; sans parler des voyages payés, le plus souvent en première classe… Aussi incroyable que cela puisse paraître à certains, on s'en lasse !

Les premiers temps, après le procès, je ne supportais plus de parler de tout ça. Notre histoire, notre foutue histoire… elle faisait peut-être vendre du papier journal, grimper l'audience des chaînes de télé : moi, elle me donnait la nausée… Envie d'avoir une vie à moi, comme tout le monde, de passer mon permis de conduire, comme tout le monde, de marcher dans la rue sans qu'on m'arrête pour me demander un autographe. Envie d'oublier la folie, la furie de ces sept semaines passées à battre la campagne pour le père, à rencontrer journalistes, avocats, anciens amis, futurs témoins pour organiser sa défense, à parcourir la France de l'Ariège à la Normandie et de Paname au Midi en ambassadeurs de sa cause.

Envie d'oublier, aussi, l'indicible ambiguïté des retrouvailles avec Katia…

Manu

Tout va bien se passer…

J'ai beau avoir dix-sept ans – « dix-sept ans seulement » disent les imbéciles qui confondent l'âge et la maturité –, j'ai remarqué deux ou trois choses fondamentales, dans la vie. J'ai pu constater, par exemple, que plus tôt tu as des responsabilités, plus vite tu te débrouilles, donc mûris ; au contraire, plus on t'encadre, plus on t'embringue dans un système d'éducation qui n'a rien à voir avec la vraie vie, plus tu traînes au stade infantile… D'où l'immaturité de la plupart des jeunes de mon âge maintenus dans une irresponsabilité, une infécondité artificiellement prolongées. D'où les révoltes et les désespoirs d'une crise de l'adolescence qui n'est peut-être pas une fatalité : juste le fruit d'une éducation cul-de-sac, celle qu'on impose aux jeunes de notre monde « civilisé ». D'où, à l'inverse, le sens de l'adaptation, la maturité que je nous vois, à Théo et moi. Ceux qui nous ont permis de faire face à tout ce qui s'est présenté dans les semaines avant le procès…

Difficile d'imaginer le lien entre l'élevage des chèvres et le face-à-face furieux avec les médias, avec la justice ? Moi j'en vois un pourtant, et tout simple… Dès nos onze ans, au mas de Boscavès où nous vivions alors, dans les Cévennes, mon frère et moi avons eu la responsabilité des bêtes et de la serre. Rien que les chèvres par exemple : tous les jours tu les nourris, les abreuves, changes leur litière, tu fais la traite et les fromages, tous les jours aussi tu les sors, veillant à ce qu'elles restent groupées, à ce qu'aucune ne s'égare ; sans oublier les naissances, les soins quand elles sont malades… Et tout ça, tu le gères tout seul, sans un adulte à tes côtés pour te dicter le geste juste. Ce geste, tu l'as appris en le voyant faire par ton père, en l'accompagnant jour après jour, année après année, depuis tout petit ; maintenant, c'est à toi de le faire. Tu ne peux pas te permettre d'oublier tes chèvres une journée, ni de demeurer indécis au premier problème qui se pose. Tu dois prendre la bonne décision, et vite. Donc à chaque situation nouvelle, tu observes, tu analyses, tu fais des choix instantanés… et tu agis en conséquence.

Agir en conséquence… Que faisons-nous d'autre, au fil de ces sept semaines qui galopent à trois cents à l'heure ? Et y a-t-il quoi que ce soit d'autre à faire, en toute circonstance, de toute façon ?

Bien sûr, il y a des moments durs. Des minutes d'énervement, de trac, voire de panique. Nous aurons tous deux une veine éclatée, en haut du nez, à cause du stress de ces semaines. Mais à chaque choc, à chaque défi, on passe par-dessus… Et voilà : on fait avec. Et tout se passe très bien… Même quand on reçoit le coup de pied de l'âne, comme ce jour où le procureur, qui nous sait au tribunal pour l'expertise psychologique ou autre, téléphone à Nicolas et, sous prétexte de prendre de nos nouvelles, l'invite à venir le voir, lui pose toutes sortes de questions, lui laisse même son numéro pour un appel « en bonne amitié ». Nicolas nous raconte ça un peu plus tard. Apparemment, il s'est laissé tirer les vers du nez car, le soir même, à la télévision, on voit notre procureur informer le monde et la presse que : « en ce moment, les fils Fortin fuient un peu les journalistes ; ils ont trois ou quatre points de chute : chez leur mère à Saint-Raphaël, chez leur frère à Cassis et chez leurs grands-parents à Bernay et aux Adrets. » En gros, il leur donne les adresses – Merci Nico ! Il sous-estime, heureusement, et notre autonomie – inconcevable pour des jeunes de notre âge ? – et le nombre et la qualité de ces amis qui, simplement et généreusement, nous accueillent, nous recueillent, chaque fois qu'on en a besoin.

C'est un peu l'histoire de notre vie, d'ailleurs, cet accueil qui survient toujours quand on ne l'attend pas. Toujours il y a eu ces amis, ce réseau de solidarité autour de nous. Toujours un retournement, un imprévu, événement ou être fraîchement rencontré qui, alors qu'on avait tout perdu, nous faisait retomber sur nos pieds, trouver un toit, un refuge, démarrer une nouvelle activité.

Pas étonnant, vu ces expériences, que la confiance ne me quitte pas. Confiance en la vie, en une logique invisible de la vie, que ces expériences ne font que confirmer. Confiance qui n'a pas besoin de confirmation, d'ailleurs. Confiance qui vient d'un tout, du sentiment de faire un avec tout, qui m'accompagne depuis toujours. Comme si j'étais né avec ça, né avec ce sentiment de n'être en aucun cas ce que croit être la plupart des gens : un protagoniste manipulé par le hasard d'événements extérieurs à soi.

Quel est ce sentiment ? D'où me vient-il ? Quelle vérité manifeste-t-il ? C'est le genre de question inutile que je ne me pose pas. Sa présence me suffit, puisque c'est elle qui me fait me dire que, dans tous les cas, tout ira bien. Que, même dans la mort, ça ira bien. Parce qu'en fin de compte, oui, le corps disparaît… Mais le vrai moi c'est une âme qui prend une enveloppe physique : j'ai cette certitude chevillée au corps, justement. Le néant, ça n'existe pas. Je suis désolé, mais non, ce n'est pas quelque chose de possible, pour moi. Avoir peur, c'est normal – peur de la mort, je veux dire – : on a toujours peur de l'inconnu. Même moi, en ayant confiance, je peux avoir peur de la mort... Et pourtant, plus fort que cette peur, il y a la confiance. Tout va bien se passer, de toute façon, même la mort. Ça ne sert à rien d'y réfléchir, de s'obstiner contre ceci ou cela, contre la vie, la mort, comme elle se présente : il n'y a qu'à faire confiance. C'est ça que j'entends par « on fait avec ». Ce n'est pas une résignation, pas un fatalisme, ça n'a rien à voir : c'est une confiance, une adhésion totale au contraire.

C'est cette confiance qui m'a accompagné le premier soir, au commissariat ; elle qui me soutient, malgré le trac, quand à Paris nous enregistrons notre première émission de télé ; elle qui me fait supporter avec un sourire navré, agacé, rebuté peut-être, mais un sourire intérieur quand même, le père de Katia, papy Charles qui, à peine on s'est retrouvés depuis vingt minutes, nous sort d'un air pénétré : « Il vous faut un projet d'avenir, maintenant ! Il faut penser à la retraite... » Tu parles de retrouvailles ! Et d'un projet d'avenir éblouissant... Le choc des cultures, des valeurs, entre la famille qu'on a fuie voilà douze ans et nous, il est peut-être tout bêtement là, dans cette adoration du fric qui pour nous, pour moi, n'est qu'un moyen... et encore, pas le principal.

C'est cette confiance, encore elle, qui nous accompagne à Paris, nous balade en taxi – puisque les chaînes de télévision nous l'offrent –, nous fait saluer la tour Eiffel qu'on n'a jamais vue, déjeuner dans des restaurants avec des serveurs qui, nous reconnaissant, appellent le patron et débouchent pour nous le champagne. C'est elle qui mène nos entretiens avec les trois avocats de Pierre, deux à Paris, un en Ariège ; nous fait préparer le dossier avec eux et avec Françoise, l'amie du comité de soutien ; choisir un à un les témoins qu'on a perdus de vue et de vie depuis des années pour certains, les revoir, les briefer ; et prendre dans la presse, dans notre boîte e-mail rendue publique par les journaux, la température de l'opinion sur notre affaire ; et répondre aux questions des journalistes, à celles de l'enquêtrice psychologique, de la juge, du procureur, comme si on avait fait ça toute notre vie.

C'est cette confiance qui me fait voir tout ça de haut, me donne le recul nécessaire, me fait observer la situation avec une pointe d'ironie… C'est elle, enfin, qui me fera arriver au tribunal, le jour du procès, tendu, certes – impressionnant tout ça, quand même ! – mais détendu en même temps : parce que j'accepte d'avance le résultat, le jugement de ce procès, quel qu'il soit… J'accepte. Je fais confiance. Confiance en la vie, en la mort, en tout.

Xavier

Le bal des mouettes

Quelqu'un a-t-il jamais songé à rédiger un guide des prisons de France comme on dresse le guide des restaurants, des monastères, des hôtels de charme ? Si un tel guide existait, qui le lirait, de toute façon ? Moi qui connais la malchance d'avoir à en tester deux, je contribuerais à un tel ouvrage… Bien plus de monde, à Draguignan. Plus sec, plus rude, moins humain. Un régime très militaire, organisé réglementé jusque dans les moindres détails, avec une dose d'absurdité directement proportionnée au nombre des règlements, comme partout. En Ariège, le chef des gardiens est un brave bonhomme qui fait simplement son boulot ; à Draguignan c'est un petit sec, nerveux, qui s'y croit, qui m'a tout de suite pris de haut et ne se calmera que peu à peu, à mesure que, les médias parlant de moi, ma cote de popularité chez les matons comme chez les taulards se mettra à grimper. Impressionnant, cette influence de la télévision sur le regard qu'on porte sur vous. Des vies sont montées au pinacle, d'autres jetées aux lions, aucune sans doute ne mérite ni cet excès d'honneur ni cette indignité : elles en seront pourtant bouleversées

– pouvoir pernicieux de la mascarade... J'ai vite intégré, pour ma part, l'importance de cette mascarade dans ma stratégie de défense. Mis à l'isolement – « pour votre sécurité », m'a-t-on expliqué avec une belle hypocrisie –, pour ce volet de la stratégie je ne peux compter que sur les garçons et sur les amis de longue date qui, je l'espère sans en rien savoir, les soutiennent en ce moment même.

Les garçons, pendant six longues semaines, je ne les reverrai pas. J'ai beau remplir des demandes, et eux aussi de leur côté, on a beau me la promettre, la leur promettre, cette visite : elle n'en finit pas de se faire attendre. Finalement, nous n'aurons droit qu'à une rencontre : le dernier jour, au matin même du procès. A-t-on à ce point le souci de me faire taire, la crainte que nous nous concertions eux et moi, pour empêcher tout contact – hormis une lettre qui me rassure, même si elle me parvient longtemps après son envoi – entre mes fils et moi ?

Et s'il ne s'agissait que de mes fils ! Outre celles de mes défenseurs – l'avocate commise d'office que je récuserai le jour du procès et Me Guy Dedieu, de Foix –, les visites auxquelles j'aurai droit se compteront sur deux doigts de la main et, chaque fois, parce que l'une ou l'autre de mes visiteuses a soit des relations haut placées soit un poste dans l'administration sociale locale qui en fait *persona grata*.

Heureusement, je dispose de papier et de crayons. Je prépare donc mon dossier, griffonnant page après page, relatant, expliquant, justifiant, développant, renvoyant à tel témoignage, tel élément de procédure, telle documentation et preuve dont je me rappelle qu'ils existent dans les dossiers de tel avocat qui m'a défendu jadis, de telle amie qui, m'ayant représenté au début de la clandestinité, a conservé des archives. Je passe mon temps à écrire. Ma cellule, qu'on me demande de balayer, de désinfecter régulièrement avec toutes sortes de produits toxiques que je me refuse à employer, cesse d'être une chambre : c'est un bureau.

La vie qui m'est échue, dans cette cellule, se révèle tour à tour douloureuse, absurde et intolérable.

L'un des visages de l'intolérable, c'est l'œilleton à la porte, dont le maton ouvre à grand bruit le cache en ferraille avec, la nuit, la lumière aveuglante des néons ; toutes les deux heures ce néon qui réveille en sursaut ; toutes les deux heures, de jour, de nuit, cette surveillance, absence d'intimité qui ronge, réduit l'homme à l'état de bétail hébété. Ils craignent les suicides, m'a-t-on dit – il y a de quoi les craindre !

Plus insupportable encore que ce viol d'intimité par œilleton interposé, par les séances de douche obligatoire dans une eau javellisée qu'à la fin les gardiens devenus compréhensifs cesseront de m'imposer, et par les caméras qui vous suivent à chaque pas dans les couloirs, entre deux grilles, entre deux sas : il y a le défilement des heures… C'est long une journée de taule, rythmée par la seule télévision, sans autres repères que l'inhumaine promenade dans une cour minuscule entre barbelés et miradors, les visites au médecin, au travailleur social qui gère les relations avec le monde extérieur, les cercles de parole à vocation thérapeutique qui n'en finissent pas, les repas... et la cérémonie du soir, après le film – montée d'un vacarme assourdissant, tous les détenus qui frappent les portes des cellules, tout qui vibre de partout, les coups, les cris, les hurlements, véritable tremblement de terre qui laisse les matons impuissants – ils sont peu nombreux, à cette heure-là – et finit par retomber dans un silence lourd, dans les remugles de solitude, d'une angoisse que l'on pourrait toucher du doigt tellement elle est dense, et qui s'étendra jusqu'au petit matin.

L'absurde, c'est le passage tous les deux jours d'un gardien qui scrute les barreaux de la cellule, les secoue, les frappe avec une barre en métal, dans la crainte d'une impossible évasion. C'est les règlements en tous genres qui compliquent le geste le plus simple, comme obtenir des timbres, recevoir dans des délais normaux un courrier préalablement ouvert par le vaguemestre – quel joli nom anachronique, vaguemestre, dans tout ce fatras ! –, d'avoir de simples lunettes loupes pour lire, celles qu'on avait en entrant ayant été confisquées comme le reste et celles qu'on pourrait se procurer étant soit interdites – si l'on pense s'en faire apporter par tel avocat ou visiteur –, soit d'une obtention si compliquée, vu les papiers à remplir, l'ophtalmo à réclamer, l'ordonnance à récupérer, à faire estampiller par l'administration, puis faire porter au-dehors, à la pharmacie, par on ne sait quelle âme charitable qui reviendra un jour peut-être avec l'objet convoité dûment ordonné et commandé… si compliqué donc qu'il faudrait des mois, donc on renonce – et on se bousille les yeux. Une anecdote parmi cent autres plus vexatoires, plus désespérantes les unes que les autres…

Cette vie de cauchemar comporte cependant un volet secret, un humble volet, discret, qui m'est infiniment précieux : le ballet des mouettes par la fenêtre barrée, grillagée, leur ballet après chaque repas surtout, quand elles viennent se repaître des déchets lancés par les détenus. Il m'arrive de passer des heures à suivre de mes yeux provisoirement reposés leur danse immobile, leurs bagarres, leurs criailleries, blanc et or dans la lumière, blanc et argent dans la grisaille ! Sans leur présence quotidienne, sans la contemplation rassérénée à laquelle, chaque jour, elles m'invitent, tiendrais-je le coup comme je le fais entre ces quatre murs de béton et d'infamie ?

Théo

Retrouvailles houleuses

On vient de passer quelques jours chez Nicolas. La vallée, on n'y met plus les pieds : chaque fois qu'on a essayé, la meute des journalistes déguisés en vacanciers lanceurs de boules de neige nous a fait refluer. C'est là, à Cassis, que Katia vient nous chercher.

Katia… maman… comment l'appeler ? « M'man », bien sûr, ce serait si simple… Mais si je me pose cette question, c'est parce que rien n'est simple, justement : autrefois, elle était Katia ; puis, quand elle nous a embarqués *manu militari* dans sa nouvelle vie, elle a exigé qu'on l'appelle maman ; alors ce mot est resté lié à de mauvais souvenirs, des souvenirs si douloureux que je les ai occultés, oubliant du même coup qu'elle *est,* effectivement, notre mère… Et puis, l'appeler « maman » en public, ça non ! Les médias s'en repaîtraient aussitôt. Parce que pour eux, en quelques semaines, nous allons devenir un enjeu, tous les trois ! Catherine M. qui retrouve ses fils qui défendent leur père : vous prenez parti pour l'une ? pour les autres ?... Acteurs sans le vouloir d'une série de téléréalité, nous serons manipulés par les animateurs – pardon, les journalistes – dans un seul but : jouer avec les sentiments, les nôtres, ceux des auditeurs, lecteurs, téléspectateurs, afin de faire grimper l'audience. Notre histoire, nos vies, nos sentiments jetés en pâture à des millions de gens, il faudrait en plus que nous étalions nos blessures et nos trésors les plus intimes ? Non !

Les gens de presse ne savent rien des complexités de notre histoire – et c'est aussi bien comme ça. Ce qui ne les empêche pas de faire leur métier. Informer ? Juger à vue plutôt, broder, interpréter encore et encore, depuis leurs a priori, et faire, parfois, des dégâts. Que peut valoir le diagnostic, dans un hebdomadaire féminin, d'un « psychiatre et expert national » qui d'un côté, pour ne pas se mouiller, écrit ne pouvoir s'appuyer « que sur les extraits publics de leur expertise » et, de l'autre, affirme, péremptoire : « Les enfants Fortin souffrent pour moi d'un syndrome d'aliénation parentale. [...] ils sont aujourd'hui de jeunes adultes, en fusion psychique totale avec leur père, sans distance critique » ? Et j'en passe... Que peut valoir ce diagnostic, lui-même tiré d'extraits publiés par un grand quotidien national au matin du procès, au mépris de la vérité – puisque ces fragments sont expressément sélectionnés et orientés pour nuire à Pierre – et du secret d'instruction...

De cette encre-là, tendancieuse et qui salit, il en a coulé dans la presse ! Pas toujours, heureusement, et je remercie ici tous les journalistes qui ont fait un boulot honnête. Mais il est arrivé qu'elle me déçoive ou qu'elle me blesse, cette encre approximative, comme elle a pu blesser Katia. Il est arrivé, sûrement, qu'elle nous divise, mère et fils, quand elle feignait de vouloir nous réunir.

Mais revenons à cette semaine passée, tous les deux, Manu et moi, auprès de... notre mère. Elle vit en ville, à Saint-Raphaël, dans une résidence, portail à l'entrée, petite maison découpée en appartements, en bas un petit jardin, elle au premier, avec terrasse. Elle nous entraîne dans la chambre, au bout de la grande pièce en L, nous montre nos peluches, un ours pour Okwari, un petit lion pour moi, et des photos de nous, enfants. C'est troublant. C'est un peu lourd. L'appel de souvenirs qui ne se bousculent pas au portillon, alors sa déception, bien sûr… Les enfants qu'elle a connus ne sont plus, ils ont grandi. Le deuil des « petits » reste à faire. Les jeunes adultes que nous sommes restent à découvrir, à accueillir tels qu'ils sont. Comme nous avons à la redécouvrir, elle, telle qu'elle est.

Katia n'est pas au courant pour nos rendez-vous des jours d'avant avec les médias. Ça ne la concerne pas directement : ça concerne la défense de son ex-compagnon. Et comme de toute évidence, malgré son « Pardon », elle ne le porte pas dans son cœur : dans la fragilité des retrouvailles, et pour éviter le conflit, nous évitons d'en parler. Moi, je suis là pour la rencontrer, pour parler, pour partager, pour déambuler avec elle dans son univers, en découvrir des fragments… Pour apprendre à la connaître, en somme. Alors je pose des questions, toutes sortes de questions sur sa vie, sur ses amis, ses activités, cette ferme pédagogique qu'elle a montée et dont il ne reste apparemment que trois poules et un lapin, sur ses croyances aussi, sur sa foi – puisqu'elle va régulièrement à son église, un culte évangélique baptiste où elle nous emmène une fois, où tout le monde la connaît, et connaît son histoire, et se réjouit ce jour-là pour elle, verse des larmes de joie autour d'elle, parce que nous voilà de retour, nous, les enfants prodigues… Un peu bizarre, le truc, tout le monde qui parle à tour de rôle, qui pleure sa misère… Un type du coin avec qui nous aurons l'occasion de discuter un soir, deux mois plus tard, nous dira que cette église est considérée par beaucoup comme une secte ; mais à notre époque de chasse aux sorcières où l'accusation de « secte » est portée contre tout et n'importe quoi, qui croire ? Dans tous les cas, cette semaine-là, je me dis juste que si cet endroit lui fait du bien, à Katia, je n'ai rien à en dire... C'est juste que je pose des questions, je suis avide de la connaître...

Si avide qu'une semaine plus tôt, la première fois qu'on a déjeuné ensemble, je lui ai proposé de venir passer toute une semaine avec Manu et moi dans les Cévennes : « Viens, on t'emmènera partout, on te présentera nos amis, tu verras les endroits où on a vécu, les gens qu'on a connus... on rattrapera un peu du temps perdu... » Sur le moment, elle avait l'air d'accord. Et puis elle est rentrée dans sa famille, elle a discuté de ça avec la grand-mère, sa mère à elle, et... elle a décidé que non, elle ne pouvait pas venir avec nous. Et moi qui croyais qu'elle souhaitait nous retrouver ! Et elle qui racontera partout, un peu plus tard, que nous sommes « sous l'influence de notre père » ! Et l'influence qu'a sur elle sa mère, elle qui n'a pas dix-huit ans mais plus de quarante, de ça on ne parle jamais ? Pourquoi ?

Cette question-là, évidemment, je ne la lui pose pas, pendant cette semaine à Saint-Raphaël. Je n'y pense même pas : je ne suis pas encore monté à Paris, je n'y ai pas encore appris, par l'avocat, que notre mère nous cachait ses démarches, elle-même n'a pas encore raconté les choses inexactes contre Manu et moi dans la presse... Bref, je retrouve ma mère, je suis plein d'espoir, et j'ai envie que tout se passe bien.

J'ai bien d'autres questions à lui poser, dont certaines portent sur notre histoire familiale. Besoin de comprendre, par exemple, pourquoi elle est partie comme ça, sans explication avec Pierre, treize ans plus tôt. Qu'a-t-elle subi peut-être, et dans quel état d'esprit était-elle, à l'époque, pour s'être raidie au point de refuser tout dialogue avec lui ? Au point, surtout, de nous manipuler nous, les trois enfants, sans voir notre détresse ? Pourquoi avoir refusé toutes les médiations que de nombreux amis lui ont proposées ? Pourquoi n'avoir jamais pris de nos nouvelles, alors qu'elle savait où nous écrire, à l'adresse des grands-parents de Normandie ? Sa rage contre Pierre était-elle si violente qu'elle nous en avait oubliés, nous, ses enfants ? Y a-t-il d'autres explications ? J'ai des tas de questions comme celles-là qui attendent leur heure depuis longtemps... et leur heure paraît venue. Je ne lui demande pas de comptes : j'aimerais juste qu'elle m'aide à y voir plus clair.

Pour n'avoir eu, toutes ces années, qu'une seule version, celle de la légende familiale telle que je me la suis forgée à travers la vision de Pierre et de vieux amis de notre famille, je suis anxieux d'entendre celle de Katia. Besoin de récupérer les pièces qui d'évidence me manquent pour reconstituer le puzzle – comprendre l'origine de ce grand foutoir, libre certes, et riche, et fécond par bien des côtés, mais douloureux aussi, qu'a été jusque-là notre vie, ma vie... Besoin aussi, surtout, de l'aimer. D'aimer ma mère, sans condition. De pouvoir lui donner peu à peu ma confiance, envers et malgré tout ce qui a pu arriver, et qui est du passé, désormais. Alors, pour établir cette confiance : remettre les pendules à zéro, éclaircir ensemble les zones troubles qui demeurent, dans notre histoire...

En gros, cette première semaine de retrouvailles se passe bien. Une virée dans l'Esterel, les calanques, l'air qui fouette sur la grande bleue ; les retrouvailles avec le grand-père qui me lance en fin de soirée : « Tu me plais toi ! T'es vraiment pas con ! Tu ressembles à Nico... », avec l'oncle aussi, Didier, de trois ou quatre ans mon cadet, avec qui nous montons à cheval... Il y a juste une ombre au tableau : je n'obtiens pas de réponses aux questions que je me pose. Les rapports avec Katia sont un peu bizarres, comme s'il fallait à tout prix rester dans le léger, le superficiel. Comme s'il s'agissait de passer un maximum de moments futiles, d'éviter d'approfondir les choses qui pourraient nous toucher de près, questions gênantes repoussées sous le tapis – meilleur moyen pour qu'elles vous sautent un jour à la gorge, selon moi. Ces questions gênantes, justement, au début je les aborde, espérant une délivrance. À peine je m'y risque, aussitôt le ton enfle, les phrases deviennent des arguments, les arguments des accusations, bien vite les nerfs, de part et d'autre, se jettent dans la partie. Après quatre ou cinq essais, je renonce. Trop de feu, peut-être, chez elle, chez moi. Trop de pression, avec l'enjeu du procès et le regard des médias qui se mêle de notre vie privée. Je suis un peu déçu, mais j'admets qu'il va falloir du temps, peut-être... La bataille médiatique autour du procès, les commentaires amers de Katia sur M6 et dans *Elle,* après, ne vont rien arranger, hélas.

Au terme de cette première semaine qui me laisse vaguement troublé, à la fois charmé par ma mère et désorienté par ses ambiguïtés, une chose au moins semble sûre : quel qu'ait pu être autrefois son combat contre Manu-Pierre, aujourd'hui Katia a enterré la hache de guerre. Pardonné tout à fait – comme elle nous l'a raconté le premier soir –, je n'en suis pas sûr. Mais, au moins, elle a retiré sa plainte. Tous les journaux le confirment. C'est déjà un point de départ, un geste qui me rassérène.

Sauf que ça n'est même pas vrai !

Quatre ou cinq jours plus tard, en effet, comme nous sommes montés à Paris, Manu, Françoise du comité de soutien, et moi, rencontrer deux des trois avocats de Pierre[1], Me Bouzerand, ouvrant le dossier, nous sort comme une évidence : « D'après mes documents, Mme Catherine M. sera représentée au procès par Me Arlabosse. Il n'y a pas de demande en dommages et intérêts, donc elle a bien retiré cette partie de sa demande. Mais elle n'a pas retiré sa plainte… »

Ai-je bien entendu ?

En moi, soudain, un grand silence, avec comme un brouillard autour. Je ne suis pas sûr d'avoir suivi le reste de la conversation. À mes oreilles : l'impact du choc. Katia nous a menti… Ce geste d'apaisement que je lui ai prêté, la croyant, croyant ses paroles, n'a existé que dans ma tête – et dans les médias qui s'émerveillent de cette mère qui retire sa plainte par amour. La réalité est tout autre : cette mère, comme treize ans plus tôt, vient de mentir à ses fils. Et ma réalité à moi, c'est que je ne peux pas me fier à elle. Malgré le désir que j'ai de l'aimer, je renoue instantanément avec des années de doute, de méfiance, de… haine, parfois…

À peine nous sortons du cabinet de l'avocat, Manu compose le numéro de Katia. « Il paraît que tu n'as pas retiré ta plainte… » Mon frère a beau être le plus mesuré de nous deux, je vois bien à sa tête, à son ton qui se durcit, que l'échange tourne au vinaigre. Et voilà qu'il me passe le téléphone. « Le conflit entre Pierre et toi est donc si essentiel que tu commences à nous mentir, à nous, tes deux fils ? » je demande… « J'ai bien le droit d'être entendue ! » répond Katia. Soit ! Mais ce jour-là, une lourde porte vient de nous claquer au nez, à nous, ses *trois* fils – car Nico aussitôt appelé tombe des nues,

1. Me Pascaline Saint-Arroman-Pétroff, spécialiste du droit des enfants contactée par le comité de soutien, et Me Julien Bouzerand, pénaliste. Le troisième, Me Guy Dedieu, est en Ariège.

lui aussi. La porte de la confiance que Manu et moi tentions de renouer…

Plus tard, avec le recul, je pourrai peut-être entendre son malaise, sa douleur, ses paradoxes. J'en arriverai même à lui pardonner. Mais à chaud, et la prenant la main dans le sac, je ne peux que l'accuser : « Tu as menti, menti, menti ! »

Qui a raccroché au nez de l'autre ? Je ne sais plus. Entre nous, c'est la première fois. Ce ne sera pas la dernière. Ni la dernière ambiguïté que je vais devoir affronter.

Car cette déconvenue n'est pas la seule à transformer ces quelques semaines en champ de mines. Il y a l'accélération de tout, le dossier à préparer, les témoins à sélectionner, les grands-parents vieillissants qu'on retrouve en Normandie, les amis d'un peu toutes nos vies qui peu à peu resurgissent, et la pseudo-gloire médiatique, le cameraman de télévision qui nous prédit une carrière à la Brad Pitt et Johnny Depp, un éditeur qui nous envoie sa limousine avec chauffeur et nous fait miroiter des 200 000 euros de droits d'auteur… Il y a cette poudre aux yeux, ce fascinant miroir aux alouettes avec, en même temps, toile de fond nettement plus sombre, l'inquiétude pour le père dont on n'a pas de nouvelles. Au point que j'en viens à bénir la télévision puisque par elle, peut-être, il est au courant du combat que nous menons à ses côtés et, surtout… pour lui !

Devoir récapituler jour après jour, pour les flics d'abord, puis pour la presse, tout ce que Pierre a fait pour nous, a sur moi des effets bénéfiques : tombées à l'eau nos embrouilles des dernières années, je commence à prendre du recul. Parce que je m'oblige à dégager tout le positif de ses actes, oubliant les mauvais côtés, parce que je lui jette des fleurs jour après jour, il me semble redécouvrir le père qu'il a été, comparé à tant d'autres qui s'en fichent. Ça me réconcilie, peu à peu. J'en arrive même à la conclusion que ce qu'il nous répétait jusqu'à plus soif est vrai : il a sacrifié sa vie pour nous... La gratitude me gagne... Et, avec elle, l'envie qu'il entende, après tant de bagarres, qu'il entende tout ce positif que je balance d'interview en déclaration. Alors, quand je parle aux journalistes, je le fais en sachant que Pierre en prendra connaissance, en imaginant qu'il le voit en direct à la télévision. Je me mets à lui parler à lui ! Il me vient le fol espoir, presque la certitude que ça rétablira tout, entre nous, que ça réconciliera tout... Et souvent je me surprends, en ces heures parfois difficiles, à voir l'avenir en rose. Ça ajoute à l'ambiance survoltée qui me traverse de part en part...

Le choc, quelques semaines plus tard, quand je réaliserai que Pierre n'a rien compris ! Aucune reconnaissance, ou alors minime – à peine un « je suis fier de vous », une fois, comme il était encore en prison... Pas plus cette fois que les autres, ni par lui, ni par Katia, je n'aurai été entendu. À l'en croire, notre bataille pour sa défense, c'est normal, rien de plus. On n'a fait que notre devoir. Heureusement, même, qu'on n'a pas été seuls, heureusement que le comité de soutien, les amis, nous ont entourés, sans quoi on n'y serait jamais arrivés. En fait, nous sommes même pour très peu dans sa libération...

C'est alors que, dégoûté, je ne supporterai plus cette histoire, notre histoire, qui me colle aux basques. J'aurai besoin de prendre le large, oublier tout, me retrouver. Dans ces cas-là, un seul recours : la nature. Cette nature qui ne m'a jamais déçu. Cette nature qui, de toute évidence, est ma vraie mère. La seule, en tout cas à cette heure[1], puisque l'autre ne répond pas à mes appels, refuse de nous voir, refuse même de me prendre au téléphone… La nature, la seule mère sur qui je puisse compter à 400 %... ma mère spirituelle, selon certains… et, quelque part, elle l'est.

1. J'écris ces mots environ un an après « notre affaire ».

Xavier

Jusqu'au bout…

Les deux premières lettres que je reçois, avant que le filtrage du courrier se fasse plus sévère, sont toutes deux providentielles.

La première porte le tampon du comité de soutien d'Yvan Colonna. Elle émane d'un généreux inconnu qui, ému par mon histoire, m'offre les services d'un avocat parisien, « grand pénaliste », affirme sa lettre. Je m'empresse de répondre « oui ».

La seconde vient d'un ami de la mouvance anarchiste dont j'ai partagé quelques mois la route, des années plus tôt. On est fidèle, dans ces mouvances. On a la solidarité aussi tenace que la rébellion. Rompu aux méandres de la prison qu'il a eu la malchance de goûter, Max me fait entendre qu'il peut, si nécessaire, lancer des concerts de soutien dans plusieurs pays d'Europe pour réunir l'argent dont j'aurai sûrement besoin. À lui aussi, dès le lendemain, j'adresse un feu vert enthousiaste. L'opération une fois lancée, je sais qu'elle partira dans toutes les directions et fera vite boule de neige. On a beau me boucler, me mettre à l'isolement, raréfier visites et courrier : désormais, je ne suis plus seul. C'est un réel soulagement.

Un autre soulagement, jour après jour, me vient de la télévision où je peux suivre l'évolution du traitement réservé à « l'affaire Fortin ». Outre les interventions des garçons, dont la fougue et la clarté m'emplissent de fierté, je découvre les réactions des uns et des autres : ainsi ces amis et voisins du temps des Cévennes qui ont pris d'assaut les studios de France 3, exigeant un droit de réponse où réfuter le portrait de marginaux asociaux qu'on a fait d'eux et de moi. Droit de réponse accordé. Reportage convaincant sur ce que les néo-ruraux ont accompli, ont apporté à la région, en trente ans, et témoignage bouleversant de Charline, la petite Charline, amie de Théo que j'ai connue à dix ans, perchée sur une roche, à Boscavès, le mas où nous avons vécu de 2001 à 2005...

Ces moments de répit sont hélas de courte durée. Toujours revient l'incertitude, celle qui vous ronge heure après heure, minute après minute, jusqu'à l'instant... du verdict. À quoi ressemblera mon procès ? Vais-je servir d'exemple et, dans l'atmosphère sécuritaire anti-libertaire ambiante, plonger pour cause de vie marginale et de désobéissance civile ? Serai-je tiré de là, au contraire, grâce au soutien des médias que des amis et, bien sûr, mes fils, s'efforcent d'alerter ?

Dans mes calculs les plus optimistes, mes chances sont de cinquante-cinquante. Alors la pensée affolée se met à envisager le pire. Condamné, je ne me vois pas d'autre choix que de poursuivre le combat par une grève de la faim, jusqu'au bout si nécessaire. J'interroge à ce sujet le médecin du pénitencier : que fait-on, dans ces cas-là ? Met-on le prisonnier sous perfusion ? Non, m'assure-t-il : tant que le détenu est conscient, on ne peut le forcer à s'alimenter... Tant que le détenu est conscient... Et voilà que je songe à Théo, à Manu : qu'adviendra-t-il d'eux, alors ? Toutes ces questions infernales passent et repassent dans ma tête. Sans aucune conclusion possible.

C'est ce genre d'interrogations obsédantes, stériles supputations, souvenirs ressassés jusqu'à l'usure, qu'on sent flotter en permanence dans l'air vicié d'une prison ! Partout, cette angoisse née de mille angoisses anonymes. À toute heure, accompagnant tout geste, cette peur qui transpire. Celle des taulards, bien sûr. Celle des matons, aussi, qui craignent les rixes, craignent les accidents, craignent les suicides, qui passent leur vie à craindre, autant, voire plus que les détenus.

Imprégnés de cette peur poisseuse, les jours succèdent aux jours... Depuis le café soluble du matin pris à l'eau tiède du robinet – trop de tracas administratifs pour acquérir une bouilloire – jusqu'au rituel furieux du soir, à l'heure où les taulards crachent leur fièvre, une routine se met en place, que je supporte très mal. Moi qui ai passé au grand air toute mon existence, qui ai vécu d'eau de source, du lait de mes chèvres, des légumes de mes jardins et d'amitiés de toutes sortes, je me retrouve à l'isolement, tournant en rond dans les deux mètres sur quatre d'une cellule, avec nourriture chimique, eau chlorée et argumentations de toutes sortes qui me turbinent dans la tête. Je dépéris à vue d'œil. Et réalise, sans l'ombre d'un doute, n'avoir aucune chance de survivre à cette vie végétative si par malheur, après le procès, elle devait reprendre.

Lorsque ne me distrait pas la visite de la jeune avocate commise d'office qui s'obstine à me faire plaider coupable et accueille mal l'annonce d'autres défenseurs auprès d'elle, lorsque ne me tire de ma cellule ni groupe de parole, ni visite médicale, ni prise de bec avec le travailleur social qui s'évertue à justifier et les retards dans le courrier et l'obstacle mis à tout droit de visite, alors je me plonge dans la relecture de *Walden* de l'Américain Thoreau, dans celle de tel ouvrage sur les Amérindiens, de tel autre sur les Tsiganes, tous piochés à la bibliothèque du pénitencier. Indiens, Tsiganes, Aborigènes, Touareg : de tous ces peuples nomades, écrasés par le poids des sédentaires, je me sens solidaire. Le mode de vie que j'ai adopté dès ma jeunesse, que Katia avait choisi elle aussi, s'est toujours inspiré de leurs valeurs, dans le respect de la nature, des relations humaines, de l'instant, plutôt que de la course au devenir et au fric. Cette philosophie, je la revendique. C'est parce que je lui suis resté fidèle jusqu'au bout, plaçant mes enfants avant moi-même, que je suis aujourd'hui en prison. Alors je puise dans ces lectures un peu du réconfort dont j'ai besoin.

Assez vite, cependant, il me faut économiser mes yeux : je les préserve pour le labeur éprouvant de préparer mon dossier. À mesure que je le peaufine, remontant à cet après-midi sinistre où Katia a tiré sans sommation le premier boulet de sa guerre, les souvenirs affluent, pêle-mêle. Il faut les trier, les organiser, clarifier autant que possible l'enchaînement fatal des événements et des mensonges : embrouilles humaines et judiciaires, préjugés, discriminations, dénis de justice par la police et, pour finir, vulgaire traque où tous les coups devenaient permis.

Les souvenirs m'assaillent, ceux de ces treize années bien sûr, puis, peu à peu, d'une vie entière portée par le goût de la liberté, et qui s'anime sous mes yeux. Tous ces fragments d'abord épars semblent dotés d'une existence propre : ils s'assemblent, se répondent, se heurtent parfois, laissant filtrer des correspondances, accords secrets, orchestration dont je ne soupçonnais pas l'existence. La petite musique d'une vie, tantôt rude, tantôt enchantée, où mille variations s'entretissent autour d'un thème récurrent : l'amour, l'osmose avec la nature.

Théo

L'enseignement de Mère Nature

La nature a été la mère que je n'ai jamais eue. Elle a répondu « présent » à chacun de nos rendez-vous. Elle m'a donné sa puissance, sa constance, sa beauté. Elle m'a réconforté quand j'étais triste, orienté quand j'étais déboussolé. En elle j'ai trouvé refuge chaque fois que j'en avais besoin. Les heures de joie qu'elle m'a données, l'étonnement, l'émerveillement, la rencontre avec les éléments, le sentiment chaque fois retrouvé d'en être partie intégrante m'ont davantage appris, construit, que n'importe quel contact humain. Il me semble que les vraies valeurs, c'est auprès d'elle que je les ai acquises…

Nous, les humains, sommes les seuls animaux à avoir oublié qu'on en était. Alors que c'est la base, pour moi. La base de la vie c'est la nature, c'est le vivant que je suis, relié à tout le vivant, bêtes et choses et, par la suite, relié aux autres humains. Avoir une pensée pour une personne perdue de vue depuis des mois et, tout de suite après, la croiser dans cette région, ce quartier où elle ne va jamais d'habitude ; me retrouver dans une ambiance, un paysage qui me rappelle quelqu'un et, aussitôt rentré, le quelqu'un en question téléphone : ces « détails », ces

« coïncidences », j'en ai tant relevé dans ma vie qu'ils me confortent dans l'évidence que, non, je ne suis pas séparé ; je me sens relié, au contraire, à tout ce qui m'entoure, le visible et l'imperceptible. Ce qui fait que je ne suis jamais seul… Cette évidence, cette conscience, c'est la nature qui me les a transmises.

Le gamin que j'ai été, pieds nus sur la terre et le nez au ras des herbes hautes, avait déjà conscience d'un je ne sais quoi qui le dépassait et l'englobait. Un je ne sais quoi qu'il se fichait bien d'expliquer, puisqu'il le sentait à l'œuvre. Ce qui fait que le rationnel, pour moi, n'a jamais suffi à définir, à expliquer le monde. Les vraies valeurs partent d'ailleurs. De cet indéfinissable là, qu'on perçoit… ou qu'on ne perçoit pas. Les vraies valeurs, ce n'est pas l'argent, ce n'est pas la carrière, l'intelligence, la sécurité. Les vraies valeurs sont simples ; elles sont là, tous les jours, à côté de nous. Elles sont à portée de main, dans la nature, dans l'air qu'on respire, dans un sourire que l'on croise. Seulement, il faut les voir. C'est une question de regard – ce que j'appelle « l'œil de l'aigle »… Enfermé dans ses croyances, notamment dans cette rationalité qui est une religion comme une autre, on a beau aller dans la nature, on a beau être relié à tout : on ne s'aperçoit de rien, on se croit seul, séparé. J'en connais beaucoup, des gens comme ça ; ils peuvent être très intelligents, très gentils, très tout ce qu'on voudra : ils ne sont jamais sereins. La vie n'a pas vraiment de sens, pour eux – c'est triste. C'est triste et ça n'est pas vrai. Voilà ce que m'a appris la nature. Voilà ce qu'elle me rappelle chaque fois que, désorienté, je vais faire le point auprès d'elle…

Voilà pourquoi, après le grand ramdam, fuyant le béton des villes qui enferme et coupe, fuyant le bruit du procès et la fureur des médias, j'allais filer la rejoindre… Voilà comment, à son contact, dans ces paysages de l'Ariège dont la beauté vous coupe le souffle, je me suis retrouvé peu à peu. À vivre au grand air, à nouveau, à me dépenser joyeusement, tantôt sur les chantiers de construction, tantôt rassemblant les chevaux pour l'estive, tantôt à me balader avec Gipsy, mon âne, récupéré après quatre ans de séparation, j'ai réalisé bien des choses...

J'ai réalisé, tout d'abord, que quoi qu'il se passe autour de moi, cavale ou chasse médiatique, mon équilibre est à l'intérieur... Prendre le temps de le trouver, cet équilibre ; faire le point sur mes forces, mes faiblesses, tous ces manques et blessures d'enfance – dont l'absence d'une mère n'est pas le moindre – qui m'ont fait ce que je suis ; repérer ce qui, en moi, a besoin d'être éclairé pour que la lumière puisse passer : c'est ce que j'ai essayé de faire, pendant ces mois, après le procès.

La lumière... Parce que j'y crois, moi, aux êtres de lumière, ceux qui, consciemment ou inconsciemment, font le bien autour d'eux. J'y crois, tout simplement, parce que j'ai eu la chance d'en côtoyer. Et parce que je sais et veux être l'un d'entre eux. Alors, au fil de ces mois passés à me retrouver, c'est ce travail que j'affronterai. Accueillir ma révolte quand ma mère, par émission sur M6 interposée, rejette mon amour et l'accuse d'être « trop facile ». Accueillir ma déception quand, après m'avoir écrit par mail qu'elle « sera toujours là pour nous », elle ne me prend pas au téléphone malgré mes messages répétés à son répondeur, et refuse de se rendre à mon invitation « en terrain neutre », notre dernière rencontre chez elle s'étant horriblement mal passée. Accueillir tout ce qui vient, même ce qui blesse. Et laisser le temps au temps, pour guérir toutes ces blessures, les siennes, les miennes. Revenir, surtout, à ce qui m'est donné, là, tout de suite, dans l'instant.

Vivre l'instant présent, c'est ce que j'admire le plus. C'est la raison pour laquelle je respecte tant le peuple gitan avec lequel j'ai un peu vécu, tout petit, et qui fait partie de mes racines : ils ne savent pas ce qu'ils vont manger demain mais ne se posent pas de questions. Ils vivent maintenant, simplement. Ils ne sont ni dans le passé ni dans le futur, comme l'immense majorité des gens qui passent à côté de leur vie parce qu'ils sont trop perdus dans leur tête pour vivre vraiment leurs rêves ou, tout simplement, ce qu'ils sont en train de vivre.

Vivre l'instant présent, parce que j'ai pris du recul avec mon passé. Vivre l'instant présent, en osmose avec cette nature magnifique qui nous donne tout ce dont nous avons besoin – et qu'en retour l'homme détruit ! –, cette nature d'où je viens, d'où nous venons tous. Vivre l'instant présent, et veiller à cet équilibre intérieur qui est d'accepter la condition humaine, de s'accepter soi, comme on est. S'accepter, se respecter : la condition primordiale pour pouvoir accepter les autres. Et je dirais même, pour ma mère qui a exigé dans les journaux que « ses fils la respectent » : se respecter soi-même, d'abord, pour n'avoir plus besoin du respect de personne parce qu'en soi la paix est faite.

Je m'appelle Shahi Yena. Ça veut dire « l'homme qui suit la voie du cœur, la voie de l'Homme rouge, celle de la Nature », en sioux lakota. Je m'appelle aussi Tsali, nom d'un rebelle cherokee qui a résisté à la déportation ; et Belen, mon préféré, dieu celte de la lumière physique et spirituelle. Je revendique ces trois prénoms. Je revendique leur sens, dont par nature je me sens proche. Je revendique les valeurs que partageaient mes parents, lorsque ma mère me portait et qu'ils ont entendu ces noms en rêve. Je revendique le chemin que ces prénoms ont fait en moi, le chemin qu'ils m'ont forcé à faire : comprendre la philosophie amérindienne, comprendre celle de mes parents du temps où ils ne se faisaient pas la guerre, comprendre leurs choix de vie, leurs routes, même lorsqu'elles ont divergé... et éviter de répéter leurs erreurs... Sous cette étoile, sur ce chemin de lumière, mes prénoms amérindien et celte m'ont accompagné. Comme m'ont accompagné Mère Nature et Dame Nature, Gaïa...

II

AU COMMENCEMENT ÉTAIT LA NATURE...

Xavier

Naissance d'une passion

Mon premier souvenir, c'est une basse-cour. J'ai trois ans. Je suis citadin, fils d'un médecin rouennais. Et je découvre, émerveillé, ces boules de plumes vivantes, caquetantes, aussi hautes que moi : les poules.

C'est ma première visite à la ferme. Ce week-end, par extraordinaire, la jeune campagnarde qui travaille chez nous, à réunir l'argent de son trousseau tout en apprenant à tenir une maison en vue d'être bonne à marier, m'a emmené dans sa famille.

Je me rappelle le train avec, près de la petite gare de Seine-Maritime, une femme robuste dans une carriole tirée par un cheval de trait. Je me rappelle la couverture sur mes genoux, le vent sur mes joues, le cheval qui trotte sur le macadam et mes narines qui s'étonnent de son fumet enivrant. Je me rappelle notre arrivée à la ferme – entrée dans un monde magique ! Les poules, les chiens, les vaches, les chevaux, les repas pris tous ensemble autour de la longue table, le patriarche à un bout, « le fils du docteur », minuscule, juché sur des bottins à l'autre bout, de part et d'autre la famille, les ouvriers agricoles… Et cette odeur des tartines tranchées dans le pain de la ferme, cette saveur des légumes, des fruits, tous issus de la terre grasse qui se déploie autour de nous. Je me rappelle l'éléphant – pardon, le cheval de trait – sur lequel on m'a hissé. Et les poules surtout, les poules rondes, toutes frémissantes, que mes mains tentent d'attraper. Je me rappelle le pincement au cœur, un peu plus tard, de retour à la gare : on m'avait laissé entrevoir le paradis ; voilà que l'on m'en chassait.

Les années suivantes, je les ai passées à l'affût. À l'affût de la moindre carriole qui, conduite par un paysan, faisait claquer les pavés de ce Rouen des années soixante, m'attirant aussitôt à la fenêtre, puis m'accompagnant des semaines entières, habitant mes rêves et les dessins où, jour après jour, je les réinventais : l'homme, son cheval, sa carriole. À l'affût des campements de Tsiganes, qui faisaient rarement escale sur un terrain vague, dans les faubourgs de la ville : ces roulottes, ces enfants de mon âge qui semblaient vaquer librement, j'allais vers eux comme vers une promesse et eux, tout naturellement, m'accueillaient. À l'affût de la moindre promenade que je me mis à réclamer, promenade au jardin des plantes de Rouen où je retrouvais mes frères les arbres, mes sœurs les plantes et toute une faune engrillagée, oiseaux, faisans dorés, canards, perruches dont je connaissais les noms, les habitats, les mœurs, pour les avoir lus dans mes premiers livres. Peu à peu, il y en eut même qui se glissèrent dans ma chambre. Outre les photos d'animaux qu'évidemment je collectionnais, il y eut bientôt des aquariums, poissons, insectes, oiseaux, plus tard des rats, des hamsters, des reptiles. Mes parents avaient tenté de résister, mais elle était si impérieuse, cette force qui me poussait vers la nature, me ramenait toujours aux bêtes, aux plantes, quelque effort qu'on fît pour m'en distraire, qu'avec le temps ils laissaient faire.

D'aussi loin que je me rappelle, ce rapport particulier à la nature m'accompagne. L'intuition irrépressible qu'un lien m'unissait à elle et, pas seulement moi, qu'il unissait entre eux les animaux, de l'insecte le plus modeste au prédateur le plus rare, mais aussi au type de végétation où chacun vivait, à la terre, à l'atmosphère, aux climats et à plus vaste, plus indicible encore… J'avais, spontanément, la perception écologique que tout dans la nature, dans le monde sans doute, se tenait, que tout était imbriqué. Ce n'était pas une réflexion, alors. Encore moins le fruit d'une étude – que j'approfondirais plus tard – : c'était un ressenti très fort, une passion.

Ce qui fait que dès mes dix ans, entré dans un JAAN, club des jeunes amis des animaux et de la nature, je multipliais les expéditions dans la campagne, les élevages de petits animaux, les fiches didactiques consacrées aux uns et aux autres, rencontrant au passage zoologues, ornithologues, entomologistes, botanistes, herpétologues[1] ou, pour le dire à l'ancienne, comme on le disait et l'était avant le temps des spécialisations de laboratoire : des « naturalistes » en prise avec la vie, avec le terrain autant qu'avec la science pure et dure, et dont l'expérience fervente nourrissait ma passion.

À l'école, j'étais complètement décalé. Je n'éprouvais d'intérêt ni pour le foot, ni pour les émissions de télévision, ni pour la frime d'une bourgeoisie petite ou grande, toutes choses qui vous valaient des amis, dans le collège où j'allais, où avait étudié mon père et, avant lui, mon grand-père. J'étais donc assez solitaire.

Jusqu'à ce qu'avec une bande de passionnés dans mon genre, nous montions une association autonome : le vivarium écologique de Mont-Saint-Aignan, un quartier dans les hauteurs de Rouen. La mairie nous offrant le

1. D'herpétologie : étude des reptiles et des amphibiens.

local, le chauffage pour les terrariums, nous avions, dans ces grands enclos vitrés, reconstitué la faune, la flore de différentes régions, recréant la température, l'hygrométrie, tout le nécessaire à chaque biotope, écosystème reconstitué comme en milieu naturel, avec ses plantes, ses insectes, ses reptiles... Nous y recevions pas mal de public : collégiens et lycéens qui venaient en visite ou, simplement, pour se rencontrer, enseignants de la fac voisine dont certains, naturalistes, nous instruisaient, nous épaulaient.

J'avais quinze ans, puis seize, puis dix-sept. Je passais plus de temps dans ce vivarium où tout m'était occasion d'apprentissages, de contacts fantastiques, d'une ouverture extraordinaire sur le monde, que sur les bancs d'un collège dont l'enseignement, la structure rigide à des années-lumière de ma nature et de la vie, m'apparaissaient bien stériles. Résultat : j'en fus viré, quelques semaines avant le bac. Scandale dans la famille...

Pour moi qui lisais *Le Sauvage,* supplément écologique du *Nouvel Obs, La Gueule ouverte,* journal satirique écologique lui aussi, et *Le Pont,* revue alternative[1], l'occasion était à saisir. Foin des cours, de l'enfermement, d'une existence coupée du réel ! J'irais par les routes apprendre la vie, de rencontre en apprentissage et de communauté néo-rurale en stages : à la ferme, en apiculture, en pépinière, dans une usine d'emballage, dans les assurances, dans des jardins botaniques, des muséums d'histoire naturelle... Être en prise directe avec le monde, avec la vraie vie des hommes telle qu'elle était un peu partout, chez les paysans, les ouvriers, les employés, les intellectuels : ça, c'était un apprentissage qui méritait son nom, me semblait-il ! Je n'avais sans doute pas, à l'époque, le

1. Revue qui vécut de 1975 à 1981 et se voulait « le pont... qui servira à franchir la rivière séparant la société industrielle de la société idéale » ; c'est assez dire la recherche et l'espoir qui animaient ces années-là.

recul nécessaire pour formuler ma pensée aussi clairement ; mais, d'instinct, c'était mon chemin.

Mes parents, d'abord horrifiés, lâchaient du lest à mesure. Ils auraient aimé que leur fils fût médecin, comme papa, grand-papa, arrière-grand-papa. Ils devaient se rendre à l'évidence : avec ses idées libertaires et sa passion exclusive pour la nature, le fils n'entrait pas dans le costume qu'on espérait taillé pour lui.

Je rends grâce, au passage, à mes parents qui, s'ils ont endigué tant qu'ils ont pu les originalités de leurs enfants – car mes sœurs ne furent pas en reste –, ne s'y sont jamais opposés longtemps. Même si parfois ils bloquaient net, pour une durée indéterminée, ils ont accompagné comme ils ont pu ce qu'ils ne comprenaient pas toujours.

Je leur rends grâce, aussi, pour tout ce que, sans le vouloir parfois, ils m'ont transmis. L'amour avec lequel mon père, tant qu'il en eut encore le temps, allait, entre deux patients, tailler ses fleurs : il m'en est resté quelque chose. L'obstination avec laquelle il a continué d'accorder la même attention, le même temps, à chacun de ses patients, quitte à perdre son niveau de vie – jardinier, cuisinière, femme de ménage puis, un jour, sa secrétaire, que ma mère dut remplacer, le poids grandissant des charges forçant tout ce petit monde à se recaser autrement – : ce goût du travail bien fait, allié au mépris de la vie matérielle, c'est encore un héritage qu'il m'a transmis, et dont je suis fier. À la même époque, ses confrères, pères de ces collégiens que je voyais arriver dans des voitures flambantes changées tous les trois ans quand mon père usa ses modestes Peugeot jusqu'à la jante, faisaient face à ces mêmes charges, fiscales et autres, en multipliant les consultations dont la durée et la qualité d'écoute se trouvaient amputées d'autant.

Je leur rends grâce, à tous deux, pour m'avoir fait grandir dans un foyer uni – même si pimenté par les cris d'une mère méditerranéenne, ce qui ne portait guère à conséquence. J'ai trop vu, dans les mouvances alternatives où la vie a porté mes pas, les dégâts infligés aux enfants du divorce, pour n'être pas conscient de ce privilège qui m'a donné un axe, une assise.

Bien sûr, comme tout un chacun, je suis allé chercher ailleurs des inspirations, voire des racines, qui m'ont manqué parce qu'elles leur manquaient – mais n'est-ce pas le lot de beaucoup, ces dernières décennies ? Dans l'ensemble, et malgré nos différences, grâce peut-être à ces différences, je sais aujourd'hui toute la richesse de leur apport, de leur amour, aussi caché qu'il ait été sous la distante retenue bourgeoise.

Mon père, aujourd'hui, est mort. Lui, le rhumatologue, a succombé à un cancer des os quelques mois après mon procès. Je suis heureux qu'il ait eu le temps de voir son fils réhabilité, ce père dont l'honnêteté, la droiture, la fidélité aux lois avaient d'abord été choquées par ce choix de la désobéissance civile, choix auquel il se rallierait ensuite, à mesure que l'évolution du monde vers toujours plus de matérialisme, d'arrogance des possédants, de mépris de la justice la plus élémentaire pour les autres, ferait vaciller ses certitudes.

Pour l'heure, j'avais dix-sept ans, vingt ans, vingt-cinq ans. Poussé par des universitaires qui revenaient à la terre et que j'avais rencontrés dans des communautés du Sud aussi artistes qu'agricoles, j'avais fini par passer mon bac, en candidat libre bien sûr, poussant mes études à coups d'UV universitaires par-ci, de stages de formation professionnelle par-là, études toujours liées aux sciences de la nature et à l'agriculture. Parcours autodidacte, un peu à la manière des naturalistes d'antan, et qui me permettra, pendant douze ans, d'être enseignant et correcteur

– dans mon domaine bien sûr – pour des écoles et des cours par correspondance en contrat avec l'Éducation nationale.

En 1982, je m'installai en Normandie, non loin de la résidence secondaire de mes parents, comme apiculteur et pépiniériste en agriculture biologique. Végétaux rares et vieilles variétés de fruitiers, quelques animaux, canards, faisans de collection, bientôt un premier cheval de trait, une jument, puis des chiens de race grâce à un ami qui me ferait rentrer dans le circuit : je commençais de faire mon trou. Je recevais en stage de plus jeunes que moi – semblant de vie communautaire dans une région qui n'avait jamais vu ça. J'allais sur les marchés en carriole à cheval, vendre mon miel et quelques animaux. Dans le coin, où la gent agricole était plus classique, je faisais figure de spécimen rare. Avec mes cheveux longs et ma barbe, certains m'appelaient « Jésus ».

La solitude, pas plus que l'immobilité, n'étant dans ma nature, je profitais de la moindre occasion pour filer vers d'autres horizons et y rencontrer d'autres vies.

Vers les communautés de Corrèze, par exemple, où ma compagne d'alors avait ses entrées et où la simplicité des rapports entre les gens, le naturel, la chaleur humaine m'avaient émerveillé. Je découvrais avec ravissement cet « autre monde », sa grande liberté, sa sensibilité, la réflexion constante sur l'état de la société et l'espoir de la faire évoluer qu'avaient ces artistes, ces militants, ces intellectuels revenus à la terre dans plusieurs régions du sud de la France. Des vies riches, des vies puissantes, des vies passionnées, jusqu'au-boutistes souvent, avec des idéaux hors des sentiers battus, trop de fumette probablement, et une créativité tous azimuts qui participerait à donner naissance, entre autres mille choses, à l'écologie, à la nouvelle psychiatrie, au nouveau cirque…

Vers des communautés d'inspiration amérindienne, aussi... J'avais tant lu sur ces peuples, tant médité sur leurs valeurs qui réveillaient en moi bien des échos, que j'allais forcément croiser leur route.

Aujourd'hui, en 2010, il faut faire un effort pour imaginer cette époque charnière, entre la fin des années soixante-dix et le début des années quatre-vingt. La peur n'avait pas encore étendu son règne – peur du chômage, de l'exclusion, du terrorisme, peur d'avoir moins que son voisin, peur de virus ou d'épidémies fantômes... À cette époque où l'on croyait encore tous les possibles à portée de main, pullulaient donc groupuscules, communautés alternatives, mouvements collectifs divers prêts à prendre tous les risques, à tester toutes les visions du monde et les manières de vivre « autrement » avec, toujours, l'espoir d'enrichir la société de leurs apports. Certains de ces mouvements tourneraient mal, d'autres porteraient de nombreux fruits.

Ceux qu'attiraient ces mouvements avaient en commun l'idéalisme, une conscience aiguë de la dérive où sombrait la société moderne avec son système inhumain à la fois contraignant et réducteur, l'aspiration à une qualité de vie où les relations humaines auraient leur place, une quête d'intensité, aussi, façon Janis Joplin ou Jimi Hendrix. C'était, dans la lignée de soixante-huit, la recherche d'un bonheur non exclusivement individualiste, d'une liberté, bien sûr, de toutes les libertés – d'où les écueils – et, pour certains, la quête d'un sens qu'ils devinaient ne pouvoir trouver dans les seules dimensions matérielles.

J'avais vingt ans, bientôt trente : j'étais aussi, à ma façon, de ces idéalistes, de ces chercheurs-là.

C'est ainsi que j'ai partagé un temps le végétarisme, l'alimentation bio sans alcool ni tabac ni drogue, les jeûnes aux fins purificatrices pratiqués par un mouvement d'origine micmaque[1] dont les dangers ne s'étaient pas encore révélés. La simplicité matérielle, la solidarité tribale, la conscience écologique[2] et la frugalité qu'il prônait alors, au service d'une élévation spirituelle, avaient de quoi me séduire. Réfractaire à toute structure comme je l'étais, je n'entrai pas dans la Tribu, mais j'y avais des amis et partageais avec eux la vision chamanique du monde comme cercle sacré dont l'homme n'est pas le centre, mais un maillon parmi tous les autres, bêtes ou choses, esprits ou plantes, avec qui vivre en harmonie. Vision directement empruntée aux sociétés amérindiennes.

C'est ainsi que j'ai rencontré, également, ceux dont j'allais, aussi souvent que possible, partager quelques années la route : le village tipi itinérant. Branche parmi d'autres d'un mouvement né au Pays de Galles après la guerre, le village tipi venait de Bretagne. Je l'avais croisé une première fois en Limousin et le retrouverais un peu plus tard dans le Cantal avec, cette fois, le triple coup de foudre de l'amitié pour un homme, de l'esprit et de tous mes sens pour des valeurs et un mode de vie où la simplicité, la fraternité, le sens de la famille, l'osmose avec la nature et le temps comme il passe, temps de faire des rencontres, gratuitement, pour la seule joie du partage, tenaient les premières places...

« On apporte un peu de rêve à une société qui, dès le plus jeune âge, empêche de rêver », disait parfois Laurent, mon ami, bientôt mon frère. Quand le village tipi se posait dans un village, dans les faubourgs d'une petite ville, c'était aussitôt l'attroupement. Les chèvres, les chevaux, les chiens, les chats, les poules, et les charrettes, les chariots western, et les enfants qui couraient libre-

1. Mic-Mac : tribu algonquine des côtes nord-est canadiennes.

2. À l'époque considérée comme le fait d'hurluberlus mais qui, trente ans plus tard, a pignon sur rue !

ment, pieds nus, entre les tipis vite dressés : c'était, en soi, une animation. D'autant que chacun prenait le temps d'accueillir, d'expliquer, de raconter : la vie indienne, le montage d'un tipi, l'élevage des chevaux, des chevreaux, mais aussi le pourquoi de cette vie atypique, « vivre avec notre Mère la Nature, en communion avec ses éléments, tous ensemble, parents, enfants, sans discontinuité », « pas de drogue, pas d'errance – nous ne sommes pas des hippies –, une existence structurée au contraire, même si, parce que nomade, on y goûte une liberté dont les sédentaires n'ont pas idée ! » Et le respect des vieillards rencontrés, « parce qu'ils connaissent plus de choses que nous » ; celui des enfants, pardessus tout, « parce qu'ils sont l'avenir du monde »...

Parfois Laurent, le « barde », se mettait à narrer des contes traditionnels amérindiens. Avec son équipe du Circo-logos, il assurait l'animation pour des écoles, des colonies de vacances, des quinzaines commerciales.

Loin du métro-boulot-dodo, c'était une vie « autrement », au rythme des saisons, cueillette par-ci, pêche par-là, embauche saisonnière au passage, musique et jongleries dans les rues, objets de vannerie tressés au coin du feu, qu'on vendrait à la prochaine escale, avec les cartes postales du village et les promenades à dos de poney. Une existence nomade, faite de vie tous ensemble, deux générations confondues, chaque famille son tipi mais chaque décision, collective, prise à l'indienne, c'est-à-dire à l'unanimité, quelque temps et palabres qu'il faille pour y aboutir.

Cette existence avait ses revers, incongrue qu'elle était dans une société sédentaire vouée au culte de la propriété : en guise de stationnement, des décharges, des marais, des bordures de route, pas de pâture pour les chevaux, des sources asséchées, embroussaillées, quand elles n'étaient pas empoisonnées dans les heures qui précédaient notre arrivée. Car tout le monde ne voyait pas d'un bon œil l'arrivée de notre équipage... Il fallait parfois repartir très vite, trop vite pour les animaux qui n'avaient pas eu le temps de paître. Un agriculteur en colère, un maire soucieux de satisfaire les plus timorés de ses électeurs nous faisaient parfois dégager. Sans compter les embrouilles administratives quand on n'a ni adresse fixe ni statut social, professionnel ou, pour les enfants, scolaire.

C'est ainsi qu'a germé l'idée, puisque, ayant quitté sans les vendre mes bouts de terrains normands, je commençais de m'implanter dans les Cévennes plus riches en mouvements alternatifs, de créer une association autour de la terre en friche que je venais d'acquérir pour 40 000 francs[1]. Le lieu, Tardonenche, un hameau à proximité de Florac, en Lozère, deviendrait notre camp de base, pour les naissances, les réparations de matériel ou, simplement, pour l'hiver. On y retaperait les bâtiments plus ou moins en ruine, pour y faire des ateliers. Ce serait aussi une adresse, pour les nomades qu'étaient mes amis, le semi-nomade que je devenais. L'association Wanékia – « qui fait vivre », en lakota – serait l'interface dont nous avions besoin avec les différentes administrations. Pour l'école, nous envisagions même la création d'une école semi-nomade : un instituteur donnerait gratuitement les cours imposés par l'Éducation nationale ; pour le reste, ce serait l'apprentissage de la survie dans et avec la nature, l'autonomie alimentaire, la culture du voyage au quotidien et celle, plus vaste, des sociétés traditionnelles nomades, valeurs spirituelles incluses. Elle n'a hélas jamais vu le jour – la face sombre de toutes ces communautés alternatives, c'est en effet la difficulté de faire aboutir un projet quand chacun a son mot à

1. 6 000 euros.

dire sans avoir pour autant la maturité, l'abnégation de faire, ici et là, des concessions.

Tardonenche et Wanékia, en revanche, fonctionnaient à merveille au début. À l'été 1987, notamment, un « rassemblement du peuple de l'Arc-en-Ciel[1] » que nous avions organisé au col de Jalcreste, non loin de Florac, allait rameuter de toute l'Europe quelques milliers de personnes, routards et itinérants, gens de tipis et néo-hippies, un mois de fête bon enfant avec chevaux et chariots, sur les terres dûment louées à un vieux paysan du coin dont le regard émerveillé, un jour qu'il était venu nous voir et s'opposer à l'intrusion des gendarmes, aurait à lui seul justifié l'entreprise. « Jamais j'aurais cru être à l'origine de… tout ça », bégayait-il, contemplant depuis le grand tipi où nous lui avions offert le thé les enfants qui galopaient à demi nus entre les feux, les jeunes adultes qui se baignaient dans la rivière, guère vêtus eux non plus, mais de façon si naturelle ! D'autres qui chantaient, dansaient, jouaient de la musique, et les chiloms[2] qui circulaient puisqu'ils étaient la seule « drogue » tolérée au festival, et les rires, et l'insouciance, et toute cette chaleur humaine, cette bonne humeur colorée qui circulait librement et lui mettait les larmes aux yeux.

Au fil des mois, ma vie s'était réorganisée entre les périodes de nomadisme avec le village tipi, les séjours à Tardonenche où chacun, au gré de ses passages et du bon vouloir, retapait les bâtiments ou installait des terrasses pour les tipis, et deux retours annuels en Normandie, pour la récolte du miel et la vente des poulains

1. D'après une prophétie des Indiens hopis selon laquelle, quand la civilisation de l'homme blanc sera au bord de tout détruire, de toutes les races de la Terre s'élèvera un peuple qui échangera les connaissances anciennes et nouvelles, fêtant « la connexion avec le cœur de la mère terre et l'immensité de l'espace où nous flottons ». D'inspiration plus Nouvel Âge, les festivals Rainbows actuels en sont la descendance.

2. Pipe à haschich.

et des chiots de mes élevages. Au sein du village itinérant, j'étais l'un des moins pauvres. Le seul qui se penchait certains soirs, à la lueur du feu, sur les copies dont la correction lui assurait une part de ses revenus. L'un des premiers, aussi, à être doté d'un vieux camion, pratique pour les liaisons avec Tardo comme pour l'approvisionnement en farine, céréales et autres aliments de base qu'on achetait en gros deux ou trois fois par an. Le camion se révélait utile, par ailleurs, en cas de départ précipité par l'inhospitalité des habitants du cru, quand il fallait embarquer des bêtes et s'éloigner au plus vite. Ou quand il s'agissait d'emmener d'un campement à l'autre les enfants de deux parents dont les chemins s'étaient séparés.

Les enfants… En avais-je eu, tout autour de moi, de ces enfants du village tipi et autres campements du Sud et d'ailleurs, qui étaient un peu tous mes neveux ! En avais-je transporté, accompagné dans leurs escapades et leurs apprentissages, au fil de cette existence où nous vivions tous ensemble comme une grande famille. En avais-je consolé, soigné… quand je n'avais pas aidé à leur mise au monde sous tipi ou en caravane…

Les enfants, je n'en voulais pas. Du moins je n'en avais pas voulu pendant toutes ces années passées à explorer la nature et l'existence, à expérimenter toutes les rencontres, toutes les amours, toutes les facettes d'une liberté à mille visages. Je les connaissais bien, cependant. Je les aimais. Et voilà qu'ayant dépassé la trentaine, et voyant autour de moi se former deux, puis trois, puis quatre familles de notre sorte, je commençai d'envisager que mettre au monde des enfants et leur transmettre les valeurs dont, précisément, ce monde avait grand besoin, n'était peut-être pas une si grande folie que ça…

Xavier

Rencontre

Les jours de Tardonenche étaient comptés. Naguère échaudée par les débarqués du Larzac, ses peurs réactivées par notre festival de l'Arc-en-Ciel, la municipalité de Florac nous avait dans le collimateur : obligation par la gendarmerie de tenir un registre des gens de passage avec relevé de leurs pièces d'identité, arrêté de mise en péril sur les bâtiments avec menace de destruction à mes frais s'ils n'étaient restaurés dans l'année… Tardo vivait ses dernières heures. Il nous fallait de nouvelles terres.

C'est la recherche de ces terres qui allait nous mener, trois ou quatre familles du village tipi et moi, dans l'Aveyron, à Frayssinous. De cette communauté des années soixante-dix entourée de vastes collines toutes quadrillées de champs et forêts, restait un hameau avec maison commune, grande boulangerie collective, bibliothèque, cinquante hectares où mettre les chevaux et aménager des potagers. Par désir exprès du propriétaire, un Belge qui avait fait partie de l'aventure, l'endroit, quoique à l'abandon, restait à disposition de tout projet communautaire. Ce que nous confirma le gardien, rescapé de l'époque fabuleuse qui, heureux de voir revivre le lieu, nous donnerait aussitôt son blanc-seing. Comme il l'avait donné, quelques semaines plus tôt, à une jeune femme, amie d'ami débarquée là, toute seule, avec son bébé.

À quoi tient une attirance ? Au-delà même de cette attraction, qu'est-ce qui, à son occasion, décide de toute une destinée ? Questions à jamais sans réponses...

Cathy était la vie même. Vingt-cinq ans, petite, énergique, elle alliait des élans fleur bleue à une détermination farouche. Avec une bonne volonté – et une volonté tout court – qui compensait son inexpérience, elle aménageait sa maison, domestiquait tant bien que mal un bout de terre dans l'espoir d'en faire un jardin, se débrouillait comme elle pouvait avec son petit Nicolas que l'absence de père rendait irascible. Aussi généreuse que courageuse, elle faisait tourner pour tous la machine à laver qu'elle venait d'acheter, préparait en un tournemain des dîners pour le hameau renaissant. Pied-noire née à Bougie, en Algérie, qu'elle avait quittée toute petite, elle avait le sang chaud des filles du Sud – ce n'était pas pour me déplaire. Ses rires, ses enthousiasmes, ses colères ne passaient pas inaperçus. Ils boostaient un peu tout le hameau. Et commençaient de m'émouvoir.

La confiance, entre nous, avait été immédiate. Peu à peu, Cathy se racontait, me confiait des bouts de son histoire. L'enfance vilainement secouée par le départ brutal du père quand elle avait une quinzaine d'années ; l'adolescence révoltée contre le non-sens d'une existence matérialiste privée de chaleur humaine ; alors la quête de liberté, d'intensité, d'expériences, et puis ce fils qu'elle avait voulu garder malgré l'opposition du géniteur – ce géniteur contre lequel il me faudrait m'interposer quand, débarquant à Frayssinous, il menaçait Cathy... Et le départ pour l'Inde, peu après la naissance de Nicolas. L'Inde dont elle revenait à peine, qui l'avait métamorphosée. L'Inde où elle avait partagé l'existence des gens de la rue, l'existence des gens de la montagne, celle, marquante, des Enfants de Dieu. Auprès de ces doux illuminés – dont nous avions le plus grand mal à la convaincre qu'il s'agissait d'une secte poursuivie, en Europe, pour des histoires de pédophilie – elle affirmait avoir trouvé chaleur, réconfort, amour. L'amour de Dieu, l'amour des hommes, celui de valeurs simples et naturelles, expliquait-elle avec ferveur, des étoiles d'or dans ses yeux clairs.

D'où son haut-le-cœur, de retour en France, et son serment d'en finir avec la vie qu'elle avait connue. Jeté le dernier paquet de cigarettes, liquidé son appartement en ville, au grand dam de sa famille, elle optait pour le retour à la terre, la pauvreté volontaire et l'existence communautaire où privilégier les rapports humains. L'Évangile, disait-elle, la simplicité évangélique... Cela ne pouvait que me toucher.

Tout en elle, d'ailleurs, me touchait : son ardeur, sa foi, son optimisme, ses coups de tête pas toujours sagaces, comme d'un jeune cabri un peu fou, son pragmatisme et sa puissance, quand un abus n'ennuageait pas son esprit ; jusqu'à cette fragilité qu'elle cachait bien et qui trouvait auprès de moi une épaule où se poser... De confiance en confidence et d'amitié en intimité : voilà que nous étions ensemble.

J'étais à ce tournant de ma vie où l'amour libre, les tentatives communautaires, c'était fini. J'aspirais à fonder une famille avec la femme que j'aimerais, qui deviendrait ma compagne dans cette nouvelle aventure... Et voilà que cette femme, sans le savoir, était venue à ma rencontre. Elle était là, devant moi. Nous venions de nous reconnaître. Et projetions aussitôt toutes sortes de choses.

Je commençais à défricher notre jardin. Cathy achetait jument et roulotte qui, en complément de mes chevaux, mes deux chariots, mon camion et mes tipis, constitueraient notre premier convoi. Car nous envisagions de faire la route. Cathy nous voyait assez partir au hasard des routes et, « gipsies de Jésus » comme elle disait, porter par nos animations et la chaleur de notre existence le témoignage d'une vie simple, proche des hommes, animée par une fraternité, une foi véritablement incarnées. Plus prosaïque parce que plus expérimenté, je proposais un semi-nomadisme avec camps de base – Frayssinous et mes terres normandes –, circuit précis comme les Indiens, les Tsiganes et les gens du cirque, animations sur le chemin et, pour moyens de subsistance, mes élevages de chiens, de chevaux, le miel de mes ruches et les récoltes de nos deux campements. Dans tous les cas, nous nous faisions confiance. Et, tout à notre amour naissant, jetions ensemble les bases de notre projet familial.

Sauf que de retour d'un séjour en Normandie, j'appris que ma jeune écervelée s'était jetée à la tête de tel ou tel quand toutes les explorations sont bienvenues... Désolé, j'avais déjà donné. L'expérience que Cathy s'apprêtait à faire, j'avais eu le temps d'en faire le tour. Et n'étais pas franchement heureux de ce brusque retour en arrière. Explications orageuses, scènes à répétition, ambiance glauque... Et la belle finit par décamper avec son amant à bord de la roulotte qu'elle venait d'acheter pour nous.

Fin de l'acte 1 de notre histoire. Car il y aurait un acte 2, bien sûr. Et quelques autres.

Intermède 1

L'heure indienne

Le propre des peuples amérindiens, comme de tout peuple dit « premier », est d'avoir du temps une conception, et une perception organique, très différentes de celles d'Occident. Point d'horloge qui tourne et découpe le temps en fragments abstraits, réguliers. Point non plus de durée précise : le temps réel fluctue, plus lent, plus rapide, selon ce qu'on y rencontre. Le temps, surtout, n'est pas une ligne droite, projection de quelque flèche imaginaire tirée du passé vers l'avenir. Comme tout ce qui apparaît dans la nature, le temps est courbe ; il est cyclique, comme l'est le rythme des saisons.

Il a fallu l'homme moderne pour vouloir tout maîtriser, pour tout prévoir, tout cadrer, pour mettre sa vie, le temps, au carré. Carré des rues, des maisons, des programmes quinquennaux et autres rendez-vous à heure fixe quand dans la nature, comme chez l'Indien, tout est rond : la feuille, la tige qui ploie au vent, le nid des oiseaux, le tipi, le cercle des nations, le cercle sacré… et même le temps.

Chaque chose en son temps, à l'heure indienne. Ce n'est pas nous qui décidons. On ne maîtrise pas grand-chose, dans la nature. On épouse le terrain, on suit les signes, les éléments nouveaux qui s'imposent, qui peuvent modifier le cap à court terme ; alors on écoute, on s'adapte, on accepte que les choses arrivent autrement qu'elles étaient prévues. On s'y plie, comme la tige au vent, non par résignation mais par souplesse. Autrement dit, par sagesse. Car on sait d'expérience que si l'on se meut dans cette fluidité, si l'on respecte l'heure indienne, sans s'obstiner, sans forcer, tout arrivera à point nommé.

Faire confiance n'est pas toujours facile, surtout quand ayant la double culture, comme moi, on est tenté par l'inquiétude, le doute, la révolte, le forcing. Et puis non : la fluidité l'emporte. Jour après jour les pas vous portent, à un rythme qui est celui des jours, celui des nuits, celui de la vie, non le vôtre. Ils vous portent précisément quand et là où vous devez aller.

Xavier

Petit frère petite sœur

Attirée par les promesses de Frayssinous et souhaitant s'y mettre au vert entre deux actions en ville, une bande de punks se disant « communistes libertaires » s'était pointée. Nous l'avions innocemment accueillie. Au fil des mois, hélas, ces adeptes de « no future ! » s'étaient révélés politisés à outrance, organisés comme nous ne l'étions pas et, surtout, terriblement sectaires. Ils nous avaient évincés, d'abord de la bibliothèque, puis de la maison commune, puis…

Pacifique et libertaire, le village tipi ne faisait pas le poids. Il venait d'imploser. Certaines familles remontaient vers la Bretagne, où je les retrouverais vingt ans plus tard – mais ceci est une autre histoire. D'autres choisissaient de rester dans le Sud, continuant d'y chercher des terres.

Apprenant qu'un agriculteur bio du Gers était prêt à ouvrir son lieu à un collectif, je m'y pointai, avec mes chevaux. Naissance d'une belle amitié avec Michel, un voisin, paysan bio lui aussi, qui m'accueillerait dix ans plus tard à l'aube de la clandestinité. Et retrouvailles « petit frère petite sœur » avec Cathy à nouveau seule…

Ici puis dans une ferme de moutons voisine, la vie allait s'obstiner à nous faire vivre non loin l'un de l'autre. Nous nous aidions, nous nous épaulions quand nécessaire. Nous partagions le travail, certains amis, quelques fêtes. Quelques confidences, aussi, encore, à nouveau, toujours. Mais nous vivions chacun chez soi et conservions nos distances, moi refoulant un sentiment qui n'avait pas lieu pour être, Cathy poursuivant ses expériences… Jusqu'à ce jour de l'été 1989 où je la vis venir vers moi, toute fraîche, toute vulnérable malgré cet air bravache qu'elle avait toujours.

« Je sais maintenant où j'en suis, dit-elle. J'en ai fini moi aussi avec ces aventures sans avenir… Je n'ai confiance qu'en toi… Je veux fonder une famille… avec toi, si tu le veux… »

J'étais ému bien sûr. Prêt à fondre. J'étais échaudé, aussi. Il me fallait réfléchir.

Justement, une réunion du village tipi m'appelait à deux ou trois départements de là, à Bugarach. Un projet d'achat de terres qui ne verrait pas plus le jour que tous les autres mais, déplacement providentiel, me permettrait de faire le point…

Xavier

Sous le chêne

À mon retour, c'était oui.

Cathy et moi avions connu le pire et le meilleur l'un de l'autre. Nous avions traversé l'amour, traversé le désamour… L'amour l'avait emporté. Mûris tous deux, affermis dans notre désir, nous étions prêts à nous engager.

C'est au pied d'un chêne dont les deux branches maîtresses s'élançaient vers le ciel depuis le tronc commun qui les unissait, que nous allions sceller notre union. Devant Dieu le Père et sur la Terre Mère, avec Nicolas pour témoin, cet automne 1989 nous devenions mari et femme.

Pour signifier cette vie nouvelle, nous avons déposé nos noms usés. Exit la Cathy des errances *peace and love* comme le Xavier des collectifs. Bienvenue à Katia – comme l'appelaient les femmes de Kabylie –, à Emmanuel – mon second prénom –, à Nicolas toujours et aux petits frères et sœurs qui décideraient de le rejoindre.

Les mois suivants, nous récupérions une de nos roulottes laissée à Frayssinous, réalisions notre premier dépliant, qui proposait des randonnées en roulotte dans la région. Nous créions l'association Omaha et commencions de peindre nos véhicules en couleurs vives, en vue de nos prochaines animations. J'achetai bientôt un camion, puis un deuxième, une caravane à des gitans… Notre futur convoi prenait forme.

Surtout, je ramenai de Normandie une jeune vache laitière. Car au beau milieu de l'Avent, un enfant s'était annoncé. Toujours aussi volontaire, Katia prévoyait de l'allaiter six mois, pas plus. Queue Blanche serait donc la nourrice de Shahi Yena, puis d'Okwari, et je l'entraînerai même dans notre aventure, huit ans plus tard…

À l'approche de la naissance, nous avions dressé le tipi chez Michel, l'ami du Gers. Quelques semaines avant l'accouchement, nous faisions notre première animation : un mois avec des préadolescents issus des banlieues parisiennes que nous envoyait le Secours populaire ; avec eux et nos amis du cirque Hall Circus, nous allions monter un spectacle. Nous apprenions sur le tas. Tout se passait à merveille… Et une poignée de nuits plus tard, sous le tipi, autant dire sous les étoiles de cette émouvante veillée du mois d'août 1990, Shahi Yena ouvrait ses yeux sur le monde.

Quelques jours après, pour célébrer sa venue, des gens de tous les univers affluaient chez Michel pour deux ou trois jours de fête. Des agriculteurs, des anarchistes, des gens du cirque, de purs intellos, les alternatifs du coin bien sûr, et des amis du village tipi, de Tardonenche, un ancien routard de Liverpool et sa copine à l'accent nîmois, un tondeur de moutons, un brocanteur marchand dans l'âme qui aurait vendu sa mère, Troc'tout on l'avait surnommé… Il y avait là gens de toutes sortes, quelques bourgeois, beaucoup de marginaux, tout ce monde-là se rencontrant pour la première fois. Cela faisait une ambiance surréaliste, une spontanéité, des échanges improbables et magnifiques, chacun amenant ses talents, ses biens... de la musique, de la danse, un agneau pour le méchoui... Une fête disparate comme je les aime, avec des gens de tous les mondes, tous préjugés foulés aux pieds, choc de la rencontre, yeux qui se dessillent, amitiés imprévues qui germent... Un peu comme la fête qui réunirait, dix-neuf ans plus tard, dans les Cévennes, les gens du comité de soutien qui, issus de tous les horizons sans s'être jamais rencontrés, allaient vouloir se connaître enfin...

Intermède 2

Naissance cosmique

Une naissance… Ce n'est pas rien, une naissance, dans une société dite « première ». Ce n'est pas un épisode qu'on programme au mieux pour son plan de carrière. C'est un événement cosmique qui s'inscrit quelque part dans l'invisible, à mi-chemin de la terre et des étoiles. La naissance d'un petit d'homme, frère de tous les êtres vivants qui, en cet instant magique, l'accueillent. D'où les faire-part annonçant à nos amis la naissance de Shahi Yena « au pied de deux vieux chênes et au milieu de ses frères animaux ». Avec, au dos du faire-part, le dessin d'une mère indienne, inscrite dans le cercle des tipis, qui porte sur son sein l'enfant nouveau-né et, dans ses mains, le globe terrestre.

« La terre nous est prêtée par nos enfants », disent les Amérindiens qui se gardent bien, par conséquent, de mettre à mal ce qui ne leur appartient pas. « Quand tu as une décision à prendre, ajoutent-ils, pense quatre générations plus loin », autrement dit : eux d'abord. Eux, les enfants, l'avenir du monde…

C'était le sens de notre mariage, à Katia et moi, le sens de notre engagement : donner naissance à des enfants qui héritéraient de ce monde et auraient à le léguer un jour à d'autres. À nous les parents, et non à une crèche, une école et autres compléments accessoires, de leur transmettre l'essentiel : l'amour, le regard qui voit et discerne, l'autonomie et la force, l'axe en un mot, nécessaires à leur propre déploiement.

« Vos enfants ne sont pas vos enfants, dit quelque part le poète : vous êtes l'arc qui tend la vie... »

Xavier

Sept ans de bonheur

Les gens heureux n'ont pas d'histoire… Comment raconter, en quelques lignes, sept ans de non-histoire, sept ans de bonheur ?

Il y avait eu la naissance de Shahi Yena et, dans la foulée, à peine Tardonenche vendu, l'achat d'une terre au-dessus du Vigan, dans le Gard. Deux hectares d'un terrain en pente, avec une ruine mal rafistolée et, bien précieux dans une région d'étés secs, un ruisseau qui coulait toute l'année, eau pure droit descendue du mont Aigoual. Pour le reste : tout en friche et d'un accès difficile, simple sentier de chèvres avec la pente d'un côté, le ravin de l'autre et, à mi-chemin, un vieux tronc d'arbre en guise de pont qui enjambait le ruisseau en contrebas. Il me faudrait trois étés, et l'aide de tous les amis alentour, chacun selon ses compétences et le temps dont il disposerait, pour venir à bout de creuser une piste carrossable, à l'aveugle entre les roches, bâtir un pont dans les règles de l'art et creuser à flanc de coteau une plateforme pour y installer le futur campement.

Ces étés-là, trois années durant, des amis à nous, à Roquedur, hébergeraient notre campement de fortune.

La communauté de La Celle... Guy et Magali... Je les avais rencontrés un soir d'orage, deux ou trois ans plus tôt, avec le village tipi itinérant. Les orages cévenols ayant des allures de déluge, ils nous avaient prêté refuge sous un de leurs hangars. On s'était liés d'amitié. Pas vraiment la même mouvance, à première vue, nous les itinérants tendance chamanique, fils du vent et de Mère Nature, eux les chrétiens, anciens routards qui, mettant en pratique l'Évangile, accueillaient dans un ancien domaine vinicole rebaptisé « Propriété de Dieu » des gens de la route, individus, familles, idéalistes en quête ou déglingués de l'existence désireux d'œuvrer au projet communautaire ou, tout simplement, de se poser pour une durée imprévisible... La fraternité se fiche des appellations. Entre nous, elle avait germé tout de suite. Voilà maintenant qu'ils accueillaient notre petite famille naissante, se prenaient d'affection pour Katia, sa foi plus proche de la leur que ne l'était la mienne. Ils nous prêtaient un bout de leur Éden, campement à quelque distance de leur demeure, sur cette douzaine d'hectares qui accueillent en permanence soixante à quatre-vingts personnes, certaines touchées par la parole christique, d'autres, malmenées par la vie et envoyées là par les services sociaux des environs et diverses administrations de réinsertion. Une maison ouverte, une vie communautaire, des jardins, des bois, des bêtes, des bâtiments à retaper, une certaine discipline, le partage bien sûr, et la prière : la recette de cette « Propriété de Dieu » pour redonner le goût de vivre à des gens en situation difficile. Et ça marchait, ça marche encore, il faut croire, puisque vingt ans après, et malgré les agrandissements, ils n'arrivent pas à faire face à la demande croissante...

C'est à leur amitié et à leur confiance que nous devions de passer l'été près de la communauté sans en être complètement. Katia y demeurait tout le jour, vivant sa vie ou partageant leurs activités tandis que j'allais faire le gros œuvre au-dessus du Vigan. Nous nous y retrouvions le soir, tantôt invitant ceux qui voulaient autour de notre feu de camp, tantôt participant au repas commun, tantôt l'indépendance de part et d'autre. Des échanges, dans tous les cas, des rencontres, un coup de main par-ci, un autre en retour par-là. La vie comme elle va, faite de solidarité et de troc, dans l'univers alternatif.

Et le quatrième été, enfin, le miracle de l'arrivée chez nous !

Nous étions descendus de Normandie, comme chaque fois, en empruntant les chemins plats : la Loire, Bordeaux, puis longer la côte, remonter ensuite vers l'Aude, le col de la Cardonille, vers Saint-Martin-de-Londres, avec vue à couper le souffle sur les Cévennes et le mont Aigoual, puis petites routes de montagne. C'est la partie la plus rude, quand on roule avec de vieux camions, des antiquités de vingt-cinq ans classées « véhicules de collection » – ce qui fait tomber pas mal l'assurance et le contrôle technique – amoureusement rafistolées, en Normandie, par l'ami Luc et ses doigts d'or, mais chargées de bêtes et d'équipement, alors qui peinent.

Cet été-là – 1993 ? 1994 ? Je ne sais plus –, nous traversions les hameaux au-dessus du Vigan. Les villageois nous avaient vus arriver de loin. C'était un peu magique, ce grand convoi : deux bétaillères, deux caravanes, deux remorques, quatre chevaux... Nous, on avait du mal à monter, on avait allumé les gyrophares. Les vieux sortaient de leurs maisons. Ils nous regardaient avec des yeux ronds. Le lendemain, ils venaient nous voir. Notre campement était installé : caravane et tipi pour l'habitation, un groupe électrogène, et la seconde caravane pour l'animation – lézards tropicaux, désertiques, serpents dont un boa qui leur tirait des Oh !, des Ah !, tortues, poissons, insectes tropicaux, perroquets, oiseaux exotiques, et même une ruche d'observation, ventre ouvert derrière sa vitre. Et tout ça qu'ils pouvaient contempler de l'extérieur, derrière chaque fenêtre un terrarium, avec panneaux pédagogiques...

Personne n'y avait trop cru, jusqu'alors, à l'entreprise de ces bizarres – on ne disait pas encore ces freaks. Et voilà que, sur le terrain naguère abandonné, on découvrait une petite famille, trois enfants pétant le feu, la vache Queue Blanche, les chevaux – que j'irais mettre au pré un peu plus loin –, la chèvre laitière, les chèvres angora, les cochons du Vietnam et toutes sortes de faisans, oies et autres volailles rares. L'arche de Noé à portée de main.

On nous avait aussitôt invités à la prochaine fête du village, on nous proposait de faire des animations dès qu'on serait opérationnels. Notre campement cévenol était lancé. Ne restait plus qu'à étoffer le réseau d'amis qui avait commencé de se constituer. C'était pour moi chose facile, dans cette région où les alternatifs comme nous pullulent. Tous peu ou prou ont vécu des expériences communautaires. Tous ont fait la route, certains la font encore. Beaucoup ont choisi de vivre leurs idées, leurs idéaux jusqu'au bout. La vie dans le Sud, moins chère qu'ailleurs, les appuie. Et l'entraide, et le troc qui sont ici monnaie courante. Nombreux sont ceux qui vivent dans des conditions volontairement simples. Beaucoup ont choisi de produire eux-mêmes ce qu'ils mangent. Les uns sont agriculteurs, d'autres font de l'artisanat, d'autres du cirque, de la musique, des animations, l'école parallèle, l'hébergement – un peu tout ça à la fois, parfois. Beaucoup, enfin, accueillent de temps à autre leurs semblables, notamment au cours de fêtes ; c'est alors toute une éclosion de roulottes, d'habitations de fortune, de jardinets de survie. C'est informel, mouvant, diversifié. Par-dessus tout : c'est vivant. La fête à la moindre occasion. Dans tous les cas, ça nous ressemble.

Méridionaux l'un et l'autre, idéalistes jusque dans le concret, plus marginaux que les néo-ruraux avec notre existence à l'indienne tissée de nature et d'osmose : Katia et moi y trouvons vite notre place.

Intermède 3

Sous le tipi

Le tipi est chose ronde, comme la terre, le ventre maternel, la courbe d'un bras qui vous accueille. Il est fait de toile, de branches, rien qui coupe de l'environnement. C'est la seule habitation, en tout cas la plus simple, qui vous propose son abri tout en vous ancrant dans la terre et vous reliant à l'espace autour.

Nous disposions de trois tipis. Le grand, environ six mètres de diamètre, avait connu le festival de l'Arc-en-Ciel et bien d'autres événements heureux ; le tipi de chasse, plus transportable et qu'on emmenait partout avec nous, avait recueilli le premier cri de Shahi Yena ; quant au troisième, petit lui aussi, c'est-à-dire dans les trois mètres, il restait basé dans les Cévennes.

Le tipi, c'est la chaleur du foyer, celle du feu, celle des hommes qui s'y rassemblent à l'intérieur du cercle sacré, du cercle de la famille. Au centre, un peu décalé vers l'entrée : le feu lui-même, entouré de pierres, avec un trou en haut pour la fumée et des triangles de toile tendus sur des perches que l'on déplace pour en orienter les « oreilles » selon que l'on souhaite augmenter, diminuer le tirage, ou se protéger des vents dominants. Entre le feu et la porte ronde, une pierre dressée renvoie la chaleur vers l'intérieur. Sur le sol, un matelas de fougères sèches ou de genêts assure une première isolation mais qui respire, avec, par-dessus, des peaux de bêtes, vache, mouton ou chèvre, qui exhalent elles aussi leur tiédeur. La bâche extérieure, traditionnellement en peau de bison, est depuis longtemps remplacée par de la toile, même chez les Indiens. Elle est tendue sur des perches, sa base au-dessus du sol. L'isolation est assurée, en même temps que la circulation d'air et le tirage, par une bande de toile d'un mètre de haut[1], attachée sur des perches à l'intérieur, qui tombe à la verticale et repose, elle, sur le sol.

Près de l'entrée, sur le côté, le coin est réservé aux visiteurs. À l'autre bout : le matériel pour la cuisine. Partout autour, les malles de fer où sont rangées nos affaires, sur les perches des sacs qui pendent. Au fond, enfin, les peaux roulées qu'on étend la nuit pour dormir tous autour du feu. Ce feu où ronronne en permanence l'eau d'une bouilloire, la soupe ou le ragoût dans son épais chaudron de fonte.

Le tipi, c'est la chaude rondeur du foyer, sa simplicité, son osmose.

1. Le lining.

Xavier

Un coin de nature pour notre amour

Si les Cévennes, l'été, sont le lieu de tous les partages, l'hiver, en Normandie, c'est le cocon. Les terrains sont défrichés. Le campement bien installé. Tout y est matériellement plus facile. On y a des terres, des amis stables, mais qui ne vivent pas comme nous. De leurs années de jeunesse, celles où je les ai connus, ces amis ont conservé des idées solidaires, gauchisme et féminisme théoriques, mais n'en ont aucune expérience pratique. Ils sont individualistes, comme tout le monde, et s'embourgeoisent, comme la plupart. Le campement d'hiver, pour Katia et moi, c'est un peu la sécurité. D'autant que mes parents ne sont pas loin eux qui, après avoir boudé notre mode de vie, ne résistent plus à la contagion du bonheur et se font une joie d'accueillir, dans leur maison de Bernay ou leur résidence secondaire de Livet-sur-Authou, les trois petits-enfants que l'existence leur donne. Mais le côté vivant, les échanges, la fête, l'oxygène : c'est l'été, dans les Cévennes.

La Normandie, nous y sommes montés ensemble pour la première fois à l'automne 1990. Shahi Yena n'a pas trois mois. Tout de suite, au sein de mes terrains, parcelles achetées au fil des ans et de ventes point trop chères, Katia a eu le coup de foudre pour l'un d'eux : tranquille, au milieu des bois, à l'abri des regards indiscrets – un attrait du cœur. Il est proche d'une petite école mais éloigné de tout le reste. Ensemble, nous le choisissons, même s'il est inconstructible – peut-être même, parce qu'il l'est – , loin de tout branchement possible à l'eau, à l'électricité. Ensemble, nous le préférons aux autres parcelles, plus habitables selon les critères modernes. C'est notre nid, notre refuge. Un coin de nature intemporel à l'abri des laideurs du monde. Faut-il que nous soyons heureux, alors, pour rêver vivre dans notre île, prêts à y accueillir nos amis mais dans une indifférence totale aux « bienfaits » du confort occidental !

Là aussi, je me mets à l'ouvrage. Il faut agrandir l'espace, pour le campement et les bêtes, doubler la taille du hangar où abriter le matériel, groupe électrogène et tonne à eau, améliorer l'accès pour notre convoi et, surtout, aménager des jardins pour nourrir cinq à six personnes au lieu d'une – les hôtes de passage étant toujours bienvenus.

Année après année, la vie s'organise. Notre campement est un havre où les amis de la ville viennent se régénérer. Outre notre caravane d'habitation, celle, plus petite, de Nicolas quand il aura grandi, celle du stagiaire quand il en passe, il y a le tipi et une grande roulotte qui fait à la fois bureau et atelier d'artisanat où nous fabriquons à l'ancienne les objets de perlage indien que des collectionneurs nous commandent. J'installe autour un petit circuit d'animation pour les animaux. Des enfants viennent s'initier à l'équitation et à la voltige. Les enfants des amis, surtout. Chacun donne ce qu'il veut, achète au passage nos produits : miel, vinaigre de cidre ou jus de pomme, lait, fromages, légumes… Parfois c'est moi qui m'en vais vendre aux animaleries les chiots, les lapins nains, les oiseaux exotiques de nos élevages, ou encore planter chez les uns ou les autres les arbres de ma pépinière.

Je n'ai jamais eu la bosse du commerce mais le troc, l'échange, c'est mon fonctionnement. J'aide, on m'aide, sans compter. L'argent est toujours là quand nécessaire. Et quand par hasard on me berne, quand je me fais traiter de pigeon, je me dis « tant pis pour eux, c'est eux qui y perdent… »

Katia est comme ça elle aussi, en ces temps du bonheur tranquille. Elle a des impulsions soudaines comme, la dernière année, d'acheter nos perles au kilo sous prétexte que c'est moins cher, oubliant que l'écoulement de notre artisanat ne se fait qu'au compte-gouttes. Le reste du temps, elle prend plaisir à notre existence osmotique, les enfants, les bêtes, l'ouvrage jour après jour partagé ; moi aux tâches les plus physiques, au bûcheronnage pour le bois de chauffage, aux arbres, aux jardins, aux gros animaux et animaux exotiques, aux aménagements et constructions en tous genres ; elle aux soins quotidiens à donner aux bêtes, aux repas, à l'artisanat, à la comptabilité bientôt, quand notre association bénéficiera d'un CES[1] ; tous deux ensemble auprès des enfants qui s'initient avec nous, chacun avec ses petits élevages de poules, dindon, poissons ou lapins qu'il a choisis. Ils découvrent avec moi le nom des plantes, des insectes, des batraciens recueillis près des mares voisines, et avec elle la magie des contes, celle des chants et de la musique qu'elle égrène, parfois, sur sa guitare.

Trois ou quatre ans ont passé. Okwari nous a rejoints, un matin de janvier 1992, dans les frimas de Normandie.

1. Contrat emploi solidarité, sur cinq ans : trois employés à mi-temps par l'association Omaha, un stagiaire et nous, salaires et charges versés par l'État, puis de moins en moins au fil du temps, afin de nous initier progressivement à la gestion de notre entreprise.

Minute suspendue entre les mains de la Providence, cette naissance que nous prévoyions sous le tipi nous surprend dans la roulotte. On ne l'attendait pas si vite. Katia venait de m'envoyer faire une course. Moi, sans raison, je m'attardais. Et voilà que l'enfant se pointe sans crier gare… cordon enroulé autour du cou ! Silence plombé dans l'habitacle. Même le perroquet, soudain figé sur son perchoir, fixe de son œil acéré le petit bout d'homme dont le visage vire au bleu. Le temps d'une grande inspiration, celui de m'en remettre aux aides célestes plus encore qu'à mon expérience, j'accomplis en un tour de main les gestes que je ne sais pas savoir. Okwari délivré lance son premier cri. Le perroquet renchérit. Une heure et quelque plus tard, les deux aînés pelotonnés autour de la mère à l'enfant, nous savourons la joie de notre foyer agrandi dans la chaleur du tipi. Heure de grâce, miracle d'une naissance, dont je conserve un instantané qu'il m'arrive souvent de contempler…

Intermède 4

Dis-moi comment tu t'appelles…

Shahi Yena… Okwari… Des consonances inhabituelles qui suscitent toutes les curiosités. Des prénoms qui nous viennent, à Katia comme à moi, à mesure que chaque enfant grandit dans son ventre. Ils nous arrivent par rêves, par signes, soufflés par les lectures de l'heure comme par des images anciennes qui se mettent à affleurer. Ils ne surgissent pas seulement de la tradition amérindienne : chaque enfant recevant trois prénoms, il plongera ses racines aussi bien chez les Celtes que chez les Pygmées d'Afrique ou les Kalash d'Asie… Shahi Yena s'appelle ainsi Tsali, et Belen, quand Okwari est aussi Tanouk et Komba. Ces appellations n'ont rien d'arbitraire. Chacune a son sens, son univers.

Shahi Yena, en sioux lakota, c'est celui qui suit la voie de l'Homme rouge, la voie du cœur, celle de l'homme de la Nature. Tsali fut un vieux rebelle cherokee qui, du temps de la « Piste des Larmes », résista à l'oppresseur yankee, fuyant la déportation en prenant le maquis. Belen est le dieu celte de la Lumière, tant physique que spirituelle.

Okwari, lui, signifie Ours en iroquois ; c'est un nom et un animal totem liés aux sorciers, aux gardiens de la médecine et de la tradition pour les temps à venir. Tanouk est le nom d'un ancien chaman, chez les Kalash du Pakistan. Quant à Komba, terme pygmée, c'est l'esprit de la forêt.

À voir les tempéraments de nos deux fils cadets, l'un tout de feu, de cœur, d'ardeur volontiers rebelle, l'autre tout d'observation acérée, de retrait pensif, d'une certaine équanimité, je ne suis pas sûr que leurs noms nous aient été dictés par caprice, comme l'interprètent nos contemporains pétris de rationalisme. Ni par caprice, ni par folklore, ni par le type d'imaginaire que nous partagions, Katia et moi. Je les croirais volontiers, au contraire, soufflés à notre intuition d'alors par la nature même de ces enfants, deux germes porteurs chacun de son devenir – un peu comme la graine du hêtre porte en germe l'arbre tout entier, qui ne sera jamais ni chêne ni merisier...

Xavier

Notre vie à l'heure normande

Nos amis de Normandie viennent de tous les horizons.

Il y a Dan, compagnon d'adolescence qui avait prêté son don de la bricole au vivarium de nos quinze ans. Issu de la vieille bourgeoisie rouennaise qui l'a longtemps dédaigné, il est peintre, s'apprête à acheter une jolie petite maison à Rouen et vient parfois se ressourcer dans la chaleur de notre camp où il donne un coup de main pour monter le convoi d'animation, repart les bras chargés des produits de nos ruches et de nos jardins. Il est de ceux qui nous aideront, financièrement, à acquérir un terrain constructible avec grange qu'on envisage de retaper à mesure, comme on prévoit de restaurer la ruine du Vigan... petit à petit... à l'heure indienne...

Il y a Mireille et Vivi, ex-assistantes sociales toutes les deux. La première a le cœur si tendre qu'elle fait une dépression de toutes ces souffrances qu'elle côtoie, qu'elle est impuissante à soulager et dont la pensée la ronge, le soir, de retour dans sa vie douillette. Elle monte alors une halte-garderie, où nous faisons des animations. Elle est associée dans Omaha... La seconde est une maîtresse femme, féministe militante tendance écolo vie saine qui mène tambour battant enfants, carrière, mari de souche agricole qui bosse dans les haras et lui ressemble fort peu. Elle a gagné ses galons de tutrice, est donc connue du tribunal, ce qui lui donne un certain poids. Après la naissance d'Okwari en roulotte, une dénonciation étant parvenue à la DASS elle coupera court à l'enquête en se portant garante de nos qualités de parents. Elle s'étonne cependant, elle, femme moderne et citadine, du plaisir que trouve Katia à vivre en paysanne, « en sauvage », à traire la vache, faire la cuisine, partager entre nous tous son ardeur, rayonnante dans cette vie rude, cette vie libre qu'elle s'est donnée et qu'elle aime. Brigitte a l'argent, le pouvoir, le statut social. Mais son couple paraît lui sembler terne, comme sont ternes ses enfants, renfermés et pleins d'ennui en comparaison des nôtres. La liberté, surtout, lui manque, elle que j'ai connue avec son minibus Volkswagen. Au printemps, quand elle nous voit partir, il passe dans son regard l'ombre d'une nostalgie – d'une envie, peut-être.

Gabriel, lui, fait de l'agriculture bio. Ancien ingénieur, il est militant écologiste actif et assume joyeusement d'être père au foyer. Figure locale, il est fier de vendre au marché les produits de sa ferme et accueille des *woofers*[1] venus de tous les pays. C'est un passionné et sa ferme rayonne de vie. Lui qui m'a connu jeune agriculteur avec mes ruches, ma pépinière et mes arbres de collection, il me voit avec stupéfaction engloutir forces et revenus dans l'aventure peu rentable du semi-nomadisme. Il faut dire que la vie sur les routes, au départ, c'est plus difficile que l'existence sédentaire. Une fois qu'on est organisé, ça va. Mais ça se fait petit à petit. Il

1. Vient du woofing, littéralement World Wide Opportunities in organic farming. C'est une autre façon de voyager, de vivre des moments d'échange uniques.

faut récupérer les véhicules, les retaper chaque hiver pour le nouveau départ de l'été. Il faut se faire connaître aussi, créer peu à peu son réseau pour les animations. Il faut trouver des soutiens, obtenir des agréments, solliciter des subventions au début…

Parmi nos amis, enfin, il y a Jean, l'homme aux élevages, original, bon vivant, qui fait figure de notable dans ce coin de campagne, m'a introduit quelques années plus tôt dans l'univers des chiens de race et prendra le risque, en ami fidèle, dans les semaines qui précéderont mon procès, de me soutenir ouvertement dans les journaux. Et il y a Luc, surnommé Cambouis par ceux qui le connaissent mal, l'homme aux doigts et au cœur d'or. C'est Jean qui me l'envoie, un jour qu'un de mes camions tombe en panne. « C'est un OS qui ne paie pas de mine, me dit-il au téléphone avec un brin de condescendance. Il n'aligne pas deux phrases mais, en mécanique, c'est un as ! Tu verras. » Et j'ai vu. Celui qui débarque, timide, au campement, n'est ni un OS ni un as : c'est un homme. Comment le décrire autrement ? Un homme avec un grand H, l'humilité en bandoulière, l'habitude de prendre des coups, la dignité de ne pas les rendre et le cœur assez vaste pour s'ouvrir, au contraire, et se réjouir au moindre signe d'humanité. Entre nous, dès le premier regard, circulent l'estime, la confiance et l'amitié. Une relation que peu comprennent, si forts sont les préjugés contre Luc, ses mains noires de travailleur et son origine « lointaine » puisqu'il vient… des HLM de la banlieue rouennaise ! C'est à ces mains, au génie qu'elles ont, d'instinct, dès qu'il s'agit de mécanique, à la généreuse patience de leur maître que nous devons de déambuler deux fois l'an par les routes de France, libres de rouler sans encombre, de nous arrêter où bon nous semble, au gré des paysages et de nos envies à tous cinq.

Car les enfants ont leur mot à dire, dans nos décisions, nos choix. Ils partagent chaque minute de notre vie, assistent à nos discussions, interrogent, participent. Nico l'aîné donne son avis puis, l'émulation aidant, Shahi Yena s'en mêle, puis Okwari, du haut de ses quatre ans. Tous trois sont, comme les enfants tsiganes, comme ceux des tribus indiennes, des personnes à part entière, autonomes et responsables de leurs affaires : chacun a son cheval, son petit jardin, ses animaux – escargots géants et poissons pour Nicolas, paon et dindon pour Shahi Yena, canards coureurs indiens pour Okwari –, et gère ce qui lui appartient. Indépendants, ils partent ensemble sur les terrains, faire des cabanes, jouer dans les mares. Ou bien ils me piquent mes outils et s'essaient au bricolage. Ou ils ramassent avec nous les pommes, aident à faire le jus, le vinaigre, à mettre tout ça en bouteilles. Quand ils ont faim, ils mangent, même entre les repas : comme dans la roulotte manouche, ils trouvent toujours une soupe, un poulet ou autre qui les attend sous le tipi ou dans la caravane. L'été, ils vont nu-pieds ; l'hiver, même les jours de neige, on a le plus grand mal à leur faire enfiler des chaussures. Ils ne sont jamais malades, pourtant, pas comme les enfants des écoles et des appartements...

Katia et moi avons choisi de leur donner cette éducation à mi-chemin du mode libertaire et de celui, traditionnel, des nomades. Une éducation à contre-courant de l'infantilisation, de la déresponsabilisation ambiante, celle des enfants, celle des parents qui n'ont pas le temps et se déchargent sur les profs qu'ils harcèlent ensuite à la première anicroche. Nos fils sont instruits, l'aîné en cours par correspondance, les cadets à la petite école de Normandie avec complément à la maison pendant les mois cévenols. Mais instruction n'est pas éducation. Cette dernière repose sur nous, les parents. Et, en pointillés, sur mes parents, à Bernay – puisque les parents de Katia s'en fichent.

Les relations avec le clan varois, quoique lointaines, semblent cordiales. Avec quels trémolos dans la voix Charles M., le père de Katia, m'a pris dans ses bras naguère, à Frayssinous, m'accueillant comme le gendre qu'il n'espérait plus, qui tirait sa rebelle de fille, mère célibataire à vingt-cinq ans, des affres d'on ne savait quelle existence perdue ! Même si nous ne le voyons guère, c'est toujours le même accueil bon enfant, quand par hasard nous lui rendons visite dans le Var : grandes tapes dans le dos et apéros arrosés de pastis qui font vite l'ambiance chaleureuse, vaguement délétère, façon faconde pied-noir et émotivité larmoyante.

Dès avant notre rencontre, m'a-t-elle conté, Katia voyait peu ses parents. Nous n'en parlons pas davantage. Leurs vies, leurs valeurs, les nôtres : nous sommes à des années-lumière… Au cours de l'une de leurs deux visites en sept ans, arrivés en short et sandalettes tropéziennes, ils s'enfoncent, dégoûtés, dans nos boues automnales. Que Katia puisse apprécier cette boue, cette misère, feu dans le tipi et travaux de la ferme, ils ont du mal à l'admettre mais n'en disent trop rien. Qu'elle défende, et avec quelle virulence ! ces valeurs de pauvreté, de liberté, qui pour eux n'en sont pas – la liberté se confondant avec l'argent, dans leur monde –, je crois que ça dépasse leur entendement. Ils font néanmoins contre maigre fortune grand sourire. Ce que je ne peux deviner, c'est qu'ils attendent leur heure.

Cette heure viendra hélas, après sept années. Ce rendez-vous fatidique des six ou sept ans que connaissent bien des couples, où l'élan initial s'essouffle et où ne reste plus le choix qu'entre faire face aux difficultés, ensemble, et trouver un second souffle… ou prendre ses cliques et ses claques, chacun pour soi et basta !

Au cours de l'hiver 1995-1996, et sans que j'en prenne conscience, le clan M. humera le parfum de ce vent qui tourne. Il s'engouffrera dans la brèche, nourrira le vent, attisera une discorde dont je ne soupçonne même pas l'existence. À distance d'abord, dans des courriers qu'il commence d'échanger avec Katia. Puis…

Shahi Yena

Fragments d'enfance

C'était le temps où les libellules étaient encore des bébés lunes, où des hélicocoterres vrombissaient parfois dans le ciel… Le temps où n'existait que l'instant, une succession d'instantanés avec pour résultat, dans ma mémoire, les tas de fragments multicolores d'un kaléidoscope volé en éclats…

Je me souviens… de Queue Blanche, la vache jersiaise, que Katia emmenait boire à la rivière. Je la vois très grosse ; normal, puisque j'étais tout petit. C'était l'époque où je buvais encore le biberon, du lait de Queue Blanche bien sûr. Mais j'avais perdu mon biberon sur la route par un trou du camion, à côté du levier de vitesse. Je ne pouvais plus le rattraper, je me sentais désemparé... Sur le coup, mon père ne semblait pas embêté pour moi. Au contraire, il avait l'air de s'en réjouir : cela devait faire un moment que je m'attardais sur le biberon… Et puis je l'ai vite oublié. Il y avait tant d'autres choses à découvrir, dans le monde qui m'entourait !

Les boas constrictors, par exemple. Je me revois en train de les scotcher, devant le terrarium. On venait d'y placer des rats qui, naïvement, exploraient cet espace nouveau. Les boas les avaient repérés. C'était leur repas, vers quoi ils glissaient langoureusement, qu'ils allaient attraper d'un jet de tête, puis ingérer lentement...

La caravane des bêtes, principalement des reptiles, était à gauche du chemin qui menait au portail. Il y avait aussi, sur la droite, la roulotte qui faisait bureau. Et entre les deux, la caravane où nous dormions tous les trois ensemble, mes frères et moi, dans le lit pliant du milieu – les premiers temps du moins, jusqu'à ce que Nicolas, mon aîné de quatre ans, ait sa propre caravane. De temps à autre, Okwari ou moi, parfois tous les deux, dormions avec nos parents dans le grand lit du fond. C'était rassurant.

Au milieu du camp, je me rappelle, il y avait le feu, bien sûr, entouré de pierres. Il y avait aussi Pico, le dindon aussi gros que moi, et un paon qui était à moi, je crois ; je l'avais surnommé Plubeau. Il y avait aussi le nandou, une petite autruche, et des tas d'autres que je mélange un peu.

Derrière la caravane était planté le tipi, près de la mare aux canards : des mandarins, des carolins... Quand on jouait à cache-cache, avec Nico, j'allais me terrer dans le tipi. On jouait aussi à chat perché, escaladant le timon entre les deux caravanes et la roulotte où Katia faisait son perlage. On jouait avec les gendarmes, ces petits insectes rouges et noirs. Et devant la petite caravane où Katia faisait les fromages, et le pain, on avait notre bac à sable.

Je revois Katia brosser un lapin angora, dans le clapier près du hangar, pour récupérer la laine. Je nous revois nous amuser, mes frères et moi, à surprendre les petits cafards marron qui couraient dans les placards : on ouvrait une porte, aussitôt ils filaient se mettre à couvert.

Katia n'aimait pas du tout. Parfois ça criait, avec Manu, à cause de ça.

Un endroit où j'aimais bien aller, avec Manu, c'était à la ferme de Beaumont, que j'appelais la ferme de bonbon. Outre son nom attrayant, on y trouvait des tas d'animaux d'ornement : des cygnes, des canards, des faisans, des poules de toutes sortes. Nous venions y vendre les oiseaux de notre élevage, je crois. Ce que je préférais, là-bas, c'était les étangs, les cygnes...

J'aimais aussi les betteraves fourragères ! Celles que j'aidais à porter, au moment de la récolte, qu'on avait entassées dans le champ et qu'on chargeait dans le camion. À peine nettoyées, on croquait dedans... Ce goût sucré, c'était délicieux.

Et puis il y avait la pépinière, où Manu nous emmenait souvent, et où l'on retrouvait les chevaux. Dans le chemin, on sautait sur des vesses-de-loup pour faire des nuages de spores.

Souvent, en Normandie, on allait chez nos grands-parents. On nous mettait dans le bureau du grand-père, où on jouait aux petits soldats de plomb. Je me rappelle un sabre, gigantesque, qui pendait au mur. Je me rappelle aussi mon anniversaire, les bougies que j'ai soufflées ce jour-là. Et puis le jeu de backgammon avec la grand-mère, devant le buffet de la salle à manger.

Il y avait aussi tout l'été, qu'on passait dans les Cévennes. Le voyage d'abord, avec le convoi. Une fois qu'on s'était arrêtés pour dormir au bord de la route, j'avais aimé le ronflement des autos qui passaient et me berçaient. Ce que je n'aimais pas, en revanche, c'était de me retrouver sur mon siège rouge d'enfant, seul avec Xavier dans le Goélette, alors que les autres étaient avec Katia dans le Mercedes qui roulait devant !

À notre campement du Vigan coulait une rivière où nous nous baignions, au-dessous d'un pont. Parfois nous partions en excursion, avec Nico. On longeait alors cette rivière et descendait dans des trous d'eau où on jouait et se baignait. En bas de la cascade, un jour, nous avons trouvé une salamandre noire – c'est assez rare : elle vit en altitude, d'habitude.

Parfois aussi Nico nous laissait : il partait se balader avec Roger, le compagnon de Françoise, qui était un bon ami des parents. Ils s'aimaient bien tous les deux ; Nico disait que c'était son parrain.

Un été, nous avons récupéré plein de chats angoras qu'une amie nous avait apportés, en pleine nuit, parce qu'ils avaient été maltraités. On les a mis dans une volière pour les retaper – c'est surtout Katia qui s'en occupait –, puis on a dû les rendre à leurs propriétaires. Ils étaient tellement mignons ! J'en aurais bien gardé un ou deux...

Et je me souviens d'un soir où Manu était venu me chercher à la caravane. Il m'avait emmené près d'un petit figuier où des tas de rainettes chantaient. On était là, tous les deux, à regarder, à écouter les trilles flûtés qu'elles semblaient lancer aux étoiles. Un moment féerique parmi tant d'autres...

Xavier

Le ciel me tombe sur la tête

Je n'ai rien vu venir.

L'hiver, le printemps furent rudes. Pas à cause du climat, ni meilleur ni pire que d'habitude, mais du fait de je ne sais quelle résistance qui faisait les gestes lourds. Voici venu le mois de juin, enfin ! Dans quelques jours, le convoi reprendra la route, bientôt les rencontres, les animations de notre petit cirque attendu ici et là, près de Montpellier, aux Saintes-Maries-de-la-Mer, à proximité du Vigan. Bientôt la chaleur du Sud, les retrouvailles avec les amis, l'allégresse cévenole. Nous nous en réjouissons tous les cinq.

Les jardins normands, plantés, nourris du fumier de nos bêtes, nous attendront jusqu'à l'automne. Comme nous attend le projet d'accueillir à notre retour un groupe de jeunes en difficulté. Nous avons notre stock d'objets artisanaux d'inspiration amérindienne pour les placer en chemin dans les boutiques de notre réseau, le stock de cartes postales aussi, que nous vendons aux rencontres de passage. L'argent de nos trois salaires – puisque nous avons un stagiaire – vient de tomber, dont Katia assure la gestion. Nous avons l'agrément

Jeunesse et Sport, avons déposé une demande de subvention pour l'association. Cet hiver, Katia a multiplié ses prestations de conteuse auprès des écoles, des crèches. Elle apporte à notre petit cirque son complément de magie. Sur le conseil de Ludo, l'ami de la compagnie du Corbeau blanc, nous envisageons de prendre un agent... La vie me semble prometteuse et belle, ce 6 juin 1996 au matin, comme je gagne le champ où semer les tournesols. J'y vais seul, sans les enfants, Katia ayant préféré les garder – sans doute quelque course à faire en prévision du départ.

C'est le soir quand, harassé, je reviens au campement, que le ciel me tombe sur la tête. Roulottes, tipis, foyer éteint : tout est vide, à part les bêtes, les camions et la vieille Deux-Chevaux. Femme et fils volatilisés.

D'abord je songe aux voisins, chez qui je les ai récupérés deux ou trois fois, des fins de journée comme celle-ci, Katia un peu gaie ; et comme je m'inquiétais le lendemain de son état de la veille, elle me répondait, irréaliste : « C'est comme ça ; quelle importance ? » Je n'aime pas trop ses virées chez ce couple bizarrement assorti, lui vieux néo-paysan qui joue les cow-boys pour spectacle western, elle divorcée, deux filles, qui se félicite d'être « devenue riche » du jour au lendemain grâce aux allocations de parent isolé, quand elle a quitté son mari. Je n'aime pas trop l'ambiance opaque, autour de ces deux-là, ni l'influence qu'ils ont sur Katia que je n'avais jamais vue boire ; avant eux. Je n'en ai rien dit, d'abord parce que Katia est libre, ma confiance en elle est sans limite, ensuite parce qu'elle est soupe au lait, ces derniers temps, alors j'évite d'attirer l'orage.

Les voisins ne l'ont pas vue. « Elle m'a vaguement parlé de vacances, dans les Ardennes, chez des amis, suggère cependant la voisine comme elle voit mon inquiétude. Tu es au courant, je crois... » Je ne suis au courant de rien mais, filant à la cabine téléphonique la plus proche, appelle aussitôt Josiel, mon « frère » des Ardennes. Il n'a aucune nouvelle de Katia et tombe des nues.

J'appelle cette fois mes parents, qui résident non loin de là. Katia ne peut pas y être, puisqu'elle a laissé la voiture. Mais ils savent peut-être quelque chose... Le temps pour eux de décrocher : aussitôt, c'est le déluge. Déluge de mots, d'exclamations, histoire de flics, de furie, d'enfant en fuite. Je ne comprends pas grand-chose, sauf qu'un drame vient d'avoir lieu. Je roule aussitôt jusque chez eux.

Ils ont d'abord vu Nicolas, finirai-je par décrypter. Notre aîné arrive chez eux, en nage, tout essoufflé, dans un état de panique. Il court depuis la gare, tambourine à la porte, les suppliant de le garder. « Je ne veux pas partir ! crie-t-il aux grands-parents qui n'y comprennent rien. Empêchez-la de m'emmener ! » Jaillie d'une voiture conduite par une femme, c'est au tour de Katia de surgir. Elle hurle, elle tempête, exige qu'on lui rende son fils, lequel vient de s'enfermer dans les toilettes. Entre les cris de l'un, de l'autre, mes parents ont cru saisir que Katia emmenait les enfants on ne sait où, que je n'étais sans doute pas au courant, et que Nicolas s'était enfui quand il avait vu les bagages, le coffre plein, trop de bagages pour des vacances et nous qui voyageons léger.

D'après ce que je reconstituerai six semaines plus tard, quand je reverrai les enfants, Shahi Yena entendant les cris de son aîné a voulu sortir de la voiture. La voisine – car c'était elle ! – avait bloqué les portières. Puis, quand les flics sont arrivés, elle a exigé qu'Okwari et lui se couchent sur la banquette pour qu'on ne les remarque pas. Face à la furie de sa belle-fille qui tente d'empoigner Nicolas, de se débarrasser de ma mère interposée avec sa canne, mon père, en effet, a appelé la police. Laquelle rétablit le calme en ordonnant que le fils suive sa mère, puisqu'il est mineur.

La nuit est tombée, ce 6 juin au soir. Il est tard. La petite gare de Bernay est probablement fermée. La voisine m'a menti. Il se trame quelque chose auquel je ne comprends rien si ce n'est que c'est grave, et mûrement réfléchi. Effondré, je regagne le campement.

Le lendemain matin, me voilà à la gare. « Vous rappelez-vous une famille, une femme, trois garçons de quatre à dix ans, hier aux environs de telle heure ? » je demande à l'unique guichetier. « Si je me rappelle ? Et comment ! Ils en ont fait un scandale ! Les garçons pleuraient, ça criait... Ils ont pris le train pour Saint-Raphaël. » Une destination, enfin ! Katia a sans doute rejoint son père et sa belle-mère, dans le Var.

Retour chez mes parents, coup de fil aux Adrets, ma mère à un bout du téléphone, à l'autre bout : Charles M. Échange des plus courtois. « Que me racontez-vous là ? ! lance mon beau-père. Une dispute entre nos tourtereaux ? Je ne suis au courant de rien... Ma fille va sans doute arriver... Ne vous inquiétez pas, surtout : ce doit être une difficulté passagère. Nous allons arranger tout ça ; entre grands-parents, vous pensez bien... »

Une difficulté passagère... Je suis à demi rassuré.

Le temps de nourrir les bêtes, d'embarquer la chienne, une colley de pure race que j'ai donnée à Katia et que les enfants adorent : je loue une voiture rapide et roule vers le Sud.

Qu'elle est longue, la route, entre Normandie et Midi, quand on la fait le cœur tordu d'appréhension ! « Une difficulté passagère », je me répète, tout en appuyant sur le champignon... Et je tente de déchiffrer l'énigme, mettant bout à bout, et dans le désordre, les images de ces derniers mois.

Il y a eu le jour du fou rire. Cette fin d'après-midi où Katia, méconnaissable, a débarqué au campement après plusieurs heures d'absence. Jupe fleurie, de celles que porte sa mère et qu'elle a en horreur, cheveux bouclés, permanentés, sur son visage si beau quand il est nu un maquillage outrancier avec la barre des lèvres carmin. Ce n'est pas Katia : c'est un clown ! D'un seul homme, sans nous concerter, les enfants et moi éclatons de rire. Elle est entrée dans une rage folle.

Une autre fois, à brûle-pourpoint, elle lance : « Je veux vivre ma vie ! » « Ta vie ? Mais... tu la vis, ta vie, avec ta famille, avec nous », je réponds, ahuri. « Ma vie de femme, précise-t-elle. Je veux du temps à moi, un travail, mon indépendance. » « Pourquoi pas ? Tu as les contes. Il y en a eu bien plus cette année... » Il y en a eu davantage, en effet. Et pour la première fois en sept ans Katia en a dépensé tout l'argent en minijupes affriolantes, en cosmétiques, en séances chez le coiffeur, toutes choses qu'elle méprisait quelques mois plus tôt. Comme je lui en faisais la remarque, elle répliquait : « J'ai besoin de m'occuper de moi. J'en ai marre de sacrifier ma vie ! » Je croyais entendre notre amie Vivi... Ces mots-là, dans la bouche de Katia qui continue de défendre passionnément notre façon de vivre dans des conversations parfois houleuses avec nos relations normandes : je pensais rêver !

Il y a eu cette soirée où, chez mes parents, comme nous parlions de la grange qu'elle souhaite aménager, elle a soudain explosé. Il faut dire que nos amis du coin ont applaudi à l'acquisition de cette grange. « Il vous faut une maison », disent-ils. Déjà ils nous voient rentrer dans le rang, cesser de leur renvoyer par notre mode de vie obstinément libre le reflet d'un idéal qu'ils avaient, eux aussi, et qu'ils ont abandonné. Pour la grange, chacun y est allé de ses conseils. Katia a même dégoté un entrepreneur qui lui a fait toutes sortes de plans façon résidence secondaire et, moyennant une somme faramineuse que nous n'avons pas, et des mois de travail pour moi qui n'y connais rien et ai déjà de l'ouvrage pardessus la tête, acceptait de mener les travaux au noir. Sauf que l'ampleur de la tâche me dépassait. L'ampleur des coûts, aussi. Ce que Katia refusait d'entendre. « C'est parce que tu ne le veux pas ! » dit-elle, soudain fixée sur cette grange qui était le cadet de nos soucis jusqu'alors. Du moins le croyais-je. « Une grange pour jouer : pourquoi pas ? commentaient parfois les enfants. Mais on veut pas vivre dedans. C'est carré, y'a pas de fenêtres. On est bien mieux dans la roulotte. » Ce qui faisait enrager leur mère... Ce soir-là, donc, chez mes parents, elle laisse échapper une phrase qui nous glace, eux et moi : « Je me suis donné quatre ans, quand j'ai rencontré Manu. Quatre ans pour réaliser mon projet... » Puis elle se tait. Je la regarde, sidéré... J'ai vite chassé de mon esprit cette vision d'une Katia calculatrice qui mise sur un homme comme sur un cheval de course, ou de trait. Katia, ma femme, n'est pas comme ça. Elle se paie parfois des délires. Mais ça finit toujours par lui passer. Il suffit d'attendre un peu.

Les jours d'après, en effet, elle n'en a pas reparlé. Elle s'enthousiasmait, au contraire, pour nos projets, pour sa vie de femme au foyer auprès d'un homme... au foyer lui aussi. Elle comparait notre vie à celle de nos amis et les plaignait. Ces jours-là, elle semblait claire : elle voyait que c'était deux systèmes de vie, le leur, le nôtre, deux visions du monde même, qui s'opposaient. On ne pouvait pas comparer...

Puis à nouveau elle mélangeait tout, son irréalisme prenait le dessus. Je lui disais parfois, excédé : « Mais tu veux le beurre, l'argent du beurre et la crémière avec : c'est pas possible, ça n'existe pas ! On est bien forcés de choisir... » Dans ces moments-là, non, elle ne le voyait pas. Elle était attachée à notre existence semi-nomade, nos valeurs simples, notre vie de famille, de nature et de rencontres ; elle continuait de la revendiquer avec une virulence que je n'avais pas moi-même auprès des hôtes de passage. En même temps, tout d'un coup elle voulait l'argent, et la maison à crédit, et une vie rien que pour elle sans se rendre compte que, cette vie, elle l'aurait passée à travailler pour rembourser... Du délire, du pur délire ! L'influence de Vivi, sans doute. Celle du calva des voisins, aussi, pour Katia qui n'avait pas l'habitude, ayant rayé l'alcool de sa vie par réaction contre une enfance où, m'avait-elle raconté, dans sa famille il coulait trop... J'ai l'habitude de ces coups de tête, de ce côté évaporé chez Katia. Elle a toujours été comme ça et ça n'a jamais porté à conséquence. Elle m'a prouvé, en sept ans, que je pouvais compter sur elle. Alors ce printemps-là je me suis dit : ça va passer...

Mais ça ne passait pas toujours. Ainsi de cette autre crise où elle voulait que je me mette sur le dos des tas d'emprunts que j'aurais été incapable de rembourser, juste pour l'aménager, cette grange ! Ou de cette fois où elle est arrivée avec une poignée de papiers qu'elle me demandait de signer : elle était allée crier famine chez une assistante sociale ; on était si pauvres, avait-elle plaidé, qu'on était forcés de vivre dehors... alors qu'on vit en roulotte et en tipi par choix ! Je n'en revenais pas de son mensonge ! Et voilà qu'elle voulait que je signe une convention misérabiliste pour une quelconque aide au logement qui nous aurait permis de retaper la grange... décidément, c'est une fixette ! J'ai refusé, évidemment. C'était indigne. Nous ne vivons pas dans la misère, Katia : nous avons choisi la liberté, ça n'a rien à voir. Tu ne vas pas vendre ton temps, ta peine, ton âme à la société et réclamer, en plus, qu'elle te fasse libre !

Ce jour-là, je lui ai désigné le proverbe touareg qu'on avait affiché ensemble dans la caravane : « La maison c'est le tombeau des vivants. »... Une maison pour pas mal de monde, avec des gens qui passent, une énergie collective, et si c'est pas tout le temps encore : pourquoi pas ? Mais ce machin carré, cette boîte, coupée de la terre, de l'air, ce truc qui exige des moyens de chauffage énormes, sans commune mesure avec les besoins dans une caravane... et l'eau, et l'électricité... c'est pas à l'échelle humaine individuelle, cette gabegie ! Et côté dépenses, c'est plombant, ça devient la course à l'argent, te voilà pris dans un système, celui-là même dont tu ne veux pas, Katia, rappelle-toi ! Ça bouffe une partie de ton esprit, une grosse partie de ton énergie, ce gros paquebot qu'il faut faire fonctionner...

La grange, entre Katia et moi, on la voyait comme une antenne, un complément, un peu comme la caravane où on fait l'artisanat. Ça pourrait devenir, éventuellement, un refuge pour nos vieux jours. Mais il n'y avait rien qui pressait. Sauf depuis cet hiver, où Katia s'est mise à surinvestir son tas de planches tellement... tellement que, probablement, elle comptait y vivre – chose que je réalise soudain, dans cette voiture qui surchauffe moins que mon cerveau en ébullition !

Sauf qu'elle ne l'a pas dit clairement ! Elle ne dit pas, n'a jamais dit, comme elle l'affirmera plus tard devant les tribunaux, qu'elle en a marre, de cette vie-là. Elle n'a jamais exprimé qu'elle voulait une autre vie, qu'elle faisait machine arrière. Elle donne juste de grands coups de barre dans tous les sens, pique une crise... et se calme. On n'en entend plus parler. Et, tout d'un coup, ça la reprend.

Moi je lui disais : « Patience, ça va se faire, je te le promets. On ne peut pas aller plus vite mais ça va se faire. Vois tout ce que nous avons accompli, déjà, les deux campements, le cirque qui roule. L'étape suivante, ce sera ça... » Alors, une fois encore, elle s'apaisait. Il y avait des rapprochements forts, entre nous. La tempête, et puis la tendresse. On avait toujours connu ça : un couple speed, méditerranéen, qui crie et se réconcilie. Ce que j'ai vécu toute mon enfance, au fond, avec les cris de ma mère au moindre truc... une façon d'évacuer une énergie exubérante... Et Katia est comme ça. Ensuite, ça s'arrête et ça retombe. Ça a toujours été ça, entre nous. Il y a sept ans, quand on s'est séparés puis retrouvés, on s'est dit qu'on se connaissait, désormais, dans le meilleur comme dans le pire, qu'on saurait passer par-dessus tous les obstacles. Pour moi, ce 7 juin dans l'après-midi, c'est toujours vrai.

Je roule, je roule encore, avec ce tourbillon dans ma tête. J'ai passé Lyon, j'aborde l'autoroute du Sud. Je prends la mesure du désarroi, de l'épuisement de Katia ces derniers temps. L'hiver trop long, en Normandie... et cet entourage si différent de nous... la crise des six ans au sein des couples, peut-être, même si le nôtre est, pour tous nos amis, un exemple de cohérence, de stabilité, d'union – au point d'en faire enrager plus d'une...

Je commence à comprendre que Katia est beaucoup plus fatiguée, beaucoup plus fragilisée, sans doute, que je n'ai su le voir. Pourquoi se serait-elle réfugiée, sans cela, auprès de ces voisins lourdingues ? Et pourquoi, plus inquiétant encore, ces bouteilles vides que je viens de trouver, cachées au fond de la caravane où elle fait les fromages ?

Je roule, quitte l'autoroute. Je serai bientôt aux Adrets. Je me prends à espérer. Nous allons parler, une bonne fois. Je lui demanderai ce qu'elle veut vraiment. Et si c'est des vacances, qu'elle les prenne, qu'elle se repose – je me débrouillerai pour annuler nos animations ici et là. Et si c'est une maison, la grange, je me débrouillerai là aussi : je lui donnerai la priorité à ce tas de planches, je vendrai un terrain ou deux, s'il le faut, j'emprunterai à des amis, je… Je suis prêt à n'importe quoi !

Shahi Yena

Embarqués !

Je nous revois marcher dans le chemin, ce jour-là. Nicolas est dans le champ, un peu plus loin. Katia a beau l'appeler, il refuse de venir avec nous. Elle, elle porte des tas de bagages. Elle paraît stressée. Elle nous explique : « On part en vacances ! » Le mot « vacances », ça ne nous dit rien. Mais on est petits : on n'a pas cherché à comprendre.

Nicolas finit par obéir. Il nous rejoint et, au bout du chemin, on trouve la voisine qui nous attend avec sa voiture.

Cette voisine, on la connaissait. On allait quelquefois chez elle, le soir. J'ai la vision de bouteilles cassées et de nous, les enfants, sous la table… Je me demande si c'est un souvenir réel…

Ce jour-là, donc, la voisine nous emmène à la gare. J'ai oublié ce qui s'est passé là-bas. Je me rappelle que, tout d'un coup, il n'y avait plus Nicolas. Et puis je nous revois garés près de la maison des grands-parents. Katia descend et nous lance : « Vous restez dans la voiture ! »

Ça gueulait là-haut, dans la maison.

La fenêtre s'ouvre, celle qui a un rebord assez haut près du balcon. Katia sort par la fenêtre et je la vois qui essaie d'entraîner Nico. Elle n'y parvient pas, alors elle rentre.

Moi, j'essaie de sortir, mais la voisine ferme la portière et nous ordonne d'un ton sec : « Vous ne bougez pas de là ! »

Ensuite, c'est les flics qui arrivent. Ils montent dans la maison sans faire attention à nous. Ça dure un moment, puis Katia descend avec Nico. Et on repart. Je crois que Nicolas pleurait.

Moi je ne dis rien, dans cette voiture. Je ne bouge plus. Je suis pétrifié. En moi, c'est la panique ! L'incompréhension…

Je ne sais plus rien de la gare, où nous sommes forcément retournés. Je ne sais plus rien du voyage…

Mon seul souvenir, après un grand blanc, c'est la maison des grands-parents aux Adrets, le soir. Nous venons d'y arriver. La télé est allumée, dans la cuisine.

Xavier

« Avec ta gueule de bohémien... »

J'arrive enfin aux Adrets. C'est la fin d'après-midi, sans doute. Une belle journée d'été, dans le Var. Ils sont tous là, chez le père, autour de la piscine. Tous, c'est-à-dire le clan M., Charles le père, Thierry le parrain et Marianne, la belle-mère, qui font bloc devant avec, à l'arrière-plan et hors d'atteinte, une Katia inabordable et les enfants, prostrés, rasés, en petits shorts blancs, complètement terrorisés. À peine j'arrive à l'entrée, aussitôt Nicolas fonce vers moi : « Tu ne vas pas nous laisser dans cette histoire ? » me lance-t-il, s'agrippant à moi. « T'inquiète pas, on va parler tous ensemble », je réponds, un peu choqué. « Pour l'instant, je n'ai plus de tabac : est-ce que tu peux venir avec moi me montrer où est le bureau de tabac ? » Nico n'a pas le temps de répondre ; le grand-père arrive comme une flèche, tire mon fils en arrière, me prend au col et lâche, hargneux : « Pas question, Nicolas ne bouge pas d'ici ! »

En voilà, un accueil !

Au cas où je n'aurais pas compris, Charles M. maintenant martèle : « De toute façon, c'est terminé. Cathy reste là désormais. Toi, tu n'as plus d'enfants. C'est moi le père. C'est comme ça que ça se passe, dans les séparations. Les enfants te verront une fois de temps en temps... et encore, si tu fais pas le con... »

Fin de la discussion. Début d'une chorégraphie où tout a été prévu pour une mise à mort bien proprette : la table dressée sur la terrasse, moi flanqué à un bout, Katia et les enfants de l'autre, au milieu le clan ligué, hostile, qui nous sépare ; et le pastis qui se met à couler, puis le rosé, et les conversations qui reprennent, comme si rien ne s'était passé que de tout à fait banal ; ça parle divorce, tribunaux, garde forcément confiée à la mère, surtout quand le père a une gueule de bohémien, comme moi ; le ton est badin, presque mondain, mais chaque réplique a le pouvoir de tuer. Minute après minute, je glisse dans un cauchemar sans fond. J'essaie de revenir à moi, demande à parler à Katia. « Non, non, c'est hors de question. » Celle qui était ma femme hier matin, une femme qui ne mâchait pas ses mots, opine maintenant à toutes les horreurs que sort son père. Son regard me fuit mais, parfois, un ricanement lui échappe. Je la vois dans un état second. Je ne connais pas cette femme qui branle de la tête, aussi absente qu'inexorable. Alors je comprends que tout est fini, tout est balayé, verrouillé. À me heurter au bloc compact, en face de moi, je réalise l'irréalisable : tout cela était organisé, préparé, planifié de longue date – ce qui me sera confirmé, une fois rentré, par l'absence de nos trois salaires sur le compte de l'association, les affaires déposées chez la voisine, qu'elle s'est chargée d'envoyer dans le Sud, l'accueil ironique de Vivi que je croyais mon amie, et cette description, que me feront les enfants plus tard : la veille au soir, au téléphone, tandis qu'il mentait à ma mère, le père M. se tenait les côtes, sa fille Katia à ses côtés et les trois enfants, ahuris, autour...

En cet instant, voyant les enfants à quelques mètres, que je n'ai pas le droit d'approcher, je balbutie les mots « garde partagée... les enfants ont besoin de leurs deux parents... » Aussitôt, le ton se durcit. Foin du badinage, soyons clairs : « Si tu veux tenter quelque chose, de toute façon, avec tes roulottes et ton existence de saltimbanque, tu n'as aucune chance. Tu vas être ratatiné... Et ne va pas trop loin, mon vieux, ou on te fera la peau... »

Ce soir-là, on n'en était pas loin. J'étais parfaitement KO, allant jusqu'à mendier une nuit, une dernière nuit à dormir avec mes fils. Supplication dérisoire, qui fut bien sûr rejetée. On m'avait préparé une tente, dans le jardin, à l'autre bout. Ce serait bien assez pour moi, le romanichel, n'est-ce pas ? La maison fermée à clef, mes fils ne risquaient pas de sortir. Je n'ai pas dormi de la nuit, sous cette tente d'infamie. Je me repassais le film, les entrailles à l'envers. Je vomissais, puis revenais aux petits visages crispés de mes fils, à Nico courant vers moi, à la chienne qu'on avait accueillie avec dégoût et menacé de faire piquer, à ces mots qui résumaient tout : « plus d'enfants... fini... » J'étais fini.

Il y a un dicton, chez les Tsiganes, prononcé par une femme manouche que Katia avait rencontrée l'hiver passé, qui nous avait maintes fois reçus dans la chaleur de sa tribu, au point que nous étions devenus amis : « Un manouche sans famille, c'est plus rien. » Jamais, comme en cette nuit de pur cauchemar, je n'en avais mesuré la justesse. Sans ma famille, sans mes fils, je n'étais rien...

Au matin, toute tentative pour entamer un dialogue se révélant vaine malgré l'absence du père M. qui a filé à ses affaires immobilières, j'admets n'avoir pas le choix : il me faut partir. Je suis impuissant, de toute façon. Et les bêtes, en Normandie, attendent d'être nourries. Je marche donc en automate en direction de la voiture. Je n'ai toujours pas approché mes fils. Lesquels échappent soudain à leur mère et courent vers moi. « Tu te rends compte, me dit Nico, ils ont même voulu me couper les cheveux ! » Shahi Yena, avec sa sensibilité, demeure là, statufié. Okwari ne fait ni une ni deux : il me saute au cou, d'abord, puis se jette dans la voiture. Katia arrive comme une furie, arrache Okwari, Shahi Yena. Une voisine, par-dessus le muret, jette un coup d'œil indiscret. Le père revient comme par hasard, voir si tout se passe bien. Je n'ai pas d'issue. Je suis brisé.

Je ne me rappelle plus si j'ai lancé un mot aux enfants de loin ou si j'ai fui sans demander mon reste. J'avais trop mal, je pleurais à moitié. Trois fois en chemin il m'a fallu m'arrêter, tellement ma vue était brouillée. Face à ces gens, cette dureté dont toute humanité est absente, je ne faisais pas le poids. J'avais perdu mes enfants et, avec eux, toute raison de vivre.

Xavier

L'énergie du désespoir

Les semaines suivantes se déroulent pratiquement sans moi. J'essaie de joindre les enfants, aux Adrets : je tombe sur le répondeur, ou bien on me raccroche au nez. J'écris à Katia, une fois, deux fois, espérant renouer un dialogue, comprendre ce qui se passe vraiment : pas de réponse. J'erre dans le campement désert. Je croise les gens, parents, amis : tous me paraissent sortir d'une autre planète. Bien sûr, ils ne comprennent pas plus que moi, ayant toujours vu en Katia et moi un couple uni comme on en fait peu. Bien sûr, à l'exception de Vivi et de son mari dont la soudaine hostilité me foudroie, tous m'entourent de leur affection. Mais la plupart tiennent pour acquis que, dans une séparation, et puisque séparation il y a, les enfants restent auprès de leur mère… même quand c'est elle qui part sans crier gare à mille kilomètres de là. Ils tiennent pour acquis que je n'ai pas d'autre choix que d'accepter l'inacceptable. « Tu vas finir par t'y faire, tu verras… Tes enfants viendront te voir de temps en temps, pour les vacances… » Et je ne me reconnais pas, mais alors pas du tout ! dans ce rôle du père fantôme que la société m'impose… Il y aura même quelqu'un, pas un ami mais l'enquêtrice sociale nommée plus tard par le tribunal, qui osera me sortir, croyant sans doute m'apaiser : « C'est normal que les enfants restent avec leur maman. Mais ne vous inquiétez pas, monsieur Fortin : ils auront quand même besoin de vous, plus tard… » Nous ne vivons vraiment pas dans le même monde, ces gens et moi !

Heureusement, il y a Gabriel… Lui a connu le divorce, et obtenu la garde partagée de ses enfants. Ses conseils me redonnent des forces. Ses suggestions sont positives. « Si Katia ne change pas d'avis et désire vraiment la séparation, dit-il par exemple, pourquoi ne s'installerait-elle pas en Normandie ? Elle disposerait des mêmes allocations que dans le Sud, puisque c'est ça qu'elle veut… et les enfants continueraient d'avoir leurs deux parents. » Un ami se propose même de louer à Katia un logement aux environs de ce qui avait été « chez nous »…

Certains parmi nos proches, cependant, ne se résoudront pas si facilement à admettre notre séparation. Ils s'y attendaient si peu ! Ils voudront comprendre. Et, ayant eu ma version des faits, voudront entendre celle de Katia, leur amie autant que je le suis. Ainsi Françoise, dans l'Hérault, et Roger son compagnon qui se considère un peu comme le parrain de Nicolas. Françoise qui aura Katia au téléphone, qui ira la voir aux Adrets et reviendra toute retournée : « Katia est très remontée, c'est sûr… mais elle ne dit pas pourquoi. Je lui ai demandé si tu la frappais, si elle avait quelque chose à te reprocher, un malentendu, entre vous, que je pourrais aider à dénouer… "Non, il n'est pas violent : c'est moi qui veux changer de vie", m'a-t-elle dit. Et c'est vrai qu'elle a changé, tout son langage a changé : j'ai du mal à reconnaître la Katia qu'on a tous connus. » Ainsi Gabriel et sa compagne, qui iront frapper à la porte de la villa après avoir demandé – et obtenu – l'autorisation d'emmener les enfants pour les vacances. « Les enfants, qui parlaient peu, nous attendaient visiblement avec impatience depuis plusieurs jours, racontent-ils. Mais ils étaient intenables. Mère, grand-père, belle-mère : personne n'arrivait à s'en faire obéir. Les deux petits avaient un comportement ouvertement destructeur[1]. » J'apprendrai qu'au cours de ce même été, Shahi Yena a failli se noyer dans la piscine et Okwari s'est pris la balancelle dans le visage, s'ouvrant la lèvre… « Avec un jeune de son âge, Nicolas n'en faisait qu'à sa tête ; il était très effronté », poursuivent Gabriel et sa compagne. « Quant à Katia, avec qui on a un peu parlé, dans cette atmosphère très tendue elle n'était vraiment pas sereine ; beaucoup de choses semblaient se bousculer dans sa tête, qu'elle n'arrivait pas à démêler… Dans tout ça, quand on est partis avec les garçons, et malgré une défiance certaine de la famille, on a eu l'impression que tous étaient soulagés d'avoir un peu de répit… »

Et le voilà, enfin, le miracle ! Le miracle, c'est Nicolas, Okwari et Shahi Yena qui débarquent soudain au campement et se précipitent vers moi, fous de joie. Les deux petits se précipitent vers leur dindon, leur paon, leurs canards coureurs indiens. Nicolas, encore révolté, revit devant moi les événements de ce maudit jour où Katia les a embarqués. Il revient encore et encore sur sa fuite, la furie de sa mère, la venue des flics, et ce détail que j'ignorais et qui me serre le cœur : « Comme on venait de monter dans le train, raconte Nico, Katia tout d'un coup a hésité. "Je suis peut-être en train de faire la bêtise de ma vie…" "Mais non mais non, a répondu la voisine en la repoussant par la portière. Pense à tout l'argent

1. Ils témoigneront par écrit de tout cela devant l'enquêtrice sociale bientôt nommée par le tribunal de Bernay.

que tu vas toucher : bientôt, tu seras libre !" » J'ai l'impression de voir la scène. Un frisson me prend : je réalise soudain qu'il s'en est fallu d'un cheveu pour que Katia ne la commette pas, cette « bêtise » qui aujourd'hui nous détruit tous... À quelle sirène de l'argent soi-disant facile a-t-elle cédé, cette irréaliste ? Vers quelle vie « libre » croit-elle aller ?... Katia si fière, si orgueilleuse qu'à part la toute première fois, avant notre mariage, en huit ans pas une fois je ne l'ai vue reconnaître une de ses erreurs. Maintenant qu'elle l'a pris, son fichu train, je crains que jamais elle ne revienne en arrière. D'autant qu'autour d'elle et de sa fragilité guette désormais le clan hostile qui l'a reprise... Je m'interdis d'y penser davantage : cela gâcherait la joie des retrouvailles...

Car pour les trois enfants qui tantôt s'égaillent dans le campement et tantôt reviennent vers nous, l'affaire est entendue : rentrés chez eux après un intermède désastreux, ils n'en repartiront plus jamais. Je n'ose les détromper... Nous sommes à la fin juillet. Même si ce n'est que pour quelques jours, nous voilà à nouveau réunis...

Au cours de ces mêmes jours, je recevrai une convocation du tribunal de grande instance de Draguignan, accompagnée de la lettre où Katia fait état de sa demande en justice : que lui soit attribuée la garde exclusive des enfants et, comme si ça ne suffisait pas, que l'autorité parentale me soit retirée... au prétexte que *mon* choix de vie est « parasitaire », digne du « Moyen Âge », et qu'il en va du « bien-être » et de « l'éducation » des enfants... Premier tir d'une guerre à boulets rouges qui ne connaîtra pas de fin. Et qui s'appuiera d'un bout à l'autre sur le délit de sale gueule ou, plus précisément : de vie atypique, celle-là même que Katia et moi avions choisie ensemble...

Je suis loin alors de maîtriser le jargon des juges aux affaires familiales, les JAF, et montre aussitôt cette convocation à Gabriel. « Mais elle est folle, Katia ! s'exclame-t-il. Elle est complètement irréaliste : on ne retire pas comme ça l'autorité d'un parent... En tout cas, si elle est dans cet état d'esprit, il te faut un bon avocat, et vite ! »

Aussitôt dit, aussitôt fait. Mes enfants à mes côtés, qui renouent joyeusement avec leur vie de toujours, je passe de l'abattement à l'action. C'est l'énergie du désespoir. L'avocat de Bernay, Me Mesnildrey, me reçoit donc, lit la convocation, m'écoute. Et conclut, sûr de son affaire : « Il faut faire un référé. » Un quoi ? « Demander une ordonnance du tribunal, en urgence. Et pas devant le tribunal de Draguignan, devant celui de Bernay, puisque les enfants se trouvent actuellement dans sa juridiction… Vous, monsieur, vous réunissez documents et témoignages qui attestent ce que vous venez de me raconter. Si vous pouviez, par ailleurs, faire état de cette résidence de vos parents dont vous me dites que vous y avez librement accès… je crois que cela jouerait plus en votre faveur que d'insister sur la vie en caravane… Pour le reste, je m'en charge. »

Branle-bas de combat au campement. Les deux grands, onze et six ans quand même, qui ont découvert avec moi l'initiative de leur mère et comprennent que, si elle gagne, ils devront vivre aux Adrets, s'activent à mes côtés. L'aîné réclame d'être traité comme ses petits frères ; ce qui fait qu'à ma demande d'avoir la garde des enfants – tout en partageant l'autorité parentale avec leur mère – se joint *in extremis* une action en reconnaissance de paternité pour Nicolas. Nous espérons tous les quatre que, la garde de nos trois fils m'étant confiée, Katia viendra s'installer en Normandie ; les parents seraient séparés, puisqu'elle le veut ; mais les enfants continueraient de vivre avec l'un et l'autre…

Deux semaines plus tard, je remets à l'avocat l'intégralité des pièces que j'ai pu réunir : certificat d'un

1984. Xavier, paysan bio
en Normandie.

Les enfants et leur vie
de toujours, avant
la séparation de juin 1996.

1994. En tournée d'animation aux Saintes-Maries-de-la-Mer.

1995. Carte postale Asso-Omaha. Petit cirque d'animation.
Ferme pédagogique itinérante.

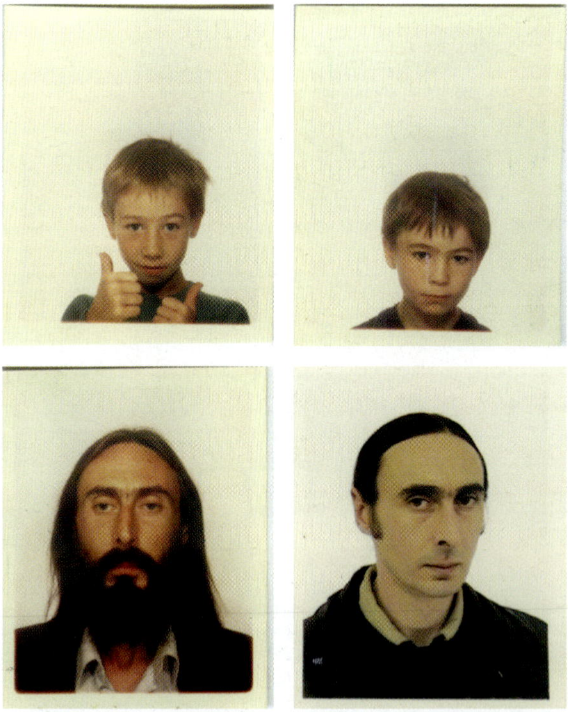

En haut : Shahi Yena et Okwari après dix-sept mois dans l'appartement de leur mère aux Adrets-de-L'Esterel avec l'obligation de s'adapter à son nouveau choix de vie personnel…
En bas : Noël 1997. Xavier et son entrée en clandestinité.

1997. La Normandie. « Bouffées d'oxygène » pour Shahi Yena et Okwari, mais seulement pendant une partie des vacances scolaires…

1998. Le Sud-Ouest. Shahi Yena et Okwari retrouvent enfin leur vie habituelle en compagnie des animaux et avec la nature…

1998. Le Sud-Ouest. Notre jardin nourricier…

Notre vache Queue Blanche qui, depuis 1990, fournit à notre famille tous les produits laitiers nécessaires…

1998. Le Sud-Ouest. Le geai apprivoisé « Mimi ».

1998. Le Sud-Ouest. La vie de ferme bio où nous avons établi notre campement.

1998. Le Sud-Ouest. La ferme bio..

Shahi Yena retrouve enfin sa jument « Uwapi ».

1999. Le Lubéron.

2000. Notre chèvre laitière…

2000. La Drôme. Notre jardin nourricier…

pédopsychiatre qui a reçu les garçons avec moi, puis sans moi, afin que le désir de chacun soit entendu hors de toute influence ; lettre de Nicolas demandant à être traité comme ses frères ; attestations relatives à la scolarisation des enfants ; acte d'huissier décrivant la résidence de mes parents, à Livet-sur-Authou, dont nous avons l'usage quand nous voulons, si nous le voulons, depuis toujours ; quinzaine de témoignages, surtout, qui décrivent notre mode de vie en général et mes qualités de père en particulier, capable de subvenir aux besoins des siens…

Ce jour-là, l'avocat suggère : « D'après ce que vous me dites, ces gens-là pourraient bien essayer d'enlever les enfants et les ramener dans le Midi, pour couper court au référé. Par conséquent, si j'étais vous, j'éviterais le campement quelque temps et trouverais refuge dans une maison en ville, avec commissariat à proximité. » Conseil qui me semble exagéré, que nous suivons néanmoins, nous installant dans la maison de mes parents à Bernay, entourée de murs. Conseil qui se révélera utile puisque, la veille de l'audience, passe et repasse sous nos fenêtres la voiture tape-à-l'œil immatriculée 83, également signalée par des voisins un peu partout autour de nos terrains.

Le 1er août, enfin : l'audience. Les enfants restent à la maison avec leurs grands-parents. Ils sont gonflés à bloc. « On va forcément gagner, puisqu'on dit la vérité et qu'on a tous les témoignages… » Moi, je n'en sais trop rien. Je pars pour le tribunal, seul. Même si notre dossier paraît solide, je n'en mène pas large : mon premier contact avec la justice !

Et voilà Katia qui s'avance, sur les marches du tribunal. Autour d'elle, le clan M. qui me nargue. Ce même clan, dans quelques minutes, fera un scandale, essaiera de pénétrer de force dans la salle d'audience quand un huissier vient nous dire que « en matière familiale, seuls madame, monsieur, et leurs avocats, sont invités à comparaître ».

La JAF est en vacances. En son absence, c'est le président du tribunal de grande instance de Bernay qui officie. C'est un homme très calme, très posé, assez âgé, qui donne la parole à Katia… « Monsieur le juge, monsieur le juge… j'étais dans une secte, monsieur le juge ! » « Et vous étiez combien, dans cette secte ? » « Euh… On était deux, monsieur le juge… » S'ensuit toute une série d'arguments selon lesquels j'étais un gourou, qu'elle-même était séquestrée… Le juge reste impassible. « Séquestrée comment ? Vous étiez enfermée ? » Et tous ces arguments inventés de toutes pièces de tomber à plat, l'un après l'autre.

Lorsque c'est mon tour de parler, je suis ému, je m'énerve un peu. « Calmez-vous, monsieur », me dit le juge, tout en compulsant le dossier qu'il a sous les yeux. Il pose quelques questions. Je découvre au passage que l'ex-amie Vivi a témoigné contre moi, déclarant que Katia vivait dans le dénuement, dans des conditions inacceptables. Cette même Vivi expliquera plus tard à Françoise montée en Normandie faire sa propre enquête : « Xavier est schizophrène. » Or Vivi n'est pas n'importe qui : tutrice bien connue du tribunal, sa parole a du poids. Alors je tremble… Puis c'est mon avocat qui prend la parole. « Souhaitez-vous écouter l'aîné, Nicolas ? » demande-t-il. « Pas besoin, répond le juge : le dossier me suffit. »

Nous n'en saurons pas plus ce jour-là. Délibéré un peu plus tard…

Ce 8 août 1996, à 14 h 30 tapantes, je téléphone à mon avocat qui a dû recevoir l'ordonnance. « Alors ?... » Les trois garçons sont à mes côtés, le cœur aussi serré que moi. « Alors… Vous avez la garde des enfants – des trois... » Explosion de joie dans le bureau de mon père ! « ... provisoirement. Il va y avoir une enquête sociale, pour cerner l'intérêt des enfants. Elle se fera ici, en Normandie, dans leur cadre de vie habituel, et sera déterminante dans la décision que prendra ultérieurement la juge des affaires familiales. » Cela ne nous fait pas peur... « Cependant, reprend l'avocat, soudain gêné... » Oui ? « Cependant, le droit d'hébergement accordé à la mère tombe, cette année, à chaque seconde moitié de vacances, soit du 15 août à la rentrée scolaire. » Ce qui veut dire ? « Ce qui veut dire que les enfants vont devoir repartir avec leur mère dans huit jours... Vous n'avez pas le choix, monsieur Fortin : il faut les laisser partir. Sinon vous vous mettez en tort... et risquez de perdre la garde. » Silence consterné autour du téléphone.

« Elle ne nous laissera jamais repartir ! » explosent les enfants à peine je leur explique. « Ne nous laisse pas, dis ! ne nous laisse pas... » supplie Nicolas, persuadé de ne jamais revenir. J'ai beau lui répéter que c'est juste l'affaire d'une semaine, que leur mère les ramènera forcément puisque la loi l'exige ; que si par extraordinaire elle ne le fait pas je viendrai les chercher, avec huissier, gendarmes... Nicolas n'en démord pas : « On ne reviendra pas. » Il est si remonté, tellement désespéré que, deux jours avant leur départ, je ferai signer à Katia une lettre où elle s'engage à ramener les enfants pour la rentrée scolaire. Je l'ai encore, cette lettre. Chaque fois que je la relis, il me semble l'entendre ricaner...

Je me rappelle encore ce sale matin de la mi-août où j'ai dû forcer mes fils à monter dans la voiture de leur mère. Ils étaient effondrés, tous les trois. Je les revois encore, assis à l'arrière, qui pleurent et se retournent. Et moi qui les regarde... pour la dernière fois.

Xavier

Une justice pleine de trous

Les enfants, évidemment, ne remonteront jamais. Une fois, trois fois, dix fois, au cours des dix-huit mois que durera cet enfer, je descendrai dans le Sud, espérant les ramener ou, au moins, les apercevoir. Ce sera peine perdue, hormis à deux reprises – mais ça nous entraîne en février 1997, entre-temps le vent de la justice aura tourné, garde confiée à la mère qui les séquestrait et venait d'être condamnée pour ça... Au cours de ces six premiers mois où la résidence légale de nos trois enfants est chez nous : comme ils l'avaient craint, nous ne nous reverrons pas. Ni ne nous parlerons, puisque seul le répondeur m'écoute, quand j'appelle – ainsi que toute la famille, qui rit de m'entendre supplier dans le vide, apprendrai-je plus tard par mes fils. Je n'aurai aucune nouvelle d'eux, pas plus qu'eux de moi, me diront-ils aussi, les lettres que j'envoie étant sans doute flanquées au panier. On leur explique, en revanche, que « Manu est plein de poux, il ne faut pas l'approcher, pas même le regarder par la fenêtre » quand il fait les cent pas en bas de l'appartement qu'on refuse de lui ouvrir. Qu'il faut oublier leur vie d'avant, parce que c'est « mal » de vivre pieds nus, sans argent, sans école. Et que c'est normal de ne pas revoir son père : « C'est comme quand papa lapin a fini de fricoter avec maman lapin : il s'en va trouver d'autres lapines et c'est maman lapin qui élève ses lapineaux… » J'apprendrai ces détails édifiants de la bouche des enfants épouvantés… bien plus tard, donc.

Le jour de la rentrée scolaire est à peine passé que je descends aux Adrets une première fois. Mon avocat m'a briefé : j'ai fait appel à un huissier.

Il faudrait, pour conter cette malheureuse affaire, les pages d'un bottin téléphonique, alors je résume. Une fois, trois fois, dix fois, donc, je descendrai. Chaque fois, le clan M. se jouera de moi avec la complicité des autorités, tant scolaires que judiciaires ou policières. J'irai avec cet huissier, fort de mon ordonnance : l'huissier, apprenant que ma belle-famille est pied-noir – quelle importance cela peut-il bien avoir ? –, se fermera comme une huître, refusera de m'aider à emmener les enfants et rédigera son acte de manière à laisser entendre que j'y ai moi même renoncé pour ne pas leur faire violence. J'irai trouver le principal du collège de Nicolas – toujours sur les conseils de mon avocat : il appellera les M. et me rira au nez. J'irai trouver les gendarmes, la police : en vain. Je déposerai sept plaintes en sept mois, chaque fois montrant l'ordonnance du tribunal de Bernay, la « grosse » comme on l'appelle, c'est-à-dire l'original. Je passerai jusqu'à des journées entières à attendre au commissariat, à la gendarmerie, qu'on appelle le procureur de Draguignan, qu'on enregistre ma plainte. Les flics refuseront d'appeler ; ou bien, quand ils le feront, le procureur sera absent ; ou bien il sera là mais fera dire : « On ne bouge pas, ces enfants sont très bien chez leur mère », s'opposant ainsi *de facto* à la justice… normande, il est vrai – peut-être la circonscription de Draguignan est-elle un pays à part ? Pour ce qui est des plaintes, si j'excepte les deux premières qui entraîneront la condamnation de Catherine M. en novembre, elles seront prises avec la pire volonté du monde, mes propos si déformés qu'il m'arrivera de refuser de signer ; et les cinq dernières demeureront lettre morte, même si je ne recevrai jamais d'avis de classement sans suite. Je recevrai en revanche des conseils, lors de ces dizaines d'heures passées au poste : « Alors mon gars, atterris ! C'est normal que les enfants restent auprès de leur maman. Ils sont beaucoup mieux là où ils sont... » Je recevrai des insultes : « Des bohémiens comme toi, on n'en veut pas, ici ! C'est comme tous ces bougnoules... » Je recevrai une confidence, aussi, un soir que l'un d'entre eux m'aura pris en pitié : « Écoute mon vieux, fais pas de vagues... On tient à notre boulot, nous ! » Ils avaient peur, ma parole ! Peur de quoi ? Y avait-il, sur la Côte, quelque mafia pied-noir ? Je ne l'ai jamais su. Paranoïa ou pas, mes idées à ce sujet avaient viré au plus que noir.

Comme je me plains, à chaque retour bredouille, auprès de mon avocat normand, celui-ci finira par dire : « La Côte d'Azur, vous savez... ça ne fonctionne pas comme ici. C'est un peu une zone de non-droit... Vous n'auriez pas des appuis politiques, par hasard ? Voilà qui vous tirerait de là ! » Des appuis politiques, pour voir mes enfants ! Je crois rêver mais, au point où j'en suis de déni de la justice et de total désespoir, je fais ce qu'il me dit : j'écris au président de la République, au garde des Sceaux, à tant d'autres... Sans autre réponse à chaque fois, bien sûr, qu'une bafouille administrative qui me renvoie... aux procédures judiciaires !

Les mois s'ajoutent aux mois. En novembre, l'avocate de la Côte d'Azur que j'ai dû prendre m'appelle, toute fière : elle vient d'obtenir du tribunal correctionnel de Draguignan la condamnation de Katia à six mois de prison avec sursis pour non-présentation d'enfants. « Et mes fils ? je demande. Quand est-ce que je peux revoir mes fils ? » « Oh, monsieur Fortin, pas si vite ! Ces choses-là prennent du temps… Il me faudrait 6 000 francs, au fait, pour la suite de la procédure… »

Je suis anéanti. Trois mois sans voir mes fils, sans avoir de nouvelles. Bientôt quatre, puis cinq… Mes fils qui ont disparu dans le ventre de la baleine et moi qui me débats dans des filets de pêcheurs, pardon, ceux de la justice. Parce que le préjugé sentimental en faveur de « la maman » est tenace, auprès des JAF qui sont des femmes pour la plupart, mais aussi des policiers. Parce que la discrimination fait rage contre quiconque, par naissance ou par choix, a un mode de vie atypique. Parce que la justice de la Côte d'Azur a ses lois que la Loi ne connaît pas. Pour toutes ces raisons, j'ai le droit pour moi, pour mes fils… mais tout le monde s'en fiche ! À croire qu'on ne vit *pas* dans un État de droit…

L'enquêtrice sociale, pendant ce temps, fait son petit boulot plein de ses propres préjugés. Les enfants ne vivent pas chez eux, en Normandie ? Qu'à cela ne tienne, elle ira les trouver aux Adrets, dans l'appartement minuscule aménagé en vitesse en prévision de sa venue et où elle n'aura pas l'occasion de juger de leur « vrai » mode de vie de toujours. Les trouver ? C'est un bien grand mot. Elle écoutera Katia, verra les garçons en présence de leur mère, ne les entendra pas, donc, et ne soulèvera pas l'idée que si Shahi Yena « porte la main à sa bouche comme pour s'interdire de parler », comme elle le note, c'est peut-être qu'il ne peut s'exprimer librement… Pour ce qui est de la Normandie, de notre campement qui, effectivement, ne paie pas de mine depuis qu'il est déserté, et des témoignages de l'entourage, parents, amis : elle distordra tellement les faits, les paroles, que nombre des interviewés, horrifiés par ce qu'on leur a fait dire, se hâteront de rectifier, de rétablir par écrit la vérité tronquée. Trop tard. La prétendue « experte » rendra au tribunal son enquête trafiquée pour cause d'idéologie personnelle – un coquet appartement dans le Midi, fût-il minuscule pour des enfants habitués au grand air, vaut mieux que caravane et tipi en Normandie, bien sûr… même si cinq hectares de belle nature les entourent ! Sur la base de cette enquête, le 9 janvier 1997, la JAF, jugette d'à peine trente ans qui me semble compenser son inexpérience par l'arrogance, donnera la garde à la mère… et à moi la charge de payer une pension ainsi que l'intégralité de nos voyages à tous deux entre Normandie et Var. « Pourquoi ne déménagez-vous pas dans le Midi, monsieur Fortin ? » m'avait-elle demandé au cours de l'audience où elle ne cessait de me toiser ; « il faut faire preuve de bonne volonté… » Comme si ma volonté était pour quelque chose dans le fait que mes terres, mes productions, ma vie, notre vie jusqu'alors, était en Normandie ! Il faut être rond-de-cuir, ou bien de mauvaise foi, pour croire qu'on déménage une exploitation agricole comme un salon trois pièces !

Une ouverture, cependant, au milieu du chaos : comme souvent en matière familiale, la juge a besoin d'éléments plus précis ; elle ordonne donc une expertise psychologique, date fixée aux environs de Pâques, en Normandie. J'apprends à cette occasion qu'autant l'expertise sociale peut être menée par de sinistres imbéciles sans formation, autant l'expertise psy est confiée à des professionnels ayant pignon sur rue et une réputation en béton. L'experte que je rencontrerai un peu plus tard m'affirmera son intention, pour se forger une opinion conséquente, d'écouter successivement : moi seul, Katia seule, les enfants avec moi, les enfants avec Katia et, enfin, les enfants seuls. Voilà qui me redonne espoir. C'est la première fois, en dix mois, que quelqu'un se préoccupe du désir, du bien-être, de l'équilibre des enfants !

Sauf que c'est compter sans la ruse de mon ex-compagne qui, voyant bien l'état des enfants, fera tout pour que cette experte impartiale ne les entende pas. Elle sait bien le désir qu'ils exprimeraient, si on les laissait parler. Elle l'a même confié à Françoise, qui lui proposait de faire une médiation entre nous : « Bien sûr, si tu demandes leur avis aux enfants, ils voudront aller avec leur père – il leur laisse faire tout ce qu'ils veulent. Ils sont petits, ils ne comprennent pas… » D'atermoiement en mesure dilatoire, y compris une action en appel qu'elle retirera à la veille de l'audience, soit sept mois plus tard, en novembre : Katia obtiendra que *jamais* cette expertise n'ait lieu. Son père me l'avait cyniquement annoncé, d'ailleurs, ce jour où, comme je devais emmener les enfants pour Pâques, il m'avait coincé dans l'appartement des Adrets, me secouant, avait crié : « Jamais ! Tu m'entends, jamais cette expertise ne se fera… Ou alors ce sera ici, dans le Sud, et à nos conditions… comme l'expertise sociale. » Puis il m'avait jeté dehors… sans les enfants, bien sûr. Et il avait tenu parole : le lieu de l'expertise psychologique allait bel et bien être déplacé sur son fief – mais ceci est une autre histoire et nous serions, entre-temps, partis en clandestinité.

Car entre-temps…

Shahi Yena

Paumés…

Pour la première fois, on avait les cheveux coupés. Katia n'était plus Katia, mais « maman ». Dinsy, la chienne colley que Manu nous avait amenée, n'est pas restée longtemps, malheureusement. Je ne sais plus où elle est partie… Des chats, on en a eu deux : ils se sont fait écraser l'un après l'autre sur la route, en bas de l'appartement. Chaque fois on les a enterrés dans le jardin en face, où nous avions coupé du lierre pour « libérer » le chêne. Restait plus que le poisson rouge. Il était sur un petit meuble, à droite, près du canapé. Je changeais régulièrement son eau.

Il fallait monter un escalier pour arriver à l'appartement… Je revois la salle à manger, la cuisine à gauche, la chambre de Nicolas au fond, le coin salon avec le lit de Katia, le coin autel pour la prière du soir. Parce qu'il fallait faire sa prière tous les soirs, c'était sérieux : Nicolas s'est fait engueuler un jour qu'il faisait le pitre et Okwari s'est pris une claque parce qu'il avait soufflé l'encens. Il paraît que ça ne se fait pas…

Bon, encore à gauche il y avait notre chambre, à Okwari et moi : lits superposés, un bureau, une platine, des peluches : un petit lion pour moi, un nounours pour mon frère... C'est pas que c'était moche, rien de tout ça : c'est juste qu'on ne respirait pas. Pas de jardin, ou alors de l'autre côté de la route, pas de bêtes, pas d'amis... Nicolas, lui, avait un copain avec qui il écoutait Doc Gynéco, avec qui il pouvait se barrer en cachette, aussi, par la fenêtre de sa chambre.

Il avait changé, Nico. Chez les grands-parents, où on allait quelquefois, il faisait le malin avec son copain et nous faisait toutes sortes de taquineries, pas comme avant. Une fois, il nous a fait boire la tasse, dans la piscine. Une autre fois, comme je tournais autour de la piscine, sur mon vélo, je suis tombé à l'eau avec ! Je ne savais pas nager, j'ai perdu pied... Et Okwari, un autre jour, s'est explosé la bouche avec l'angle de la balancelle. Ça pissait du sang partout, tout le monde était affolé. Ils l'ont vite amené à l'hôpital mais ont refusé de m'emmener.

Je me souviens aussi d'un soir, toujours chez les grands-parents, où je n'arrivais pas à dormir. Je suis descendu de ma chambre. J'écoutais ce qu'ils disaient, dans le salon, avec Katia : ils parlaient de nous, de Manu – eux ils disaient Xavier. Alors j'essayais de comprendre... Quand ils m'ont découvert, ils ont paniqué ! Ils nous cachaient des choses, ou quoi ? Je leur ai juste dit que j'avais soif...

Je me rappelle aussi Manu, debout sur le bord de la route. On l'apercevait par la fenêtre mais on n'avait pas le droit de le regarder. Ça durait plusieurs jours de suite. Katia disait : « C'est un manouche, il a des poux ! » Je crois que, pour lui faire plaisir, on l'approuvait...

Une autre fois, il est monté. Nico a fermé la porte à clef derrière lui. Il y avait toute la famille, même le parrain. Ça gueulait ! On nous a envoyés dans notre chambre. Quand ils nous ont fait revenir, je ne sais plus ce qui s'est passé.

À l'époque, je ne parlais pas beaucoup, ou pas du tout. Je m'ennuyais. J'avais mal aux pieds, ma peau pelait[1] : on m'avait mis des bandes autour. Et puis j'avais super mal à l'oreille : j'ai su plus tard, en Normandie, que ça s'appelait une otite. J'avais la bronchite, aussi. Je détestais aller chez le médecin.

À l'école, je crois que je n'étais pas bon. Je n'avais qu'une envie : m'en aller. Alors souvent je demandais à aller aux toilettes ; là, je pleurais en cachette, ou bien j'allais faire un tour sous le préau pour respirer cinq minutes.

Parfois, à midi, on revenait à la maison au lieu de manger à la cantine. J'ai l'impression d'être resté des après-midi entiers devant une assiette de riz pas bon. Je suppose que c'était psychologique, le riz ne devait pas être plus mauvais qu'un autre.

Le soir, quand Katia n'était pas là, et c'était souvent, c'est la nounou qui nous gardait. Elle nous parlait comme à des bébés, ce qui nous agaçait terriblement. On regardait *Dragon Ball Z* à la télé, on se battait pour la meilleure place sur le canapé, le plus loin possible de la litière du chat…

Sur ce canapé, je me rappelle un jour où je suis malade. La grand-mère vient me voir. Elle m'apporte des jouets, mais je ne les regarde pas.

On s'ennuyait, aux Adrets. Même s'il y a eu le spectacle de marionnettes, et un jour le cinéma avec Nico – *Alien*, on avait flippé ! – et de temps en temps les poneys, quand Katia nous y emmenait certains week-ends : je n'en garde pas un bon souvenir. C'était

1. Une maladie psychosomatique.

un village pourri. Enfin, peut-être pas objectivement, mais pour moi, comme je l'ai vécu.

Je me rappelle le mal-être, la monotonie. Quand j'essaie de revenir à cette période, ça me plombe. Ça fait comme un clash ! Ça me fait réaliser à quel point on était paumés.

Xavier

Mes frères manouches

Entre-temps… je n'en peux plus. Sans espoir de revoir mes fils, sans un sou, ayant dû vendre des bêtes, du matériel agricole, bientôt emprunter pour payer voyages et pension alimentaire : je ne dors plus, ne mange plus, ne gère plus rien de mes affaires, me ronge les sangs pour mes garçons et réalise que le clan M. avait raison : avec ma vie, mes valeurs atypiques que la société et les autorités méprisent, pour les défendre je ne fais pas le poids.

Alors je traîne mon existence comme un fardeau. De plus en plus léger, le fardeau, car j'ai beaucoup maigri. Au point que mes amis commencent de s'inquiéter. Parmi eux : mes amis manouches. Ceux-là même que Katia a rencontrés l'hiver précédent et avec qui, de visite de courtoisie en nuit passée parmi eux – auxquelles s'ajoutaient les rires des garçons qui trouvaient dans la tribu des tas d'enfants de leur âge –, nous nous sommes liés d'une amitié fraternelle. Voilà qu'ils passent me voir, me trouvent bien sinistre et lancent, catégoriques : « Un gitan sans famille c'est plus rien ! Tu restes pas seul : tu viens avec nous, si tu veux… » Alors, fuyant mon foyer désert, fuyant l'attente de procédures judiciaires qui n'en finissent pas de n'aboutir à rien, fuyant la solitude et le désespoir qui me tuent à petite dose, je les suis. Je prends tous les animaux que je peux, place les autres, ou les vends, me refais un petit convoi avec, entre autres, mon camion, eux qui n'en ont pas puisque, Manouches traditionnels, ils font la route avec roulottes et chevaux. Et me voilà parti en leur compagnie…

Même si j'ai dû payer, et les enfants aussi, le prix de cette amitié qui nous a valu notre première violence policière, je garde de ces onze mois passés à leurs côtés un souvenir empreint de gratitude. Je crois bien qu'ils m'ont sauvé. Ils ont sauvé les garçons, aussi, qui en février puis en août passeront six semaines parmi eux, retrouvant leurs chevaux, leurs amis, chouchoutés par tous comme les propres enfants du clan, reprenant le poids, les couleurs, la joie de vivre perdus au cours de cette bataille qui dure depuis huit mois, puis quatorze, et dont ils sont les premières victimes…

Les Manouches me sauveront d'ailleurs la vie *effectivement* le jour où, ayant reçu un coup de pied de cheval dans le foie, ils m'accompagneront à l'hôpital, m'y suivront pas à pas, de premiers soins en radiographie, refuseront de m'y laisser – je signerai donc une décharge et repartirai avec eux –, puis, pendant des semaines, au campement, me soigneront comme un des leurs, se relayant nuit et jour, enfants compris, à mon chevet, jusqu'à ce que je puisse reprendre le volant…

Ils me livreront, sans parole, l'enseignement qui me manque alors, ce savoir des anciens que je recherchais à vingt ans, que mes parents ne pouvaient me transmettre faute de l'avoir reçu – la transmission s'étant perdue, après guerre, avec le changement culturel, l'exode rural massif, le boom économique et la consommation à outrance. Cette sagesse des aïeux, nous, les enfants du baby boom brièvement réunis du temps du village tipi, nous nous en savions orphelins. Laurent mon « frère », je l'apprendrais bien plus tard, trouverait cette sagesse ancestrale en Amérique, dans les réserves indiennes où il serait adopté des années durant. Moi, c'est auprès des Manouches que je l'ai rencontrée. Des Manouches traditionnels, pas comme leurs cousins qui roulent en Mercedes et grosses caravanes achetées à crédit en échange des allocations familiales : ces deux branches se méprisent souvent, d'ailleurs, et ont plus d'un compte à régler entre elles. Des Manouches traditionnels, avec l'homme qui roule des mécaniques mais la femme qui possède tout, la roulotte, les chevaux, et la vieille femme, la matriarche, qui dirige tout. Je me les rappelle, ces femmes, mes amies manouches qui vendent leurs conseils ou leurs paniers, troquent, lisent les lignes de la main, mais jamais ne volent ni ne mendient, je les revois, scandalisées, foncer sur une femme en train de mendier avec son bébé dans les bras : « Mais t'as pas honte, ma fille : mendier comme ça ? Et avec ton bébé, en plus ! Tu fais comme nous, tu achètes des mouchoirs au supermarché et tu les revends au porte-à-porte… tu fais quelque chose, n'importe quoi… mais tu ne mendies pas ! » Je me rappelle aussi, surtout, car ce fut une véritable initiation, ce jour où nous n'avions plus rien…

Il faut savoir que, pour les Manouches traditionnels, l'attachement au matériel est signe de déchéance, raison pour laquelle ils méprisent – et oui, le monde à l'envers ! – les *gadjé*[1] et leur course à l'argent. Ce jour-là, donc, pour un cheval rétif acheté trois fois rien à quelque maquignon et revendu à prix d'or quelques semaines plus tard, une fois dressé, le clan disposait d'une somme

1. Le *gadjo, gadji* au féminin, *gadjé* au pluriel, est au gitan ce que le *goy*, le *gentil* de l'Antiquité, est au juif : « l'autre », le non gitan, le non juif…

pharamineuse. Que ferait-on de cet argent ? Acheter des vêtements ? du matériel ? Engranger pour les temps de vache maigre ? Pareille idée ne vint à personne… À la place, on invita toutes les familles – manouches, s'entend – des environs ; on mangea, on but, on fit la fête. En trois jours, il ne restait rien… Et comme les paniers ne se vendaient plus, qu'on ne trouvait rien à récolter et que les *niglé*[1], dont les Manouches sont friands, se faisaient rares, on dut se serrer la ceinture. Cela dura, dura, jusqu'à ce jour où nous eûmes le ventre si creux que tout le monde s'en fut se coucher, attendant qu'il se passe quelque chose… Et il s'est passé quelque chose ! Soudain, des *gadjé* sont arrivés. Ils suivaient notre circuit à la trace depuis deux jours. Ils cherchaient les femmes manouches qui, venues chez eux à leur demande, s'étaient penchées sur leur petite fille atteinte de leucémie et pour qui les médecins ne pouvaient rien. Hasard ou magie gitane ? l'état de l'enfant, depuis leur passage, s'était à ce point amélioré que les parents, éperdus, tenaient à remercier ces femmes d'une obole consistante… « Tu vois, me dit un peu plus tard une vieille, clin d'œil dans sa face ridée : pas la peine de s'inquiéter. Si tu fais confiance à la Providence, il arrive toujours quelque chose… » Et il arrivait quelque chose, c'est vrai, la plupart du temps.

Des anecdotes de ce genre, j'en ai tant vu, tant vécu au cours de ces quelques mois, que la confiance parfois théorique que j'avais alors dans la vie a pris corps, de plus en plus. La confiance, ça porte, ça aide. Et, mystérieusement, ainsi porté, ça ouvre les portes les plus imprévues… Les années de clandestinité, avec ces aides providentielles qui nous viendraient toujours au moment

1. *Niglo* au singulier, *niglé* au pluriel : hérissons.

où tout semblerait perdu, me conforteront dans cette évidence.

Enfin, et le détail a son importance, j'apprendrai auprès de mes amis manouches toutes sortes de gestes et réflexes pratiques, de l'ordre de la survie dans la nature mais aussi de la fuite devant les hommes, caches et signaux secrets en tous genres qui nous seront bientôt utiles, à l'heure de la « cavale », comme les gens disent, et qui pour nous serait entrée en Résistance…

Okwari

Qui croire ?

Shahi Yena, Nicolas et un copain jouent à la balancelle. Je veux les rejoindre, je cours vers eux… et reçois la balancelle en plein visage ! Je me revois longer le mur de la maison, tenant ma bouche de mes deux mains, la famille prise de panique qui s'agite autour de moi, le sang qui coule… À l'hôpital, on m'a recousu à vif. Je me bats de toutes mes forces : ils doivent s'y mettre à plusieurs, pour me tenir. Aujourd'hui on voit encore les douze points de suture, sur ma lèvre.

Il y a eu aussi cette fois où Nico me pousse dans la piscine pour rigoler. Sauf que je ne sais pas nager. Je me retrouve sous l'eau, à me débattre contre le liquide que j'avale, contre le manque d'air dans mes poumons, contre la terreur de me noyer… Je ne sais plus comment j'ai réussi à gagner le bord. Je n'ai pas trouvé ça drôle !

Un bon moment, en revanche, c'est quand Katia me laisse m'accrocher à son cou quand elle se baigne, la piscine n'étant pas aménagée pour les petits.

Je me souviens aussi de Didier, mon oncle même si on a presque le même âge, le fils de Marianne et du grand-père. Je nous revois jouer, tous les deux, derrière les oliviers au fond du jardin. Je me rappelle le grand-père qui lui flanque des claques et Marianne qui prend sa défense. Et aussi la crèche que je viens de faire, pour Noël : j'en suis tout content.

Tout fier aussi, dans l'appartement de Katia, quand je fais ma première vaisselle ! Pour me hisser jusqu'à l'évier, je suis monté sur une chaise… J'ai cinq ans.

Je me rappelle Shahi Yena devant son assiette de riz… Il y reste tout l'après-midi, quelquefois. Il n'arrive plus à manger… Et puis les chocolats chauds qu'on va boire chez la voisine du dessous, et les personnages en plastique munis d'un parachute qu'on jette par la fenêtre et va rechercher ensuite, et les fraises qu'on cueille dans le jardin d'en face, et *Dragon Ball Z* à la télé, et la chanson « Y M C A » qu'on écoute souvent, sur le tourne-disque…

À l'école, on m'a fait redoubler la maternelle. À mon avis, c'est à tort. Résultat, je suis premier de la classe ! Mais on ne fait que des coloriages. Pas comme avec Manu, un peu plus tard, qui va m'apprendre à écrire…

J'ai un copain, dans cette école, avec qui je joue aux billes dans le bac à sable. J'ai aussi un ennemi, qui m'embête tout le temps. Un jour que les deux classes sont réunies, la maternelle et le CP, pour les vaccins, je demande à Shahi Yena d'aller trouver mon tortionnaire. Ce qu'il fait. Je ne sais plus si le gamin m'a laissé tranquille, ensuite ; je me rappelle juste mon appréhension de ce jour-là à l'idée de la piqûre : ça n'a pas été si terrible, finalement.

J'ai même été amoureux, dans cette école : une fille du nom de Margot. Mais je n'ai jamais osé lui parler. Il faut dire que j'étais assez timide…

Et puis il y a eu ce jour où Manu est venu nous chercher. On ne l'avait pas vu depuis… très longtemps. Je me rappelle juste ce détail : on est devant la porte, avec nos sacs, et je suis là à hésiter sur les chaussures que je vais mettre… Ensuite, c'est les vacances. Une semaine chez les Manouches, nos amis de l'an passé. On fait la route avec eux, dans la petite caravane qui était celle de Nicolas, avant. Là j'ai un souvenir un peu vague : il y a plein de monde, autour du feu ; d'un côté, Manu et nous ; de l'autre, Katia et deux hommes que je ne connais pas, qui nous tendent des Playmobil. J'ai un autre souvenir, plus tard : c'est la nuit, il y a un fourgon de flics et Shahi Yena qui part en courant vers la forêt, sur la droite ; Katia le rattrape. Et puis les flics nous embarquent tous. Nous, on est paralysés. Katia nous tend une plaquette de chocolat : il est tout fondu. Je ne comprends pas ce qui se passe. Tout à l'heure encore, on était libres, on s'amusait avec nos amis, et tout d'un coup c'est les cris, les flics, le fourgon. Je crois qu'on est terrifiés. Ensuite, à la gendarmerie, c'est très long… Les grands-parents de Normandie arrivent. Ils essaient de s'occuper de nous. Puis un flic vient nous chercher… J'ai froid, j'ai faim, j'ai peur surtout, il me semble. Je ne sais plus quoi faire… quoi dire… qui croire…

Xavier

« Ils vont finir par te tuer… »

Les vacances de février approchent. Deux mois que je partage la vie des gitans, six mois que je ne sais rien des enfants… et un mois que Katia en a la garde légale. Lorsque je me pointe aux Adrets, le clan est là pour m'accueillir. D'entrée l'on me dit : « Fais gaffe ! On te les laisse, mais si tu tentes quoi que ce soit, tu ne les reverras plus jamais… » Au diable les menaces, j'ai l'habitude. Et puisque j'entends « on te les laisse »… je les regarde, mes fils que je redécouvre. Je les dévore des yeux : ils ont l'air éteint. Shahi Yena est maigre comme un clou. Nicolas, tout bouffi. Rien d'autre d'immédiatement perceptible : juste ce malaise, autour d'eux trois…

Quelques kilomètres plus loin, premier constat : il faut s'arrêter régulièrement parce qu'Okwari, malade, ne cesse de vomir. Les deux petits toussent sans arrêt. Et quand on s'arrête pour manger, ils se jettent sur la nourriture de manière compulsive… « Eh, oh, qu'est-ce qui vous prend ? » « Oh là là si tu savais ! On n'a pas envie de manger, là-bas. Rien que des boîtes de conserve, devant la télé ; et la nounou le soir, parce que Katia n'est pas là. » Je ne peux plus les arrêter. J'essaie, pourtant, c'est trop glauque ce qu'ils me racontent. J'essaie de relativiser, changer de sujet, leur raconter les vacances qui nous attendent entre le campement, les grands-parents, leurs amis du clan manouche... Et quand on arrive enfin chez mes parents, mon père les regarde, effaré. Le médecin en lui s'inquiète... et appelle aussitôt un ami pédiatre. Il reviendra mortifié de leur visite à son cabinet : « Si tu avais vu les coups d'œil qu'il me jetait à mesure qu'il les auscultait ! "Tes petits-fils, c'est pas brillant", me disait-il... » Les deux petits ont la bronchite, leur état général est faible et Shahi Yena traîne une otite qui n'a pas été soignée. Les voilà sous antibiotiques, pour la première fois de leur vie. « Ce n'est pas si grave », me dis-je. Sauf qu'Okwari ne dort plus, il fait des cauchemars invraisemblables qu'il me raconte aussitôt puisque tous les deux exigent de dormir avec moi, me collent, se réveillent en pleine nuit pour vérifier que je suis là... Voilà qui m'inquiète davantage. D'autant que leurs explications, très alarmistes, sont on ne peut plus décousues.

Nicolas, lui, me raconte. Il me raconte d'un ton morne. Lui qui était exubérant, je le trouve fermé, abattu. Il m'explique qu'après trois jours chez les grands-parents, il ne parvient plus à garder ses idées à lui. Il m'explique qu'on leur raconte que la vie qu'ils vivaient avant avec moi « c'est pas normal, pas moral », que c'est une vie « de parasites » qu'il faut oublier au plus vite, comme il faut m'oublier moi. Il m'avoue qu'il ne sait plus... L'été du référé, c'est vrai, il voulait revenir à sa vie d'avant, il en voulait à Katia de l'avoir embarqué sans lui expliquer. Maintenant... il ne sait plus. Il en a assez, du conflit. Sa vie c'est comme ça, maintenant, qu'est-ce qu'on peut y faire de toute façon ? « Eux, dit-il, seront toujours les plus forts. Ils auront toujours raison… Je suis désolé, vraiment. Mais peut-être, au fond, ce qu'ils disent est vrai : il faut vivre comme tout le monde… »

Nicolas commence à intégrer qu'il est devenu quelqu'un d'autre. Ça ne l'épanouit guère, on dirait : il ne lève pas le nez de ses *Picsou.* Renfrogné, étranger à tout ce qui se passe autour de lui, il me fait peine ; mais je ne sais que faire pour lui. À quoi bon le déstabiliser davantage par un lavage de cerveau à rebours ?

Visite à l'avocat, à qui je fais part de mes inquiétudes, pour les petits, surtout, qui se refusent à envisager leur prochain retour aux Adrets. « Faisons un nouveau référé, dit-il. Produisez-moi un certificat médical, l'acte d'un huissier qui se sera entretenu avec les enfants. Moi je contacte le tribunal. » Et nous revoilà repartis pour un tour ! J'ai le certificat médical. Puis je choisis une femme huissier, qui est aussi une maman, lui confie les trois enfants pour qu'elle les entende hors de ma présence, hors de toute influence donc, et transcrive leurs propos. Elle notera qu'en effet les deux petits sont chamboulés, malheureux dans leur vie du Sud, et veulent retourner chez eux ; que l'aîné, lui, ne sait plus : rien n'est trafiqué, dans son rapport…

Nous n'avons plus qu'à attendre le jour du référé dont la date, malheureusement, est fixée à trois jours après la rentrée scolaire. Trois jours, donc, après la fin de mon droit d'hébergement… Mieux vaut nous tenir, une fois encore, à distance du campement pour éviter tout coup de force. Et comme je ne peux pas enfermer chez leurs grands-parents des enfants qui viennent tout juste de retrouver le grand air… nous voilà donc avec les Manouches, lesquels nous abritent volontiers. Les enfants retrouvent la route, leurs petits copains, leurs chevaux. Pour les deux cadets, c'est magique ; ils disent « on repart plus jamais » et reprennent peu à peu des couleurs. Pour Nicolas, ça ne change rien : il est toujours dans ses *Picsou.*

Le dimanche passe, où j'aurais dû ramener les enfants. Puis le lundi… Le mardi soir, comme nous avons posé le camp aux abords d'un lavoir, une femme et deux hommes s'en approchent que, de loin, nous ne reconnaissons pas. La femme est très maquillée, vêtue d'une petite robe sous sa veste. Ils ont garé leur voiture un peu plus loin et s'avancent… « Mais c'est Katia ! » dis-je, soudain. Aussitôt, Shahi Yena et Okwari se mettent à courir vers le bois, sur la droite, un peu plus loin. Katia s'élance, maladroite sur ses talons inadaptés au terrain. Elle rattrape cependant Shahi Yena, le plaque au sol jusqu'à ce qu'un ami gitan et moi la maîtrisions. Comme nous revenons vers le feu avec une Katia furieuse, je vois ses deux compagnons, piteux, au centre du cercle silencieusement formé par le clan manouche. Le rapport de force a changé.

Cette fois je reconnais Marcel, le père biologique de Nicolas que je n'ai pas revu depuis des années. Je comprends que le vieux Sicilien, en train d'agiter son paquet de pains au chocolat vers les enfants du clan manouche qui le regardent avec mépris, est son père.

Tout le monde s'assied autour du feu : Katia, Marcel et le Sicilien d'un côté, les enfants et moi de l'autre, nos amis manouches tout autour. Alors j'explique : « Après-demain le référé ; il va falloir écouter les enfants, cette fois, et que la vérité se sache. Pour les petits, c'est clair : ils refusent de partir avec toi. Nico, lui, ne sait pas trop. Je vais parler avec lui et c'est lui qui choisira… » Et je m'éloigne avec notre aîné, faisant quelques pas sur le chemin. « Je défendrai les petits jusqu'au bout. Et toi aussi, si tu le veux. Mais c'est toi qui décides… » « J'ai trop peur, m'avoue-t-il. Ils sont plus forts, ils gagneront toujours. Alors je vais aller avec eux… Et toi, fais attention. »

« Moi je n'en peux plus, de cette bagarre, ajoute-t-il. Et puis, je suis grand, maintenant, je suis plus fort que mes petits frères : je saurai tenir le coup… » Cela fait mal de l'entendre : un tel conflit chez ce grand petit bonhomme de douze ans ! Une telle résignation… « Réfléchis encore un moment, lui dis-je, le cœur serré, et viens nous rejoindre quand tu te sentiras prêt. » Ce qu'il fera peu après, choisissant effectivement de partir avec sa mère… Laquelle s'éloigne avec les deux autres, tout le monde apparemment calmé.

Nous avons manqué de prudence. Nous aurions dû lever le camp, ne pas rester près de ce lavoir où nous venions de dételer les chevaux dans l'idée d'y séjourner quelques jours… Mais il y avait la fatigue… Une erreur de jugement, aussi : j'ai eu le tort de croire que l'annonce d'un débat clair devant la justice allait ramener à des proportions raisonnables une situation devenue irrationnelle. C'est tout le contraire, qui aura lieu…

Xavier

Première rafle

Ce mercredi matin, par précaution, comme j'emmenais les femmes vendre leurs paniers ici et là, j'ai gardé les enfants avec nous. Je ne me sentais pas tranquille.

La nuit est tombée. Elle tombe tôt, en février. Nous roulons vers le lavoir, apercevons de loin le feu qui brille. Tiens, les jeunes courent vers nous… « Partez, partez ! nous crient-ils, les *klisté*[1] sont là. Ils ont fouillé toutes les roulottes. Ils vont revenir, c'est sûr… » Hélas, c'est déjà trop tard. Une camionnette avec gyrophare fonce sur nous. Sur la gauche, derrière le pare-brise, je distingue le masque victorieux de Katia.

« Vous venez tout de suite au poste ! » lance un des trois gendarmes descendus de la camionnette. « Écoutez, non, je réponds. Il y a un référé dans deux jours. Le dossier est dans ma caravane, je vous montre ça tout de suite… De toute façon, il fait nuit. Je dois faire dîner les enfants. Il faut un travailleur social pour les prendre en charge… » – règle apprise à mes dépens, dans le Var,

1. *Klisto, klisté,* flics.

un jour que j'espérais emmener mes enfants avec l'aide de la police.

Les gendarmes sont intraitables. « Pas question de prendre vos papiers : vous embarquez, sans discussion ! » De loin j'entends Katia qui exulte : « Fini les vacances, allez hop ! » Et nous voilà effectivement embarqués *manu militari*. Pas même le temps de prendre une veste pour les petits. Direction : la gendarmerie.

Les enfants sont traumatisés. Je les vois qui se rétrécissent, raides de peur et d'incompréhension dans le fourgon où on nous a jetés. J'ai beau insister pour qu'on appelle quelqu'un, travailleur social ou autre, pour s'occuper d'eux : « Pas question », me répond-on. « Alors au moins mes parents, ils n'habitent pas loin », je plaide. Demande acceptée, cette fois. Arrivé à la gendarmerie, je pourrai les appeler. Ils débarqueront un peu plus tard, assez secoués eux aussi.

L'attente, l'attente, l'attente… C'est fou comme tout est glauque et long, toujours, dans les antichambres policières ! Il est bientôt 20 heures, 21 heures, 22 heures… On a mis Katia dans une autre pièce, tellement ses invectives ajoutaient au chaos. Et mes deux fils grelottent, de froid, de fatigue, de peur…

Quand enfin le commissaire m'interroge, je réclame aussitôt : « Il faut appeler le procureur. Il y a ce référé, dans deux jours. C'est pourquoi les enfants sont restés ici : pour avoir une chance d'être entendus… » « Tu n'y penses pas, dit Fume-la-pipe – surnom que lui donnent les Manouches. Je ne vais pas déranger le procureur à cette heure, c'est bien trop tard. » « Laissez-moi au moins aller chercher mon dossier dans la caravane : la convocation s'y trouve. Vous verrez que je dis vrai. » « Tu ne vas pas me dicter ce que j'ai à faire, s'énerve l'autre. C'est moi qui décide, ici ! »

Il me prend de haut, Fume-la-pipe. Je ne suis pour lui qu'un Manouche ! Un dont il pointe le carnet de circulation, vestige du régime de Vichy ; dont il fait fouiller la roulotte dès qu'un vol lui est signalé. Le gitan n'est-il pas, depuis toujours, le bouc émissaire idéal ? Et voilà que je suis l'un d'eux... Fume-la-pipe me tutoie donc, il me rudoie sans retenue et ses airs paternalistes sont autant d'insultes. « Mets-toi là, me dit-il, me plaçant dans la pièce à côté. Je vais interroger tes enfants, puisque tu y tiens absolument. Ne te montre pas, surtout. Écoute... »

Il fait entrer Shahi Yena et Okwari, en effet. Eux tout tremblants, six ans, cinq ans, dans cette gendarmerie depuis des heures, face à l'ogre qui les questionne aussitôt. « N'est-ce pas que vous êtes beaucoup mieux avec votre maman, hein, les enfants ? commence-t-il... De toute façon, votre père, comme il vit, les gens avec qui il vit : c'est pas normal pour des enfants... Vous êtes d'accord n'est-ce pas ? Vous êtes bien mieux à l'école... » Et j'entends les voix apeurées qui répondent : « Euh... oui monsieur... oui monsieur... » Il fait quoi, là, ce salopard ? C'est avec mes fils qu'il joue ! « Ça suffit comme ça ! » je crie, poussant la porte. Et j'aperçois les enfants qui baissent la tête, gênés par ce qu'on vient de les forcer à dire et qu'à l'évidence j'ai entendu. « C'est de la manipulation : laissez-les tranquilles ! » « Toi, ça va ! répond le commissaire. Arrête un peu tes histoires. Je suis divorcé moi aussi. Mes deux filles, je les ai pas revues depuis des années. C'est comme ça que ça se passe, mon vieux, alors tu te tiens tranquille. Leur maman, c'est quelqu'un de très bien... De toute façon la loi c'est la loi et c'est elle qui a la garde... » « Mais la loi justement, on ne l'a pas respectée... » « Ça suffit ! C'est moi qui prends les décisions ici, et j'ai décidé que les enfants repartaient avec leur maman. Si tu veux t'y opposer, libre à toi : je te mets en garde à vue jusqu'à ce qu'ils soient partis. » Et cette espèce de saligaud prend les enfants, les amène vers moi et, l'air patelin : « Dites au revoir à votre papa... »

Nous nageons en plein cauchemar.

Les enfants ont quitté la pièce. Moi, on me garde un moment. Puis on me laisse repartir, à pied, jusqu'au campement.

Je croiserai une voiture, qui roule vers la gendarmerie, reconnaîtrai la Mercedes du compagnon de Vivi, chez qui, sans doute, Katia a pris refuge. Je n'ai pas le courage d'attendre son passage dans l'autre sens. Pas le courage de guetter une dernière fois le visage de mes fils. Je coupe à travers champs et m'enfonce dans la nuit, noire comme l'absence de tout espoir.

Intermède 5

Graine de clandestinité

Si, en cette fin d'hiver 1997, l'idée de la clandestinité ne m'a pas encore effleuré, la graine en est semée cette nuit-là. Douze ans plus tard, les enfants se rappellent encore leur première violence policière ! De passage en Normandie, peu après le procès, nous ferons un détour pour retrouver l'endroit. Le paysage autour a changé mais le lavoir, lui, est intact. Comme le sont nos souvenirs…

Cette nuit-là, j'ai eu l'occasion de voir, comme à travers une loupe, la discrimination en acte. Discrimination contre un mode de vie, le mien, qui ne vous donne droit à rien, surtout pas à un traitement équitable devant la justice et la police. Discrimination contre le père, aussi : selon qu'il s'agit de lui ou de la mère, c'est deux poids et deux mesures ; l'une peut être condamnée en correctionnelle et continuer d'enfreindre la loi en toute impunité, l'autre, casier judiciaire vierge, mord de trois jours sur une date légale et on lui envoie les flics… sans craindre de traumatiser les enfants.

Pour les garçons, comme pour moi, cette rafle aura marqué un tournant dans notre histoire. Loi, justice, police ne sont plus pour nous que des mots. Impossible de faire confiance à leurs représentants : ils ont perdu toute légitimité. Nous commençons de réaliser que nous ne serons jamais entendus et, sauf à nous laisser détruire, qu'il nous faudra entrer en résistance, peut-être...

Cette nuit-là aura d'autres conséquences, définitives elles aussi. Dans les futures procédures relatives à la garde des enfants et à l'autorité parentale, cette vie avec les Manouches sera retenue contre moi, discréditant à jamais mes qualités de père. D'autant qu'en septembre de cette même année, après le mois de vacances que nous avons passé tous les quatre ensemble avec les gitans, Katia entraînera une seconde fois nos fils chez les flics. Ils ont douze, six et cinq ans, déposent en présence de leur mère et témoignent, librement comme on s'en doute, avoir passé cet été-là parmi les Manouches, dans un état de saleté lamentable, leur père les forçant à boire, à fumer et à voler... C'est le début d'une mise en scène, habile puisque exploitant les préjugés séculaires qu'ont sur les gitans les sédentaires, et qui vise à me faire passer pour un homme dangereux. Ce portrait, fabriqué de toutes pièces par manipulation choquante de nos enfants, faussera à l'avenir tous les jugements des tribunaux... lesquels ne retiendront jamais – encore la discrimination ! – les témoignages contradictoires qu'année après année je ne cesserai de réunir et fournir à mes défenseurs.

Un piège vient de se refermer sur moi, sur nous, dont nous ne sortirons plus jamais.

Xavier

Trois plantes qui refleurissent

C'est deux mois plus tard, à Pâques, comme je suis descendu aux Adrets récupérer les enfants pour les vacances et l'expertise psychologique, que j'eus à nouveau à faire face à la rage du père de Katia et repartirai… sans mes fils. Cette fois-là comme tant d'autres, je file à la gendarmerie. Cette fois-là comme tant d'autres, les gendarmes me rigolent au nez, font toutes les difficultés pour enregistrer ma plainte qui demeurera elle aussi sans suite, glissant au passage des insultes contre « ces saloperies de bougnoules » dont, apparemment, je suis. Toujours le délit de sale gueule. Toujours la justice bafouée. L'ordonnance du tribunal, la convocation de l'experte : tout ça ne vaut pas tripette au regard du poids que pèse « la gentille maman »… Je suis réduit à l'impuissance.

Je devrai attendre le mois d'août, période de vacances judiciaires où Katia et son clan n'ont pas à craindre une nouvelle action en justice, pour revoir mes enfants. Et c'est le choc !

Nicolas est plus bouffi que jamais, atone, communication réduite au minimum. Les petits sont maigres, blafards, parfaitement abattus. Comme toujours, dans la voiture, ils se mettent à me raconter des tas de choses. Mais cette fois c'est sans conviction. Je sens à quel point ils sont perdus, les vois se raccrocher à tout ce qui rend leur nouvelle vie tolérable, un poisson rouge, une balade en poney… Je comprends qu'il s'agit pour eux de s'adapter et, coûte que coûte, de tenir. Je n'ai pas encore fait de prison mais, douze ans plus tard, je retrouverai au pénitencier de Draguignan ce même fatalisme, cette même nécessité de survivre au jour le jour…

Et moi qui ne peux rien pour eux... Rien, sauf les retaper, me dis-je. Ce à quoi j'emploierai mes forces, au cours de ces quatre semaines. Les Manouches m'y aideront, adultes qui les accueillent, les dorlotent, les nourrissent à toute heure du jour comme ils feraient pour leurs fils en péril, enfants qui les entraînent dans leurs jeux comme s'ils s'étaient quittés la veille.

Au début, ça ne les intéresse guère. Nicolas ne dit pas un mot, toujours plongé dans ses *Picsou.* Shahi Yena et Okwari se sont précipités vers leurs juments, Saïs pour l'un, Uwapi pour l'autre et, une fois juchés sur leur dos, n'en décollent plus pendant des jours. Ils sont couchés là, sans bouger, leurs petits corps s'adaptant aux mouvements de leur monture qui marche ou mange ou demeure immobile sans qu'ils cherchent à intervenir. Des heures, des jours durant, ils ne décoincent pas. Moi d'un peu loin je les observe. Je vois bien que c'est excessif, mais devine que c'est guérisseur, alors je n'interviens pas. Et petit à petit, en effet, les voilà qui reviennent à la vie. Comme une plante longtemps privée d'eau que l'on arrose, je les vois se redresser et, jour après jour, refleurir. Shahi Yena qui avait la diarrhée et inondait son lit chaque nuit recouvre l'usage de ses entrailles. Okwari qui ne dormait plus renoue avec le sommeil. À travers le peu qu'ils disent, je comprends que, les premiers temps, à tout moment ils guettaient les flics : « Pas normal, pas bien, la vie avec les Manouches », leur a-t-on appris pendant ces six mois ; alors ils s'attendaient à être punis. Et puis, peu à peu, ça leur passe...

Même Nicolas se déride. Il a beau tenir de drôles de discours, parler fric, vêtements de marque, ordinateur car il économise pour en acheter un, et nous traiter de pouilleux, méprisant notre façon de vivre, il arrive qu'il ne puisse résister à la bonne humeur de ses anciens amis. Lesquels essaient toujours de l'entraîner dans leurs virées dans la campagne, leurs baignades dans les rivières, leurs séances de pêche, de chasse au *niglo.* Lesquels surtout ne manquent pas de se moquer gentiment de ses grands airs... Plus que jamais le jour où, dans une poubelle, nous trouvons un survêtement Adidas, neuf et juste à sa taille – que tous lui offrent dans un éclat de rire – et, un peu plus tard... un ordinateur. Et le clan entier de s'esclaffer devant sa mine ahurie : « Tu vois, c'est pas l'argent qui nous procure ce dont on a besoin... »

Nicolas nous avouera peu après que la clef qu'il porte autour du cou et qui ouvre sa petite valise est destinée à protéger un téléphone portable... d'où il a mission d'appeler Katia tous les deux jours, lui dire où nous sommes. Délateur de ses frères, de son père : pas étonnant qu'il se sente mal ! Il est vrai qu'aux yeux de sa mère qui entamera, parmi tant d'autres, une action en contestation de reconnaissance de paternité, je ne suis pas son père... N'empêche : une fois cet aveu fait, et le téléphone oublié au fond de la fameuse valise, même Nicolas a retrouvé le sourire.

Quant aux petits, ils ont repris des couleurs, et leur tonus, et leur gaieté. Ils savent qu'une experte psychologue veut les entendre, en Normandie. Que Katia a fait appel de l'ordonnance lui faisant obligation de se rendre à sa convocation. Or, comme je le leur explique, l'audience d'appel est en novembre : plus que trois mois à tenir…

Sauf qu'à la veille de l'audience, Katia retirera son appel. Expertise repoussée *sine die*. Nicolas, au fond, avait raison : ces gens-là connaissent toutes les magouilles ; face à eux, je ne fais pas le poids.

La situation est sans espoir.

Xavier

Préparatifs

Le mois de novembre tire à sa fin. Je viens de quitter les Manouches. Près d'un an en leur compagnie, à apprendre la confiance née du silence, et soudain, pour eux comme pour moi : l'évidence qu'il faut se séparer. Eux craignent le mauvais œil. Des ennuis avec les flics, des sources empoisonnées auprès desquelles ils ne peuvent plus s'abreuver, jusqu'à mon camion qui tombe en panne : c'est le *moulobeigne,* disent-ils, « ça vient du diable », de Katia et de sa famille ; ils doivent s'en protéger. Moi je sens simplement que les temps sont venus. De quoi ? Je ne sais pas encore. Mais, grâce à mes amis gitans, j'ai retrouvé mon axe. Je dois désormais reprendre ma route.

Noël approche. Les avocats m'assurent que, pour cette période de vacances si brève qu'il nous faudra rester dans le Sud, les enfants et moi, la famille rassurée par cette proximité me les laissera sûrement. Je n'ai pas vu mes fils depuis quatre mois. Ni ne leur ai parlé, bien sûr. Pas plus que je n'ai reçu de nouvelles directes ; juste celles, de plus en plus alarmantes, d'amis communs que Katia accepte parfois de recevoir mais dont elle décline l'une après l'autre les offres de médiation. Je n'ai qu'une vague idée de leur état... Peut-être ont-ils fini par s'adapter à leur nouvelle existence ? Si ce n'est pas le cas, néanmoins, je n'ai plus rien à leur offrir. Je ne peux leur vendre de l'espoir, puisque auprès des tribunaux tout est bouché. Je ne peux pas même les retaper, en une petite semaine ; surtout en étant seul avec eux, alors qu'ils m'ont dit tant souffrir de leur isolement, aux Adrets.

Une idée commence à germer, nourrie par le spectacle que m'a donné la justice, depuis dix-huit mois. J'ai appris qu'on pouvait la manipuler. Il suffit de ne pas se rendre à ses arrêts, de la mettre devant le fait accompli d'une situation illégale : alors, même condamné au pénal, on obtient du jugement suivant l'assurance qu'on avait eu raison de contrevenir à la loi puisque celle-ci est modifiée pour vous, dans le sens que vous désiriez... L'idée d'entrer en clandestinité prend forme : il suffirait peut-être de créer la situation de fait, et la justice suivrait... Elle suivrait d'autant plus légitimement qu'elle se conformerait ainsi au désir des enfants dont nul, à ce jour, n'a tenu compte...

Reste à vérifier si c'est *toujours* le désir de mes cadets. Ce que je ne saurai qu'en leur présence...

En attendant les retrouvailles, et dans cette éventualité, j'ai quelques semaines pour tout préparer. Je sais qu'on ne me passera rien ; je n'ai donc pas droit à l'erreur : si la rafle de février m'a appris quelque chose, c'est bien ça ! Aussi je passe tout en revue... Vendre ou placer les quelques bêtes qui me restent, les reptiles notamment, qui exigent beaucoup de soins ; laisser mes chevaux et l'usage de mes pâturages à une jeune amie qui souhaite monter un élevage ; confier à un notaire la vente de la grange litigieuse avec un bout de terrain autour ; liquider mes quelques comptes ; et obtenir des services de chômage une dérogation pour que mon allocation sur les animations d'autrefois me soit versée sans que je sois forcé de pointer. Mettre mes parents dans la confidence, enfin, même si mon projet les scandalise – leur fils hors la loi : quelle honte ! – ; mon père acceptant cependant la procuration que je lui signe pour toucher les Assedic à ma place...

La nuit précédant mon départ, la neige commence à tomber. Sur le rouge et vert trop identifiable de la caravane, du camion et de la remorque, je passe une couche de blanc immaculé. Je n'ai gardé que les animaux indispensables à notre survie – la vache Queue Blanche, une jument, deux ou trois chèvres, les chiens et les perroquets bien sûr, qui font partie de la famille, et une poignée de lapins nains et volailles de collection, pour faire quelques animations – je n'ai encore aucune idée des *vraies* conditions d'une cavale. Tout le reste est soigneusement rangé sous le hangar. En ces journées de décembre, je nous espère de retour chez nous dans quelques semaines, quelques mois au plus. Comment imaginer que je me prépare pour un exil de douze ans ?

Au petit matin, avant que les voisins ne s'éveillent et voient passer mon convoi, je prends la route au volant de la bétaillère. Derrière : la caravane, puis une remorque chargée de matériel. Notre autonomie est assurée, si nécessaire.

Je descendrai jusque dans le Gers, frapperai à la porte de Michel, l'ami chez qui, sept ans plus tôt, la naissance de Shahi Yena était fêtée dans la liesse. Je lui conterai nos revers et lui demanderai l'hospitalité pour nous quatre, le temps des vacances. Demande généreusement accueillie…

Ne reste plus qu'à aller chercher les garçons. Ce que je fais, en train d'abord, puis dans le fourgon d'un ami d'amie qui veut bien me dépanner, les Adrets étant mal desservis par les transports publics.

Que vais-je trouver, à mon arrivée ?

III

À L'ÉCOLE DE LA LIBERTÉ

Xavier

Retrouvailles

Me voilà, une fois encore, en haut de cet escalier sinistre. Je frappe à la porte de l'appartement... Shahi Yena m'ouvre aussitôt, sa mère derrière lui. Les deux petits sont prêts à partir, on dirait. Soulagement ! Puis j'aperçois Nicolas à l'autre bout de la pièce, esquisse un geste vers lui. « Non, non ! m'arrête Katia. Il ne veut pas partir avec toi. D'ailleurs, il va voir son père... » Je n'insiste pas – à quoi bon ? Je lance un dernier regard à ce fils en passe de perdre le seul père qu'il ait jamais eu ; en mon for intérieur je prie pour qu'il s'en sorte le mieux possible... Ses petits frères, eux, n'ont pas attendu : ils ont dégringolé vers la fourgonnette où Rémi les installe à l'arrière, avec son garçon. Il témoignera plus tard en justice avoir été stupéfié par « leurs regards éteints » et leur attitude « de zombie » qui ne cadraient pas du tout avec l'image qu'en chemin, et à m'entendre, il s'était faite de mes fils.

Nous roulons quelques minutes, mais je sens les enfants si mal que je les rejoins à l'arrière. Les voilà blottis contre moi. « C'est fini maintenant, me disent-ils.

On part sur la route avec nos animaux et on ne revient jamais ici ! » « Attendez cinq minutes ! Pour l'instant on part en vacances. Vous allez retrouver Michel et le convoi et vos animaux. On va se reposer quelques jours, retrouver notre vie normale… et on reparlera de tout ça. » « Si tu savais ! » répliquent-ils. Puis ils se taisent un moment.

Soudain, ils passent aux aveux : « Si tu savais ce qui est arrivé ! Ils nous ont emmenés chez les gendarmes, avec Nico. Ils nous ont forcés à dire des mensonges : comme quoi tu nous faisais boire de la bière, et fumer, avec les Manouches ; et que tu nous apprenais à voler dans les magasins… » Je ne suis qu'à demi surpris ; j'ai compris depuis un moment qu'avoir vécu parmi les gitans me vaudra toutes les humiliations. Eux en revanche sont très choqués ; honteux aussi de ces mensonges auxquels ils ont participé malgré eux ; et soulagés de me les avouer… Je les apaise comme je peux, les écoute, leur parle, les rassure. Eux n'arrêtent pas de répéter : « C'est fini, fini ! On reprend la route… » À force de câlins, cependant, ils commencent à se calmer. Quand nous arrivons un peu plus tard à la gare de Montpellier, ils se sont détournés de moi et jouent avec le fils de Rémi. Ils semblent rassérénés.

Ils le seront plus encore après avoir retrouvé le campement, les bêtes, les bois, la présence de Michel – la vie qu'ils connaissent et qu'ils aiment. Même s'ils ne me quittent pas d'une semelle, le jour, dans l'ensemble, l'insouciance gagne du terrain. Seules les nuits sont difficiles, qu'ils refusent de passer dans leur lit, pelotonnés contre moi et réveillés par des cauchemars. La dernière, surtout, est un enfer. Je viens de leur expliquer que c'est bientôt la fin des vacances ; dans deux jours, je dois les ramener à leur mère. Aussitôt : crise de larmes. Ils me supplient, pleurent, sanglotent. « On veut pas retourner là-bas ! Jamais, jamais ! S'il te plaît… S'il te plaît, ne nous fais pas ça… » Cette nuit-là, ils se réveilleront plusieurs fois en criant, vérifiant à tâtons ma présence…

Au matin, c'est une évidence : je ne les ramènerai pas.

Xavier

En cavale !

Cela fait sept mois, maintenant, que nous avons établi notre campement sur les terres de Jean-François et Agnès. Des vignes, des prés, un lac collinaire[1], un endroit à découvert où nous avons fait notre jardin, un bois à proximité où nous avons posé la caravane, une rivière… L'endroit est idéal. Nous y sommes heureux. Un peu seuls, parfois, malgré les quelques visites de Michel, unique lien avec notre passé, et les enfants de nos hôtes avec qui les miens s'amusent quelquefois, en dehors des heures d'école. Il y a aussi quelques activités de la ferme, auxquelles Shahi Yena et Okwari aiment participer – traite des bêtes, moisson… Nous produisons notre lait, nos œufs, nos fromages, les légumes de notre jardin. En échange de coups de main sur la ferme où je vais trois matins par semaine, Jean-François nous fournit le reste, qu'il est fier de produire lui-même : huile, farine, charcuterie, viande de bœuf, de porc, d'agneau… et tout cela biologique. L'existence nous sourit, vraiment, en ces premiers mois de cavale…

1. Grande réserve qui récupère l'eau des collines.

Tout n'a pas semblé si rose, ce 2 ou 3 janvier 1998, quand il a fallu trouver un endroit où se cacher. Nous nous sommes confiés à Michel, qui a vécu naguère un divorce difficile et se montre prêt à nous comprendre. Michel a réfléchi, puis nous a amenés chez des amis à lui, à qui j'ai raconté notre histoire. Jean-François et Agnès m'ont écouté, observant au passage les réactions des garçons comme pour avoir confirmation de mes propos qui, effectivement, devaient sembler bien catastrophiques. Ils les ont écoutés eux aussi. Puis ont conclu : « Laissez-nous deux jours. Il faut que nous réfléchissions… »

Nous nous en sommes retournés, n'en menant pas large pendant ces deux jours, car nous avions dépassé le délai : Katia connaissait Michel aussi bien que moi et risquait de débarquer à tout moment… Le deuxième soir, au téléphone, Jean-François a dit : « C'est d'accord, vous pouvez vous installer chez nous. » Agnès et lui devenaient ainsi les premiers d'une longue liste de futurs amis qui, inconnus la veille encore mais touchés par notre histoire, et parfois même sans la connaître, nous prêteraient assistance tout au long de ces onze ans…

Le mercredi, au petit matin, nous déménagions le convoi jusqu'à leur domaine. Rien, dans notre vie ancienne, ne permettant de remonter jusqu'à eux, nous y serions à l'abri. Très vite, on a préparé le terrain pour le jardin, Jean-François nous prêtant main-forte et tracteur. Plus vite encore, dès le 3 janvier, j'avais écrit une longue lettre à la juge des affaires familiales de Rouen, où je lui expliquais tout : pourquoi j'étais contraint de partir en clandestinité… l'état actuel de mes fils, le fait que jamais ils n'avaient été entendus… l'enquête sociale trafiquée, l'enquête psychologique empêchée par les manœuvres de la mère et pour cause : le désir des enfants s'opposait au sien… le contact avec le père coupé, son autorité parentale déniée, à leurs dépens... tant et tant de choses encore qui mettaient mes fils en danger et me forçaient, pour les protéger, à entrer en désobéissance civile... Je ne suis pas un délinquant, écrivais-je, même si me voilà forcé de vivre dans l'illégalité ; je suis prêt à tout accepter, pourvu que ce soit dans l'intérêt de mes garçons... J'en appelais à son discernement pour qu'ils soient entendus le plus tôt possible... Et, au pire des cas, fondais mes derniers espoirs sur l'arrêt qu'elle s'apprêtait à rendre, en appel, et qu'on attendait pour avril.

Trois semaines plus tard, je récapitulerais cette même histoire à l'intention du garde des Sceaux et du procureur de la République... Puis me consacrerais tout entier à notre nouvelle existence.

C'est que, les deux premiers mois, Okwari et Shahi Yena requéraient toute mon attention. Je ne pouvais les laisser une minute : aussitôt, ils s'affolaient. Aussi n'allais-je travailler à la ferme que tôt le matin, avant leur lever, puis sur l'heure de midi, souvent en leur compagnie. Depuis quatre ou cinq mois, enfin, ils ont recouvré leur équilibre : notre nouvelle vie trouve sa vitesse de croisière...

La matinée est réservée à l'étude. Shahi Yena commence à écrire assez correctement. Quant à Okwari, qui le jour de ses six ans ne savait toujours pas lire, je l'ai mis au B.A.-BA sur le manuel de mon enfance : la méthode Boscher, autrement plus efficace que la méthode globale. Et c'est chose acquise, maintenant ! Non seulement il déchiffre, mais il forme ses premières lettres...

À propos de lettres, j'ai demandé aux deux garçons d'écrire à leur mère. « Pas la peine, elle s'en fiche : elle jettera ça au panier », a regimbé l'un. « Pas question, j'ai rien à lui dire ! » s'est énervé l'autre. « Si vous n'avez rien à dire, alors racontez vos journées », ai-je suggéré. Peine perdue : je n'ai pas réussi à les convaincre. Il m'a fallu les forcer. La lettre mensuelle s'est intégrée aux leçons. Ils faisaient un premier brouillon à l'orthographe fantaisiste ; nous en corrigions les fautes, explications à l'appui ; ils remettaient tout ça au propre ; nouvelle correction ; la troisième version était la bonne. Sauf qu'ils ont accepté de faire ça deux fois. Après trois mois sans réponse malgré l'adresse de mes parents mentionnée au dos de l'enveloppe – « Tu vois, elle s'en fiche : on te l'avait bien dit ! » –, il n'y a pas eu moyen d'y revenir.

Il en a fallu, du temps, pour que s'estompe leur rage contre la famille des Adrets ! Outre les histoires de lapine et de lapereaux abandonnés par papa lapin qui les obsèdent, il y a des remarques graveleuses sur « leurs merguez » qu'ils me rapportent avec dégoût, des dialogues où reviennent les mots « fric », « pognon », « saletés de bougnoules » et de « manouches » qui les révoltent tout autant. J'ai beau être fier de leur réaction, je sens qu'il faut les apaiser. J'essaie de les amener à faire la différence entre leur mère et sa famille. « Oui, mais elle était jamais là », répliquent-ils. Je leur dis que c'est juste un passage, que leur mère n'est peut-être pas bien, en ce moment ; je leur montre des photos d'avant, quand la famille était réunie et que Katia était toujours Katia... Les enfants ont besoin d'une identité ; un père, une mère, qu'ils puissent aimer l'un et l'autre. C'est même ce qui me crève le cœur, pour Nicolas en train de perdre père et repères... Alors je ne vais pas m'amuser à détruire en eux l'image de la mère : ça ne ferait que les abîmer... Pour l'instant, question réconciliation, je n'ai pas beaucoup de succès ; avec ce qu'ils viennent de traverser, c'est normal ; il faudra du temps...

Le matin, donc, la caravane fait école. Lecture, écriture, un peu de calcul, tantôt tous les trois ensemble et tantôt des devoirs à faire seuls, dont je vérifie l'avancement de temps en temps, les matins où je suis à la ferme… Et l'après-midi, c'est tout le reste – autrement dit : la vraie vie. Parfois on va sur la ferme, voir les vaches, les brebis, les cochons, les poules… Le plus souvent on part dans la campagne. Je leur montre les animaux, leur désigne les plantes, les insectes… comme autrefois. Ils me posent des tas de questions sur leurs noms, leurs habitudes, leurs modes de vie. Ils ont commencé à faire un herbier, à collectionner les insectes…

Pour abriter leurs trésors, ils se sont bâti une petite cabane, près de la caravane. Je leur ai acheté des terrariums. La cabane est pleine de bocaux avec des escargots, des cocons, des insectes, des plantes, des gales de végétaux, des pierres, des écorces, des morceaux de bois… C'est un peu compulsif, leur collection ; on voit qu'ils rattrapent le temps perdu, conservent frénétiquement près d'eux tout ce qui leur a manqué. Ils veulent ça, et ça, et encore ça ; ils se lancent dans toutes sortes d'élevages ; tout de la nature est riche à leurs yeux, tout a de la saveur, du sens… Et moi je les regarde faire : c'est tellement bouleversant de les voir retrouver le goût de vivre !

Quand nous ne partons pas en balade, ils viennent faire le jardin avec moi. Ils veulent absolument m'aider, alors je leur apprends à semer, à biner, à désherber, à cueillir et récolter, aussi, quand le fruit est mûr. En plus du potager familial, ils se sont défriché leur petit jardin secret, dans la forêt. Et puis ils participent aux fêtes de la ferme, la moisson, les jeux avec les enfants de passage, aussi, puisque en plus de leur exploitation bio, Jean-François et Agnès font gîte. Sur le campement, ils ont leurs élevages : poules naines pour Shahi Yena, canards coureurs indiens, qui ont une allure de pingouins avec long cou et tête dressée, pour Okwari. Nous avons même commencé de reprendre le tressage des paniers appris auprès des Tsiganes…

On ne s'éloigne pas souvent, bien sûr : c'est trop risqué. Au début, quand j'avais besoin de faire des courses, à Saint-Gaudens ou ailleurs, ils refusaient de rester seuls. Alors je les cachais dans la bétaillère, derrière des ballots de foin. Mais je n'en menais vraiment pas large. Le temps passe, j'ai peu de nouvelles ; juste cet avis, envoyé en Normandie, et que mes parents m'ont fait parvenir : je suis mis en examen… Qu'est-ce que ça veut dire, concrètement ?... Désormais, quand je dois absolument sortir, Jean-François me prête sa camionnette – les clefs sont à disposition sur son bureau.

Deux ou trois fois, en sept mois, j'ai appelé mes parents d'une cabine. J'ai ainsi appris que, sur mes terrains normands, notre matériel – roulottes, caravane d'animation, terrariums, panneaux pédagogiques – avait été vandalisé ; on n'a rien volé, semble-t-il, mais on a tout saccagé, sept ans d'efforts réduits à néant… Je ne peux m'empêcher de soupçonner la partie adverse… Et voilà qu'à mille kilomètres de là, je ne me sens pas tranquille, soudain. Depuis quelques semaines, tout me paraît dangereux. Je n'ose même plus téléphoner…

C'est qu'on a reçu voilà peu, avec un ou deux mois de retard, *la* très mauvaise nouvelle : le verdict de la cour d'appel de Rouen. J'avais hésité à me rendre à l'audience ; la méfiance l'avait emporté… Bien m'en a pris : il paraît que le panier à salade attendait près du tribunal l'occasion de me coffrer ! Mais ce n'est pas ça, la catastrophe. La catastrophe, c'est qu'au milieu de tout un baratin sur le droit d'hébergement pendant les vacances, sur le montant de la pension et autres répartitions des frais, la cour n'a rien trouvé de mieux à faire que de désigner un nouvel expert psychologique… sur la Côte d'Azur !

Le clan M. a gagné. Les enfants ne seront pas entendus. Tout est fichu…

Ça nous a flanqué un gros coup, cette annonce. Les enfants étaient furieux. « Mais ça va pas ! Ils n'ont rien compris ! Ça va durer combien de temps, cette histoire ? » Oui, c'est vrai : combien de temps ? La question commence à se poser.

Tout s'enraie, tout se durcit. Il y a cette mise en examen, aussi, dont je n'ai pas de nouvelles. Je ne veux pas effrayer les garçons, mais il me semble que ça va mal tourner. Oui, vraiment, depuis quelques jours je crains le pire…

Shahi Yena

Poussière d'or

La vache Queue Blanche, encore elle ! C'est elle que je revois en premier, quand j'évoque notre campement, chez Jean-François et Agnès. Pierre, qu'on appelait encore Manu, est en train de la traire, près de la caravane. Quelquefois, on s'y essaie nous aussi. Mais ça fatigue les poignets, alors assez vite on abandonne. Quand le seau est plein de lait tiède, bien mousseux, bien savoureux, on l'engloutit dans de grands bols avec plein de cornflakes. Hum, quel délice !

Je vois Pierre, à d'autres moments, faire la lessive à la main, au bord du lac. Nous on se baigne autour, sans oser aller trop loin : c'est qu'on ne sait pas encore nager... On pêche aussi, plein de gardons ! Quand on en a attrapé un, on est très excités. On les relâche à peu près tous : c'est juste pour la joie de les ferrer, de les voir briller dans la lumière... et retourner à leur élément.

Une fois, quand même, on a fait une expérience plus cruelle : on les a mis dans un seau, avec des diptyques bordés – ce sont des coléoptères aquatiques et carnassiers – qui ont commencé à leur dévorer les yeux... Un vrai carnage ! Nous, on regardait, fascinés par cette violence qui fait partie de la nature. Et puis Pierre a débarqué. « C'est n'importe quoi ! » a-t-il gueulé. Je crois qu'il a tué les gardons pour abréger leurs souffrances. Nous, on n'était pas forcément fiers. Mais c'était une leçon comme une autre : la couleuvre qui avale le lézard, l'oiseau qui avale le ver, le rapace qui avale le mulot... c'est la nature, c'est la vie...

À propos de couleuvre, j'en avais une, trouvée au bord de la rivière et que j'avais rapportée, tout fier. Pierre avait d'abord paniqué : était-ce couleuvre ou vipère ? Il en avait profité pour nous expliquer la différence, la tête ovale de l'une, triangulaire de l'autre, sa queue plus courte, sa pupille en fente et, bien sûr, son venin. La couleuvre, je l'avais gardée, mise dans un vivarium, et je lui attrapais des lézards pour la nourrir. Le commencement de mes élevages...

Je me rappelle aussi les crapauds, de l'autre côté du lac où ils se reproduisaient en masse. Ils tissaient des fils, des cordons gélatineux de la taille d'un doigt, parsemés de petits points noirs qui étaient les futurs têtards. Nous étions émerveillés !

Tout est magique, dans la nature. Où que l'on pose son regard, si l'on sait voir, il n'y a que complexité, richesse, inexplicable intelligence... et beauté. Au cours de nos promenades, nos découvertes allaient du cétoine doré au ragondin, du crapaud accoucheur au chevreuil que l'on surprenait tôt le matin, dans les prés au bout du chemin ; nous y allions souvent accompagnés de la pintade qui nous avait adoptés... Oui, vraiment, c'était magique !

Oubliés, les premiers jours, quand on s'accrochait à Pierre tellement on avait peur d'être repris. Le tout premier, surtout, je me rappelle... J'avais dû m'endormir dans la voiture car, soudain, je me réveille : j'étais tout seul, perdu. Je suis sorti à la recherche des autres. Il y avait une porte ouverte : j'entre… C'était immense, avec plein de brebis massées d'un côté, les vaches de l'autre. J'ai été pris de panique, suis retourné en pleurant me réfugier dans la voiture. Puis j'ai pris mon courage à deux mains, suis allé explorer plus loin et, soudain, derrière une autre porte que j'avais poussée timidement : Pierre et mon frère étaient là. Quel soulagement ! Quelle victoire, aussi. Ce jour-là, j'avais affronté ma peur… et tout s'était bien passé. Aujourd'hui, douze ans plus tard, je tiens la peur pour une maladie. Éliminer toutes ses peurs… Même la mort, je n'en ai plus peur. J'accepte de mourir dans la seconde qui vient, si telle est ma destinée. J'accepte la mort, comme la vie…

Chez Jean-François et Agnès, j'aimais bien monter ma jument de Normandie qui nous avait suivis ici. Je restais posé sur elle pendant des heures, comme pendant l'été d'avant, chez les Manouches. Je l'emmenais boire au lac, la laissais brouter. C'est elle que je regretterai le plus, je crois, quand nous devrons fuir et tout abandonner là. C'est avec elle que j'ai passé certains de mes meilleurs moments, là-bas… Pas forcément comme l'école, tous les matins, dans la caravane. Okwari apprenait à lire, le B.A.-BA dans un vieux livre plein d'images avec des chevaux, des carrioles. Parfois Pierre perdait patience… Moi je savais déjà écrire, mais il y avait l'orthographe… aïe aïe aïe, ce n'était pas mon fort ! Même si je préférais ça au calcul, aux tables d'addition ou de multiplication… La nature, de toute façon, restait et reste ma « matière » préférée.

Et puis, mon plus beau souvenir, je crois bien que c'est la moissonneuse-batteuse. Toute la famille était là : Jean-François, Agnès, leurs garçons, Okwari et Pierre bien sûr, et aussi quelques amis. C'était la fête. On mangeait tous ensemble dans les champs où on mettait les grains en tas. Au retour, les quatre enfants, nous revenions dans la benne. Après, la machine soufflait sur les enveloppes des grains. Ça faisait de la poussière d'or, dans la lumière. Il y avait des insectes partout, des bruits rassurants, comme ceux du tracteur et des voix autour. Je me rappelle avoir montré une thomise à mon copain : c'est une araignée qui chasse à l'affût, se fondant dans le cœur même de la fleur, allant jusqu'à y adapter ses couleurs, jaune ou blanc le plus souvent. On a beaucoup ri, un peu plus tard, parce que Jean-François avait perdu ses sandales dans le grain de maïs ; on les a cherchées partout, et retrouvées, bien sûr… Une journée comme ça, dehors, tous ensemble : pour moi c'était le bonheur…

Xavier

Chasse à l'homme

La fête du 15 août est passée. Cela fait deux ou trois semaines que nous sommes au courant, pour l'arrêt de la cour d'appel. Les enfants, réduits au silence, ont décidé de contre-attaquer. On ne veut pas les entendre ? Ils vont donc s'enregistrer. Ce que l'on fera des cassettes, je n'en ai encore aucune idée, mais ça leur fait du bien d'agir, de ne pas se laisser happer par le sentiment d'impuissance.

Nous faisons nos premiers enregistrements, ce matin-là, dans la caravane, quand tout d'un coup, par la fenêtre, j'aperçois une camionnette de gendarmerie. Elle vient de bifurquer devant la ferme et se dirige vers nous. Une haie, quelques arbres et deux ou trois mètres seulement nous séparent du chemin où elle va bientôt s'arrêter. Nous sommes perdus !

Heureusement, au même instant, voilà Jean-François qui arrive avec son troupeau de moutons. Au lieu de se diriger vers nous, le gendarme va le trouver… « Que venez-vous faire chez nous ? » demande Jean-François. « Je viens contrôler, explique l'autre, il paraît qu'il y a là un homme et deux enfants… »

Les garçons ne cherchent pas à en apprendre davantage. « On se tire ! me disent-ils. On t'attendra là où tu sais… » Et les voilà qui se faufilent par la fenêtre, sautent dans l'herbe à quelques mètres du gendarme, passent sous un grillage et se carapatent dans la forêt. « Ben ceux-là, au moins, ils sont en bonne santé ! » aurait dit le gendarme, sidéré. Moi je le vois relever le numéro de plaque, retourner à sa camionnette… et démarrer. Aussitôt je me précipite, réunis deux ou trois affaires… Trop tard ! Sans doute alertés par radio, c'est maintenant trois véhicules de gendarmerie qui foncent sur le chemin. Un instant, je songe à faire le mort… Puis quand je vois qu'ils viennent vers moi, je bondis hors de la caravane, me mets à courir entre les arbres. « Arrêtez ou je tire ! » j'entends… Tu parles si je m'arrête ! Je cours au contraire comme un dératé et me réfugie au fond des bois. Eux m'ont couru après mollement ; ils doivent manquer d'entraînement, ou alors de conviction. En tout cas, je les ai semés. Et me cache dans les futaies.

Pour les garçons, je ne suis pas inquiet. On l'a déjà envisagée, cette fuite. À leur demande, dès les premiers temps, on a repéré les lieux, prévu le point de rendez-vous, dans la forêt, près de la rivière – c'est qu'ils ne tiennent pas plus que moi à revivre la rafle normande de février 1997 ! Ayant guetté les pas qui s'éloignent, attentif au moindre craquement, je me glisse jusqu'à notre cachette. Les garçons s'y trouvent, tremblants. On se serre dans les bras, on se terre… Et l'attente commence, interminable.

Impossible de deviner si les flics ne sont pas restés en planque quelque part… alors on ne bouge pas, on attend…

Nous attendrons tout l'après-midi, n'osant nous extraire de notre cachette qu'avec le crépuscule. Alors seulement nous nous faufilerons jusqu'au pré, marquerons un nouvel arrêt derrière un ballot de foin d'où nous jetterons des regards inquiets alentour… Et nous glisserons dans la nuit, jusqu'à la ferme.

Jean-François et Agnès nous y attendent. Ils sont atterrés. « La chasse à l'homme, sous nos yeux ! On n'aurait jamais cru assister à ça… » Mes fils et moi avions eu peur : eux, ils étaient révoltés. « Apparemment, les gendarmes ont l'information que tu es quelqu'un de dangereux, me dit Jean-François. Ils m'ont demandé si tu étais armé, si tu chassais… » Encore un cadeau de Katia, ce portrait de moi en criminel, je suppose...

Parce que nous n'osons retourner à la caravane, Agnès nous prête des pulls, des pantalons, des chaussures. Les garçons ressemblent à des clowns, dans les vêtements trop grands de leurs copains : les manches leur dégringolent sur les mains, les pantalons gondolent sur leurs chevilles d'où dépassent des pieds démesurés. Ils vont faire fureur, à la gare, dans cet accoutrement !

Nous partirons un peu plus tard, après un dîner qui nous requinque – nous n'avons pas mangé depuis le matin ! J'irai prendre les clefs du C15 sur le bureau où Jean-François les laisse toujours. Puis, tous feux éteints d'abord, nous roulerons jusqu'à Toulouse où nous abandonnerons la voiture et prendrons le train pour la première destination venue…

Okwari

Planqués

Tout était prévu pour se sauver, si besoin était. On devait sauter par la fenêtre, passer sous le grillage où Pierre avait fait un trou, courir jusqu'à la rivière, dans la forêt… et se cacher dans une crevasse, au bord de l'eau. On connaissait le trajet sur le bout des doigts. On était même convenus d'un code, au cas où on ne se retrouverait pas : taper avec un bout de bois pour se faire entendre…

Quand les flics sont arrivés pour de bon, c'était l'été, on était pieds nus. On était dans la caravane, en train d'enregistrer un truc sur cassette, quand on voit arriver une voiture bleue : la gendarmerie !

Aussitôt, c'est la panique. Pierre nous dit : « Passez par la fenêtre ! » Nous on trace, la peur aux tripes. On passe en courant devant le gendarme qui parlent avec Jean-François. On se jette dans la forêt, persuadés d'être poursuivis. On court jusqu'au bosquet d'aubépine, où je me plante une épine dans le pied. On s'arrête une fraction de seconde, le temps de l'enlever… et nous voilà repartis jusqu'à la cachette.

Là, on se met à attendre, comme c'était prévu entre nous. Et Pierre qui n'arrive pas !

À un moment, fou d'inquiétude, je suis remonté vers le pré. J'ai commencé à l'appeler… Soudain, il était devant moi ! On est retournés à la rivière, Pierre nous a pris chacun sur un genou, nous a dit des tas de trucs qui se voulaient rassurants. Après le coup d'adrénaline : l'attente immobile qui durait, durait…

On est restés là jusqu'au soir. Puis on a longé le lit de la rivière, Pierre est parti en éclaireur, voir si la voie était libre. Et on est arrivés à la maison. On a soupé avec toute la famille. Ensuite, Shahi Yena et moi avons joué avec les garçons, malgré le stress. Jean-François et Agnès nous ont passé quelques fringues et des chaussures trop grandes pour nous. Et on est partis dans le C15, tous feux éteints, au début.

Puis on marche dans les rues de Toulouse, on monte dans un train, avec des couchettes. C'est la nuit : on n'a pas croisé grand monde.

Après, je ne me rappelle plus… Sauf que le souvenir qui vient ensuite, je ne l'aime pas beaucoup. On est tous les trois sous une tente, sur une colline, près de Montpellier. Parfois Françoise vient nous voir, ou un autre gars, qui nous apporte à manger dans de grosses casseroles. De temps en temps, un hélicoptère passe au-dessus de nos têtes, alors on se planque. Il n'y a rien à faire, dans ce bosquet. C'est minuscule, on ne doit pas en sortir. Il y a juste un trou d'eau où on observe toutes sortes de bestioles. Pierre en profite pour nous faire l'école plus longtemps que d'habitude : c'est pas vraiment une distraction. Les jours passent, l'ennui me pèse… L'ennui de nos bêtes, aussi, qu'on a dû abandonner…

Xavier

Entrés en résistance

J'ai pris trois billets pour Montpellier, presque sans réfléchir. C'est un coin qu'on connaît bien : on y a des tas d'amis, Le Vigan n'est pas loin… Sauf qu'il est hors de question de se jeter dans la gueule du loup en mettant les pieds chez nous !

Au matin, après avoir tout tourné et retourné dans ma tête, je me décide à appeler Françoise. Elle vit au centre d'un collectif avec caravanes, bouts de jardins individuels, atelier d'artisanat et même un chapiteau, pour les spectacles, où nous allions quelquefois, avant… Je lui raconte en trois mots la situation où nous sommes. Pour la cavale, elle est au courant, comme nombre de nos amis. Pour la chasse à l'homme, elle est stupéfaite. Elle ne porte aucun jugement sur notre choix et, malgré le risque, accepte de venir nous chercher.

Ayant réfléchi en chemin, Françoise nous expliquera peu après qu'elle ne peut pas nous héberger : il y a trop de gens, autour d'elle, qui nous connaissent. Alors elle nous emmène dans un petit bois, pas loin…

En route, cette amie fidèle de feu notre couple m'apprend l'échec d'une seconde proposition de médiation qu'elle a tentée auprès de Katia. La mère de mes enfants l'a même accusée d'être ma complice ! Françoise a eu beau affirmer qu'elle ne savait rien de nous, Katia l'a traitée de menteuse et a opposé à sa tentative un « tant mieux si Xavier ne ramène pas les enfants ! Comme ça il ira en prison... » Désormais, Katia ne voudra plus rien entendre des propositions de Françoise qui, sans se décourager, et de plus en plus inquiète pour nos fils, s'y essaiera encore deux ou trois fois...

Pour l'heure, nous sommes dans ce bosquet, les garçons et moi. Chaque soir, un routard qu'on n'a jamais vu mais qui a la confiance de Françoise nous apporte une gamelle de soupe chaude et un jerricane d'eau. Après deux jours, Françoise nous fournit un sac de voyage avec couvertures, vêtements à la taille des enfants, brosses à dents... On vit dehors, sans même une tente. C'est vraiment très rudimentaire. Heureusement, il y a un trou d'eau, où les garçons, comme pétrifiés, passent des heures à observer tout ce qui vit, des réduves notamment, ces punaises d'eau carnivores.

Nous sommes en état de choc. Notre convoi, nos affaires, nos bêtes : on a tout perdu. Et ce déploiement de forces, comme pour des criminels ! Non, vraiment, on n'en revient pas ! On se passe et repasse le film de cette matinée du 20 août ; on ne cesse d'en parler. Je viens d'apprendre, par Françoise, qu'il y a un mandat d'arrêt contre moi, des affiches avec ma photo un peu partout dans la région. Du jour au lendemain, je suis devenu un criminel, recherché comme tel, réputé dangereux. On est traqués, tous les trois. Et on est là, dans ce petit bois, à sursauter au moindre hélicoptère qui passe... On se dit : « Cette fois, ça y est, on est dedans ! » On n'avait pas imaginé ça.

Malgré la peur, malgré la révolte, je sens la sérénité de toujours. Maintenant qu'on a tout perdu, il me semble que monte en moi une certitude inébranlable : l'évidence de n'avoir plus le choix. Forcés d'aller jusqu'au bout, d'avancer selon notre cœur, et advienne que pourra : c'est une sorte de mise à l'épreuve… À la surface, je vis la révolte ; en profondeur, ce calme… « On n'a plus rien, me dis-je, on est seuls dans la nature, il y a notre corps, le ciel, la terre, les amis et la Providence… Cette fois on est vraiment des Indiens, des Tsiganes… C'est la destinée, peut-être… la voie du détachement… l'occasion d'apprendre autre chose, de grandir, d'évoluer… »

Par Françoise qui a passé un ou deux coups de fil, j'apprends que ça chauffe dans le Gers. Les flics ont débarqué chez Michel, interrogatoire, perquisition ; ils sont allés jusqu'à cuisiner sa compagne en plein accouchement, à l'hôpital. Avec Jean-François et Agnès, ces quatre-là sont tellement choqués qu'ils commencent à réagir. Ils s'inquiètent pour les garçons, veulent déposer leurs témoignages. Spontanément, un mouvement de solidarité se lève. Autour de Françoise, qui s'en ira bientôt en Normandie rencontrer ceux de nos amis qu'elle ne connaît pas, l'idée d'un comité de soutien pour la défense de Shahi Yena et d'Okwari prend naissance…

Ce n'est donc pas le moment de s'abandonner au fatalisme. Au contraire ! Puisqu'il n'y a plus d'espoir du côté de la société telle qu'elle est, de sa justice qui n'en est pas, de sa police qui nous pourchasse, c'est une nouvelle vie qui débute. Une entrée en résistance. Cette résistance dont mes parents me parlaient, lorsque j'étais enfant ; que les Tsiganes m'ont racontée eux aussi… J'ai été longtemps candide : je réalise maintenant que la désobéissance civile vous fait, d'office, entrer en guerre ; et qu'il nous faut une stratégie.

C'est dans ce bosquet, dans l'Hérault, que nous abandonnerons nos prénoms. Nous sommes désormais Jean-

François, Michel – prénoms de nos amis du Sud-Ouest – et, pour moi, Michaël je ne sais plus trop pourquoi. Et, puisque voilà un milan qui passe, nous devenons la famille Milan.

C'est là aussi que j'apprendrai, grâce à cet ami qui nous apporte de quoi manger tous les soirs, quelques règles de clandestinité : changer de noms, s'inventer une nouvelle identité complète avec dates et lieux de naissance peu vérifiables, ne plus conduire à cause des contrôles routiers, raconter notre histoire le moins possible, pour les enfants se cacher les jours d'école, ne se montrer qu'aux heures des repas, les week-ends, pendant les vacances… Et autres mesures de ce style.

C'est de là enfin que Françoise, qui réunit les toutes premières pièces pour le comité de soutien, emmènera les enfants voir une pédopsychiatre à Montpellier. Celle-ci constatera leur état de santé et leur équilibre psychologique. Elle les écoutera exprimer leur révolte, leur incompréhension : pourquoi leur mère, la justice, la police se liguent-elles pour les empêcher de vivre la vie qu'ils ont toujours vécue ? Et prendra note de tout ça, que nous enverrons plus tard aux tribunaux...

Pour moi, la question du prochain point de chute se pose, de plus en plus aiguë à mesure que les jours passent. Où aller ? Quel refuge trouver ? Quelle terre suffisamment sûre pour y planter une nouvelle vie ? Je songe un moment à l'Espagne – la frontière n'est pas si loin. Roger, le compagnon de Françoise, qui fut un des pionniers du Frayssinous des années soixante-dix et qui a beaucoup bourlingué, me parle d'une communauté anarchiste, en Italie, qui serait prête à nous accueillir. Mais les garçons ne sont d'accord ni pour l'Espagne ni pour l'Italie. Pour eux il est hors de question de s'exiler. J'écarte donc cette éventualité…

Deux semaines, bientôt trois, viennent de passer. Le sentiment d'urgence me tenaille. Le risque de voir débarquer les flics chez Françoise ne cesse d'augmenter. Étonnant, d'ailleurs, que Katia n'y ait pas songé, vu sa méfiance à son égard – décidément, la Providence veille... Françoise prise par sa vie quotidienne, ses deux filles, le collectif, et Roger, son compagnon, ami si fidèle qu'il nous consacre ses dernières forces alors que la maladie le ronge... Françoise qui cependant a une idée. Et va nous amener jusqu'à elle.

Shahi Yena

Naturaliste, comme Fabre…

Nous campions provisoirement sous une bâche tendue entre les arbres, au bord d'un trou d'eau habité par un rat musqué que l'on surprenait tôt le matin. Le coin était parsemé de bambous. C'était aux alentours de Montpellier, au bout d'un chemin de terre…

On avait chaud, très chaud, tous ces jours-là. On observait les criquets, les insectes environnants. On s'occupait comme on pouvait. Parfois Pierre nous faisait réciter nos tables de multiplication. Le plus souvent il lisait et relisait toujours le même livre, récupéré dans une poubelle par Arnaud, le type qui, chaque soir, nous apportait le plat unique qui servirait aussi pour le lendemain à midi. On se cachait au moindre moteur d'hélicoptère, Pierre étant persuadé que c'était pour nous. Le temps semblait long, si long…

On avait un nouveau jeu, maintenant, sauf qu'on était trop choqués pour le trouver amusant : on s'entraînait à répondre à nos nouveaux prénoms. Pierre c'était Michaël, Okwari c'était Jean-François et, moi, j'étais désormais Michel. On était la famille Milan.

Je ne cessais de penser aux animaux qu'on avait dû abandonner : les chiens, les perroquets, la vache Queue Blanche, Uwapi surtout, ma jument... Ça me faisait triste, d'y repenser, alors j'essayais d'oublier. Est-ce qu'on avait le choix, de toute façon ? C'était ça, la vie dans ce petit bois, ou alors retourner aux Adrets. Cette idée suffisait à me donner un frisson d'effroi ! J'avais été si triste et malade, là-bas... Bref, tout ça devait tourner pas mal dans ma tête. C'était plutôt inconfortable. Aujourd'hui, quand j'y repense, ça me laisse songeur. Il m'arrive de me demander si toutes ces heures passées à guetter le rat musqué et les insectes, dans ce trou d'eau, n'étaient pas une façon d'évacuer le reste. Un effet de choc, en quelque sorte...

Heureusement, ça n'a pas duré très longtemps : on est bientôt partis chez Jeanne. On ne la connaissait pas. Michaël – puisque c'était alors son nom – a parlé longtemps avec elle. Nous on n'y comprenait rien, alors on est allés voir les chevaux, derrière la clôture. Et, finalement, on est restés. D'abord en campement dans les vignes, ensuite dans une pièce, au premier étage, avec une fenêtre au-dessus d'un petit buffet, une cuisinette avec évier, quelques étagères pour les livres, un gros poêle Godin, et le grand lit double, pour nous trois.

On était là depuis peu de temps quand il y a eu les vendanges. Il y avait pas mal de monde. Michaël y travaillait et nous nous jouions entre les ceps, nous régalant de raisin blanc sucré à point.

Ensuite on a repris notre rythme : l'école le matin, puis le repas, puis l'après-midi à faire nos herbiers, dessiner, recopier des textes en face de nos dessins. Toute la journée était bercée par les émissions de France-Culture, la seule radio que Michaël écoutait. On aurait bien voulu entendre autre chose. « C'est bon pour votre vocabulaire », disait-il. Alors parfois on lui demandait le sens de certains mots.

Pas le droit de sortir avant 17 heures ! Quand j'y repense, c'était un peu le bagne... Et pourtant non : on ne s'ennuyait pas tant que ça.

Le soir, notre mission c'était de rapporter du bois de chauffage. On avait un petit chariot pour ça. Dehors, on avait marqué chacun notre territoire, qui était notre royaume, avec un trône au milieu. Les périmètres étaient bien délimités. Dedans, on traçait avec goût des petits chemins paysagers. Et on s'inventait toutes sortes d'histoires à mesure.

Notre jour préféré, c'était le samedi ! On partait alors en excursion vers la Durance avec le casse-croûte, des bouquins, des bocaux pour attraper des petites bêtes. Il y avait une bonne heure de marche ; Michaël nous faisait réciter nos leçons. Quand il faisait beau, on se baignait. Cadarache n'était pas loin, alors Michaël nous expliquait le nucléaire – apparemment c'était pas trop bien pour la nature et les hommes. Nous on s'en fichait un peu : c'était si bon de retrouver la liberté ! On se baladait, on observait, on posait toutes sortes de questions...

C'est là qu'on a découvert la sagapedo, une sauterelle en voie de disparition, la seule qui se reproduise par parthénogenèse. On a aussi trouvé des empuses, cousines de la mante religieuse de couleur gris-violet avec les antennes en fanons. On en a mis dans nos bocaux, bien sûr. On s'est mis à en élever : les petits ressemblaient à de petits diables – on les appelle d'ailleurs « diablotins »... On avait aussi des scorpions... Et une super belle couleuvre que j'avais attrapée, un jour. Je me rappelle encore ce moment magique où je l'avais vue glisser vers moi, glisser, glisser et où je l'avais chopée, toute frémissante dans ma main ! Elle était souple et soyeuse... Je me demande pourquoi les gens ont peur des serpents :

moi, ils me fascinent, comme les scorpions, comme les rapaces…

Près de la maison, on s'amusait à déterrer des courtilières, ou taupes-grillons, insectes avec de grosses pattes devant qui creusent des tunnels dans la terre et mangent les racines. Le soir, les lucanes-cerfs-volants, *lucanus cervus* en latin, sortaient à la lisière de la forêt, au bout du champ de vigne. Ils étaient gros comme la main ! Le plus gros coléoptère de France, dont les larves, pondues dans les souches de chêne, mettent trois ou quatre ans à atteindre la maturité… Nous, on les attrapait au vol ; on les observait, les mesurait, en faisait gaffe de ne pas se faire pincer ; et ensuite on les relâchait… Je voulais être naturaliste, à l'époque, comme Fabre…

Je me souviens aussi de Manuel, le fils de Jeanne, avec qui on jouait parfois. Il s'amusait à nous enquiquiner. Une fois que Michaël m'avait laissé les rênes du sulky tiré par Bijou, Manuel s'est mis à faire l'andouille à l'arrière. Aussitôt, Bijou s'est emballée sur quatre cents mètres. Manuel a sauté du sulky, moi j'ai tiré sur les rênes de toutes mes forces… Et le cheval s'est arrêté. J'étais fier !

Celle qu'on ne voyait pas trop, c'était Jeanne. On en avait un peu peur, je crois. Une fois, elle m'avait engueulé parce que j'avais fabriqué un fouet, avec un bâton et une ficelle, et que je le faisais siffler, ce qui énervait les chevaux. Je suppose qu'elle avait raison… Une autre fois, gentiment, comme un avion passait dans le ciel, elle m'a expliqué le mur du son : j'ai fait semblant de comprendre.

Et puis il y a eu ce soir de pleine lune où Michaël nous a emmenés marcher dans un champ fraîchement labouré, au-delà des cerisiers… La nuit était claire. Michaël se taisait. Il tournait tout le temps ses yeux vers la lune et semblait ailleurs. Nous, on ne faisait pas attention : on regardait les avions qui scintillaient dans le ciel et on commentait, assez fort. À un moment, Michaël nous a interrompus. Il nous a invités à contempler la lune, nous aussi. C'est là qu'il nous a annoncé la mort de Roger, le « parrain » de Nicolas qu'on avait vu quelques semaines plus tôt sans savoir que c'était pour la dernière fois. Je crois qu'il venait de l'apprendre. On voyait qu'il était ému. En même temps, avec cette nuit claire autour de nous, cette lune ronde au-dessus qui veillait : il vivait un moment mystique, quelque chose comme la perception de l'âme de notre ami qui se serait fondue dans l'invisible. Et il nous le faisait partager...

C'est à peu près à la même époque que j'ai eu mon premier contact avec un fantôme. Michaël a eu beau me dire que j'avais rêvé, moi je savais bien que non ! C'était un soir d'hiver, il me semble. Nous étions tous les trois couchés et je n'arrivais pas à m'endormir. Comme souvent dans ces cas-là, je m'amusais à décrypter des formes dans les pigments de l'obscurité : des animaux, la plupart du temps... Or ce soir-là, au bout d'un moment, c'est une forme humaine qui m'est apparue ! Elle se tenait juste devant moi, à trente ou quarante centimètres du sol, et me regardait avec intensité. Moi, j'étais tétanisé... Soudain, elle fit un geste vers moi : elle me tendait un objet, une sorte de tube, un peu comme un tube de dentifrice. « Tiens ! » me dit la chose d'une voix claire. J'étais tellement terrifié que j'étais incapable de répondre, encore moins de prendre l'objet. Je me retournai, agrippant Michaël par l'épaule, sûr qu'il avait entendu cette voix tant elle était forte. Michaël dormait. Il n'avait rien entendu et m'assura que j'avais rêvé... Depuis cette nuit, en tout cas, je n'ai plus jamais scruté l'obscurité. Et, n'en déplaise aux rationalistes, je n'ai plus jamais douté de l'existence de ces présences invisibles qu'on appelle fantômes, ou esprits... Bien plus tard, au mas de Boscavès qui était assez « chargé », il nous est arrivé certains soirs, à cette heure entre chien et loup où nous rentrions les chèvres, de percevoir de ces présences autour de la bergerie. Okwari et moi nous empressions de retrouver la lumière et la chaleur de la maison, alors... Ce ne sont pas des choses qui s'expliquent, pas forcément des choses qui se voient. On les sent, ou on ne les sent pas. Les animaux, eux, les sentent, les chiens et les chats par exemple, qui se plaquent alors au sol en grondant, le poil hérissé, les yeux fixés sur un point invisible et mobile que leur regard se met à suivre...

Xavier

Un sac de voyage pour toute richesse !

L'idée de Françoise se prénomme Jeanne. La quarantaine, jockey à la retraite, elle possède quelques hectares de vignes, quelques chevaux et quelques poules, dans le Vaucluse, et envisage de monter une ferme pédagogique. Notre amie ne l'a pas prévenue. Aussi, quand nous arrivons chez Jeanne, dans le fourgon du copain routard, et que Françoise lui déballe à brûle-pourpoint notre histoire, l'accueil est plutôt réservé. Et puis Jeanne accepte de discuter avec nous… Petit bout de femme énergique, carrée, un peu brutale, elle nous refroidirait peut-être nous aussi si nous avions le temps d'y penser. Le temps, le choix, nous ne les avons pas. Alors nous faisons quelques pas ensemble, elle et nous. Nous évoquons notre situation, jetons un coup d'œil alentour, parlons de son besoin d'un jardin que je me propose de lui faire… Et elle finit par dire oui ! Ce n'est pas de gaieté de cœur. Jeanne a l'impression, justifiée, de se faire forcer la main. Mais sa générosité l'emporte…

Pour quelques semaines d'abord, deux saisonniers vivant encore dans le grenier qu'elle nous a attribué, nous dormirons sous la tente, deux petites tentes de camping que l'on pose à quelques mètres de la maison : l'une où nous passerons nos nuits, nos jours bientôt, car c'est la rentrée des classes et les enfants doivent se terrer ; l'autre avec nos victuailles, camping-gaz, lait en poudre et céréales offerts par les amis d'une communauté cévenole où nous sommes passés en chemin – encore un geste de solidarité, au milieu de notre détresse... Car la totalité de nos biens, en ce mois de septembre 1998, tient dans un sac de voyage...

Une vie précaire, prisonnière, s'organise en ce début d'automne, sous une pluie qui ne cesse de ruisseler. Nous sommes là, serrés comme des sardines, dans notre petite tente. Un peu d'école, le matin ; à midi, le droit de sortir pour se cuisiner quelque chose dans la tente d'à côté ; l'après-midi, à nouveau la tente où je raconte des histoires, d'Indiens, de gitans, de résistants, comme nous. Françoise nous a laissé quelques livres, alors nous lisons, lisons, lisons...

Autour des tentes, de la maison, les vignes s'étendent à perte de vue. Tout est plat ; nous en plein milieu ; aucun endroit où se cacher : on ne peut pas dire que nous nous sentions tranquilles... Mais chaque week-end, heureusement, il y a la Durance... Quand il fait beau, on y passe les deux jours, dormant à la belle étoile en évitant de se faire repérer, vivant là, reprenant vie pour tout dire, après les journées d'immobilité forcée.

Bientôt, nous récupérerons le grenier. Un grand lit, un petit poêle à bois, une plaque de gaz : notre campement de fortune gagne en confort. Au fil des semaines, grâce aux visites de Françoise, une bibliothèque se constitue. Des contes d'un peu toutes les cultures, d'abord. Mais comme le soir je leur fais la lecture, les garçons prennent peu à peu le pli de relire après moi ce que nous avons déchiffré ensemble. Entrent ainsi dans leur vie les aventures de *Bilbo le Hobbit,* les contes de

Daudet, les romans de Giono, qui leur donnent un autre regard sur le pays où nous sommes ; Dumas un tout petit peu – c'est trop lointain –, et puis le livre *Tsiganes,* de Jan Yoors, ce Belge qui, à douze ans, dans l'entre-deux-guerres, s'enfuit avec une tribu de Rom Lovara[1] et vécut parmi eux, ayant même obtenu après-coup l'accord de ses parents : les enfants y épellent des mots qu'ils sont tout surpris de reconnaître – la langue manouche, très proche de celle des Roms…

À cette époque, surtout, ils lisent et relisent, émerveillés, les descriptions de Jean-Henri Fabre[2] sur les insectes et les plantes de cette région où lui-même a vécu : ils s'y retrouvent de plain-pied. Shahi Yena rêve alors de devenir naturaliste, son petit frère n'est pas en reste. Tous deux profitent de la moindre sortie dans le jardin qu'avec le tracteur d'un voisin j'ai préparé, de chaque séjour près de la Durance, pour ramasser toutes les merveilles que la nature leur offre. La courtilière voisine les fascine, ce coléoptère fouisseur qu'on appelle aussi taupe-grillon, qui creuse ses galeries à l'aide de ses pattes griffues et lance un cri assez perçant. Mais aussi la couleuvre coronelle, assez rare, qu'ils parviennent non seulement à attraper – chose facile – mais à nourrir de lézards qu'ils capturent pour elle – et c'est là toute une victoire, les reptiles sauvages se laissant parfois mourir de faim lorsqu'ils sont en captivité. Naissance d'une passion…

Je leur ai racheté vivariums et terrariums ; ils installent là leurs trouvailles, insectes, lézards, serpents, scorpions, veillant à reconstituer leur milieu naturel comme à leur fournir leurs proies… Bientôt, notre grenier est plein de

1. Tribu de dresseurs de chevaux considérée comme l'aristocratie des Fils du Vent. Témoignage d'un des très rares *gadjé* à avoir été intégré par les Rom, *Tsiganes. Sur la Route avec les Rom Lovara* est un livre-culte.

2. Extraits de ses célèbres et poétiques *Souvenirs entomologiques,* notamment.

leurs élevages, tandis que sur l'appui-fenêtre s'alignent les pots et les plantes. Moi j'étiquette les pots avec le nom latin des plantes ; eux s'essaient à leurs premières boutures… Certaines d'entre elles, devenues des arbustes, nous suivront de lieu en lieu jusqu'à Boscavès, dans les Cévennes où, en 2001, nous les mettrons en terre, croyant nous y implanter nous-mêmes pour toujours. C'est ainsi que fleurit, chaque printemps aux abords de ce mas perdu, un des rares amandiers de ce coin des Cévennes, aujourd'hui devenu magnifique…

Le matin, c'est toujours l'école. L'après-midi, puisqu'ils ne peuvent sortir, c'est lecture, dessins, collages, schémas, prises de notes et observations personnelles, enrichies par celles de Fabre, sur les herbiers qu'ils se constituent, les espèces animales qui les entourent. Moi je repasse derrière eux, corrige les fautes d'orthographe, en profite pour expliquer, développer, les faire entrer davantage dans ce grand livre de la Nature qu'ils ne se lassent pas d'explorer. C'est l'école en s'amusant…

Le soir, enfin, ils peuvent bouger. Nous sortons ramasser du bois pour le poêle, ou alors ils jouent avec Manuel, le fils de Jeanne, leur aîné de quelques années dont le père possède en Andalousie un élevage de chevaux et fait avec eux des spectacles que l'adolescent leur raconte. Ou alors c'est Jeanne qui leur parle de ses aventures au Chiapas, où elle a vécu quelque temps, dans la mouvance de Marcos avec qui elle conserve des liens…

Quand c'est le temps des vacances, ils font le jardin avec moi – un jardin capable d'assurer l'autonomie des cinq personnes que nous sommes. Il y a là les pommes de terre, les oignons, les cucurbitacées, les betteraves, surtout les rouges dont Shahi Yena raffole, les haricots, les pois, le tournesol, le maïs indien, coloré, que nous partageons avec les poules… Un peu plus loin, il y a des ruches. En week-end, ou pendant les vacances, nous rendons visite à l'apiculteur. Là, Shahi Yena et Okwari renouent avec leur petite enfance : ces œufs, ces larves, ces ouvrières, cette reine, ce faux bourdon qu'ils redécouvrent, ils ont fait leur connaissance, autrefois, dans la ruche vitrée de notre caravane d'animation…

Pour gagner un peu d'argent, je me charge parfois du dressage de chevaux pour l'attelage. Des chevaux dressés en carrière dans des centres équestres, mais qui ne connaissent pas la route et, terrifiés, s'emballent à la première surprise venue, voiture ou bout de plastique agité par le vent. Ce peut être très dangereux. Il faut ensuite les reprendre en main, les apaiser, refaire le dressage… J'en profite pour initier les garçons. Pour Bijou, notamment, un cheval Fjord assez sauvage au départ, j'ai installé tout un parcours électrifié. Quand il est devenu plus maniable, je les laisse faire leurs armes…

Et puis nous participons, ici et là, aux travaux de Jeanne. Ramassage de bois, taille des vignes, vendange… Parfois les garçons montent à cheval avec Manuel, Jeanne leur donne quelques leçons plus académiques que les miennes… C'est la vie comme elle se présente, l'apprentissage quotidien, tous ensemble, au fil des jours, des saisons et des circonstances…

Une année est presque passée. Nous étouffons un peu, dans cet espace trop découvert dont nous ne pouvons pas bouger. L'autorité de notre hôtesse, ses directives de propriétaire commencent à me peser. Les tensions, de plus en plus fréquentes, nous rendent la vie un peu pénible. Le temps semble venu de partir… les mains vides, malheureusement, puisque dans le jardin né de nos soins le gros de la récolte est à venir. Pas tout à fait vides, cependant : nous avons des livres, des plantes, des terrariums pleins de vies… et un chaton, que Jeanne a offert aux garçons, sa chatte ayant eu le bon goût de mettre bas dans notre grenier.

Okwari

Rien n'est grave

J'aimais bien dessiner des oiseaux, tous ces après-midi, chez Jeanne : le loriot, passereau au plumage jaune vif orné de noir sur les ailes et à la base du cou, ou encore le petit geai des chênes, comme celui qui était tombé du nid, chez Jean-François et Agnès, et qu'on avait apprivoisé. Je complétais ces dessins de textes explicatifs copiés dans les livres…

J'aimais aussi la lecture que Michaël nous faisait le soir. Il y avait des contes, des romans. Les aventures de Lancelot du Lac, par exemple, celles de *Bilbo le Hobbit*.

Dehors, avec Shahi Yena, nous avions un jeu, peut-être inspiré de ces univers. Ça s'appelait « Les Seigneurs de la forêt ». On avait chacun son royaume, un arbre mort en guise de trône, et on s'inventait des histoires. Ça pouvait durer des heures. C'était notre univers secret…

On n'y invitait pas Manuel, par exemple ! Le fils de Jeanne avait treize ans. On jouait souvent avec lui : on faisait des circuits de petites voitures et des tunnels sous la terre. Mais souvent, il nous cassait tout. Il avait cette manie, qu'ont souvent les grands, de s'amuser à embêter les plus petits…

Je faisais beaucoup de rêves, à l'époque. Certains étaient des cauchemars. D'autres, quoique impressionnants, étaient très beaux.

Dans l'un d'entre eux, le soleil s'approchait de la terre. Il s'approchait jusqu'à la toucher… Pour moi, c'était évident : il s'agissait de la fin du monde. Bizarrement, je restais serein… même lorsqu'il la touchait pour de bon et que les prairies prenaient feu…

Dans un autre, je volais… Il y avait d'abord ce pic, où je me trouvais, au-dessus d'un abîme abrupt, avec le vide partout autour et aucune issue pour redescendre. Il n'y avait qu'une solution : sauter – ce que je faisais… Je sautais, je m'abandonnais, et je commençais à tomber tout en étant conscient que c'était un rêve, donc que la chute ne me ferait rien. Ce rêve-là est revenu plusieurs fois. Chaque fois, je m'abandonnais davantage, j'appréciais de plus en plus cette chute qui me permettait d'explorer des sensations que je n'aurais jamais goûtées autrement.

Un autre, enfin, avait toute l'apparence d'un cauchemar, même s'il finissait bien lui aussi. J'étais coursé par je ne sais quoi, un truc vivant non identifié qui sortait de je ne sais où. Cherchant à le fuir, j'essayais d'atteindre un escalier, mais j'avais soudain les jambes bloquées, comme paralysées. Je voulais crier, je criais, mais aucun son ne sortait de ma gorge… Alors cette chose qui courait après moi et que je ne saurais définir m'a rattrapé. Là encore, je me suis abandonné. Je savais que c'était dans le rêve, que j'allais me réveiller et que, quoi qu'il se passe, cela ne serait pas grave…

Xavier

Jeu de miroirs

Nadège est infirmière en ville. Elle possède un cabanon dans les vignes, près de Pertuis, où elle ne va qu'en week-end. Émue par notre histoire, que lui a rapportée une amie, elle se propose de nous le prêter. En échange, nous remettrons en état le terrain plus ou moins à l'abandon…

Nous y arrivons en juillet 1999. Les garçons ont sept et neuf ans. Nous avons juste le temps de nous faire un petit jardin saisonnier avec tomates, haricots… et de vider le bassin qui se trouve là, le nettoyer, y installer des plantes aquatiques, y remettre quelques poissons… Nadège revient les fins de semaine. Elle est chaleureuse, généreuse… et insomniaque, habituée à travailler la nuit, donc à converser jusque très tard, ce qui me laisse parfois sur les rotules.

Avec elle, nous allons à la SPA choisir une petite chienne ratier. Nous achetons aussi un coq, quelques poules, pour avoir nos œufs. Et recevons d'une amie une chèvre laitière. La chienne s'est aussitôt appelée Corni, qui veut dire « poule » en manouche, parce qu'elle est chargée de protéger celles-ci contre furets et renards.

Tout comme le chaton s'appelle Djoukel, qui veut dire « chien », parce qu'il est affectueux et fidèle, collant comme un jeune chiot. La chèvre a déjà un nom : Mimi ; c'est avec elle que les garçons apprendront à traire… Après les mois de privation, cette arrivée progressive d'un animal après l'autre est une source de joie constante pour les enfants… et pour moi.

C'est avec Nadège, enfin, que nous acquérons une vieille caravane qu'il nous faudra retaper et où nous retrouvons un semblant de vie « comme autrefois » à côté du cabanon. Grâce à l'amitié des uns, des autres, l'existence nous sourit…

L'été se passe sans encombre. L'endroit est plus isolé que chez Jeanne. Nous nous fondons dans le paysage des vacanciers de tout poil. Parfois nous recevons des visites : un couple de nouveaux amis, Maurice et Marie, qui demeurent à Nyons et sont entrés dans le comité de soutien pour Shahi Yena et Okwari. Et puis Françoise bien sûr, qui m'a apporté la triste nouvelle d'une audience précédente : Katia a eu gain de cause dans son action en contestation de ma paternité pour Nicolas. J'ai appris, avec plusieurs mois de retard, que mon nouvel avocat normand – dont j'ai découvert trop tard qu'il connaissait bien Vivi – ne s'était même pas présenté à l'audience, qu'il n'avait pas transmis au tribunal l'épais dossier rempli de photos de Nicolas enfant et de témoignages d'amis sur notre vie de famille pendant sept ans. Il aurait « oublié » la date d'audience… Je suis si loin, maintenant, de ces mascarades judiciaires ! Je continue d'écrire des lettres, de préparer des dossiers, de suivre par amis mandatés interposés les différentes procédures. Mais c'est dur. De plus en plus dur, depuis que l'enquêtrice psychologique de Draguignan a refusé de recevoir les enfants sous prétexte que nous vivions dans l'illégalité. Elle a donc rendu au tribunal un rapport rempli de vent. Et le tribunal statuera... mais nous n'y sommes pas encore !

Pour l'heure, la rentrée de septembre arrive. Et avec elle la nécessité de nous enfermer à nouveau cinq jours sur sept. C'est rude ! Mais d'autant plus indispensable qu'une petite route longe la propriété, d'où les curieux pourraient nous voir... Et que le paysage autour est plat comme la main, avec des maisons disséminées un peu partout : impossible, donc, de s'enfuir sans se faire repérer.

Heureusement, le terrain est entouré d'une clôture, avec au portail un cadenas fermé à clef en permanence. J'ai même installé un système de miroirs et rétroviseurs pour surveiller la grille depuis le cabanon...

Et ce qui devait arriver est arrivé. Un beau jour, une voiture de flics est venue. Elle s'est arrêtée devant la grille, s'est mise à klaxonner. Nous on s'est enfermés dans les toilettes, seul réduit sans fenêtre dans ce cabanon plein de vitres. Les flics sont partis, revenus, plusieurs fois ce cirque menaçant avec, à chaque fois, les coups de klaxon et le même choc dans ma poitrine... Des heures et des heures sans bouger, tous les trois ankylosés, muets... Puis la nuit finit par tomber. Les flics repartent, pour de bon cette fois. J'attends encore quelques minutes, puis j'enfourche ma bicyclette, laissant là les garçons transis. De toutes mes forces, je pédale jusqu'à la cabine téléphonique la plus proche. Là, j'appelle Maurice et Marie...

Ils sont arrivés en pleine nuit. Ils avaient une grosse voiture, heureusement ! Nous y avons fait entrer la chèvre, le chien, le chat, le coq, les poules et, laissant là la caravane..., sommes partis pour Nyons !

Shahi Yena

Le jour de l'éclipse

On connaissait déjà Maurice et Marie. Ils venaient nous voir, parfois, au cabanon. Je me rappelle même qu'une fois j'avais été assez fier de pouvoir « coller » l'apiculteur : je lui avais demandé le nom de l'abeille, en latin. Il n'avait pas su me répondre, alors que moi je connaissais l'*apis mellifica*...

De cet été chez Nadège, je me rappelle surtout l'arrivée de Corni, la petite chienne griffon croisée ; celle de Mimi, la chèvre qui nous chargeait quand on l'approchait trop, au début, puis qui s'est habituée à nous et qu'on s'est mis à traire, tous les jours ; celle du coq et des poules... Je me rappelle aussi la musaraigne qui s'était glissée dans un sac, qu'on avait gardée quelque temps, nourrie de sauterelles qu'elle tuait d'un coup de dents au thorax avant de les dévorer, puis nous l'avons relâchée quand on en a eu assez de ramasser des cadavres d'insectes partout dans le cabanon. Et la collection de pierres, cristal de roche et autres, que j'avais entamée, les graines que je récoltais, mettais dans des sachets pour les planter plus tard, les deux pieds de soucis en pots dont je m'occupais, devant la maison, et les deux beaux amandiers, près du portail, où nous grimpions pour cueillir les amandes dans leur douce coque verte...

Je me rappelle, enfin, l'éclipse... On l'attendait depuis plusieurs jours. Michaël nous avait acheté des lunettes spéciales. Il y avait eu cette lune grise, qui avait lentement roulé sur le soleil. Une ombre immense grandissait sur la terre. Les poules, la chienne, la nature, tout était devenu silencieux. Nous, les yeux rivés sur l'improbable rencontre, on avait vu le soleil se hérisser de flammèches incandescentes à mesure que l'autre le dévorait. Le temps s'était suspendu. Sur la terre : le silence. Dans le ciel devenu de nuit : un mince cercle nimbé de rose autour du bouclier lunaire. Et puis la lune avait glissé, des flammèches avaient reparu, un demi-soleil, un soleil entier... Les bêtes alors avaient remué. La nature, le temps reprenaient leur course... Plus tard, Michaël m'avait offert un livre en forme d'éclipse, qui expliquait le phénomène en détail. Le mécanisme, je l'ai oublié, ayant dû abandonner ce livre comme tout le reste. Mais la magie de cet instant où il faisait nuit en plein jour et où le temps s'était arrêté : cette magie-là, elle court toujours...

Xavier

Comme des coqs en pâte

Adieu Michaël, Jean-François et Michel ! Nous sommes désormais Bertrand, Benoît et Sylvain de Laroque. Comme chaque fois qu'on change de lieu parce qu'un danger nous a flairés de trop près, passage de flics ou crainte d'une délation, le changement d'identités s'impose. Il faut mémoriser d'autres dates, d'autres lieux de naissance, une autre histoire ; un temps d'adaptation est nécessaire… Jusque-là, la précaution est minime : ceux qui nous entourent savent notre histoire et les autres, nous les rencontrons peu. Néanmoins, c'est un pli à prendre. Il nous sera utile, plus tard, quand nous commencerons à voir du monde…

Adieu, surtout, la nature : nous voici en plein centre-ville. Du grand luxe, quand même, car le jardin de Maurice et Marie est immense, entouré de murs ou de haies qui nous protègent à peu près des regards curieux. Au fond, il y a les ruches que Maurice, ancien apiculteur, a délaissées depuis qu'il se passionne pour l'informatique. On rendra vie à quelques-unes, Maurice achètera même aux garçons des tenues d'apiculture à leur taille et leur apprendra le métier : comment monter les cadres, capturer un essaim, récolter le miel à l'automne... Nous monterons aussi un poulailler qui prospère encore, dix ans après. Nous ferons un grand jardin bio avec légumes et, comme dans la nature où tout est mélangé, plusieurs variétés de fleurs : soucis, capucines, haricots d'Espagne et, bien sûr, tournesols, dont les perroquets raffolent.

Car entre mille attentions dont nous entourent Maurice et Marie, qui ont aussitôt adopté les garçons comme ces enfants qu'ils n'ont pu avoir, il y a le risque pris d'aller chercher, chez Jean-François et Agnès, ceux de nos animaux qui ont survécu. Queue Blanche, la petite vache jersiaise entrée dans la famille dès avant la naissance de Shahi Yena, s'est cassé une patte – il a fallu l'abattre – ; une des chiennes s'est suicidée, se jetant sous une voiture sous les yeux de Jean-François ; un des deux perroquets s'est laissé mourir, lui aussi... Néanmoins, le jour où Maurice débarque avec trois de nos colleys, quelques oiseaux, quelques poules et Jaco, le perroquet du Gabon qui a vu naître Okwari, c'est jour de fête pour les garçons qui retrouvent leurs compagnons !

Nous récupérons au passage nos outils d'artisanat indien : perles, cuir, alènes[1], fils poissés... À chaque fête, chaque anniversaire, à chaque visite de Françoise ou de Ludivine, une amie routarde qui nous apporte des nouvelles des quatre coins de la planète, Shahi Yena et Okwari offrent les perlages, sacoches, amulettes nés de leurs mains.

Maurice et Marie ne sont pas en reste qui, non contents de nous accueillir, de tisser autour de nous les liens d'une vie de famille, d'avoir installé pour nous dans leur jardin la caravane qu'ils sont allés chercher chez

1. Poinçons effilés destinés à percer le cuir.

Nadège, comblent les garçons de sorties, de cadeaux… Il y aura, parmi les sorties, la visite à Sérignan-du-Comtat, où vécut et mourut Fabre le naturaliste qui continue de fasciner les petits, les balades sur le mont Ventoux, une visite aux Saintes-Maries-de-la-Mer où nous découvrirons une de nos anciennes roulottes… exposée au musée ! Il y aura parmi les cadeaux, outre les vêtements neufs, les jeux, les livres, ces films qu'ils leur choisissent au club vidéo. C'est là que, découvrant *Latcho Drom*, *Gadjo Dilo* et autres films de Tony Gatlif, les enfants seront tout étonnés de s'apercevoir qu'ils ont à peine besoin des sous-titres : malgré trois années écoulées la langue manouche, si proche du rom, leur est demeurée familière…

Maurice les initie, bien sûr, à sa passion : l'informatique. Les voilà donc plongés dans un univers virtuel auquel je ne connais rien, qui les entraîne sur des tas de sites où il est question d'animaux, de plantes, de minéraux, d'Amérindiens, de Tsiganes…

Shahi Yena et Okwari, cette année-là, vivront comme des coqs en pâte. Ils ont même une pièce à eux, dans un bâtiment adjacent, où ils poursuivent leurs collections et leurs élevages. Ils doivent juste prendre des précautions, pour s'y rendre aux heures scolaires : se faufiler par une fenêtre puis longer à quatre pattes une haie qui, jusqu'à leur domaine, les protège des regards. Malgré la relative sécurité des lieux, la nécessité de se cacher demeure omniprésente…

Quant au déroulement des journées, au cours de cette année particulièrement paisible de notre vie clandestine, il a un rituel fixe : le rendez-vous scolaire, chaque matin, de 9 heures à midi et demi. Dans ce domaine comme dans tous les autres, je pousse mes fils à acquérir une autonomie grandissante. Mais, à Nyons comme ailleurs, le programme scolaire est loin de suffire, à mes yeux. Il s'enrichit donc de tous les apprentissages que l'existence propose aux garçons et qui sont, pour moi, plus formateurs que ce qu'on ingurgite passivement sur les bancs d'une école. Cette autonomie et ces apprentissages qui feront d'eux des hommes…

Intermède

« Vous serez des hommes, mes fils… »

Contrairement à la plupart des pères, je revendique d'avoir partagé, vingt-quatre heures sur vingt-quatre, la vie de mes enfants depuis avant leur naissance. Et eux-mêmes ont participé à toutes les activités de leurs parents – du moins jusqu'au départ de leur mère. Ce n'est pas anecdotique. Ça crée au contraire des liens exceptionnels. Des liens dont sont privés les enfants, comme les parents, de la société actuelle. Et qui engendre des rapports très différents. Quand un enfant voit jour après jour, et à chaque heure, ses parents maîtriser concrètement un certain nombre de choses qui, à son âge, le dépassent encore, le respect, l'écoute des parents lui viennent spontanément – c'est l'éducation traditionnelle. Quand il redécouvre tous les soirs un parent qui a passé sa journée « dehors », dans une vie dont il ne sait rien, dont il ne peut pas imaginer grand-chose, alors que sa vie à lui, de garderie en collège, se déroule sur une autre planète, une coupure se fait, forcément. Cette coupure est rendue obligatoire par le mode d'instruction actuel où même un fils d'artisan, même un fils de paysan n'a plus le droit d'apprendre auprès de son père : il doit passer par l'école qui le tient éloigné des siens, obtenir toutes sortes de diplômes avec beaucoup de théorie et bien peu de transmission pratique. Je me rappelle encore cet ami menuisier contraint d'envoyer son fils à l'école de menuiserie, y apprendre ce qu'il lui aurait aussi bien enseigné lui-même, et qui me contait, effaré, qu'après un an, « il ne savait même pas faire un tabouret qui tienne debout » !

Non seulement le savoir ancestral, l'art, le geste, souvent indicibles, ne se transmettent plus et se perdent parfois définitivement mais, en plus et c'est plus grave, une coupure est artificiellement créée entre les générations. La crise de l'adolescence, les conflits de génération et bien d'autres maux dont souffre la société me semblent relever de cette erreur... J'ai tellement regretté, moi-même, de ne voir mon père rentrer que tard le soir, épuisé, et de n'avoir pu apprendre auprès de lui les gestes du médecin humaniste, du médecin à l'écoute des autres qu'il a été tout au long de sa vie professionnelle ! J'ai eu la chance, en contrepartie, de vivre au contact de ma mère, qui était femme au foyer. Et je n'entends pas par là qu'il faudrait renvoyer les mères à la maison ! J'ai trop vécu la richesse des communautés alternatives, où la place de l'homme et celle de la femme sont revisitées de fond en comble, pour tenir pareil discours. Si je devais entamer une réflexion sur cette question cruciale de l'éducation et de la transmission, je suggérerais que les pères, autant que les mères, aient la possibilité de s'extraire de leur course à la réussite ou à la survie grâce à une sorte de « congé parental » qui leur permettrait de vivre proches de leurs enfants quelques mois par an. Cela contribuerait peut-être à diminuer délinquance et suicides d'adolescents. Cela contribuerait certainement à combler le fameux « fossé » entre les générations – à condition, bien entendu, qu'il y ait effectivement dialogue, partage et transmission des valeurs, entre le parent et l'enfant…

J'ai eu l'occasion d'observer la différence, avec les enfants du village tipi itinérant qui ont grandi auprès de leurs parents, ou avec ceux de notre vallée, dans l'Ariège, où le mode de vie est alternatif et l'école souvent à la maison : trois générations dans la même vallée, et qui vivent en harmonie, s'entraident spontanément, se complètent. Les jeunes adultes ont leur indépendance, les choix de vie varient de l'un à l'autre, mais il y a eu transmission des valeurs. Parmi elles, concrètement à l'œuvre, il y a au moins l'autonomie, le goût de la liberté, la souplesse, le sens de l'adaptation, l'affirmation de sa différence et le respect de celle de l'autre, le respect de la nature aussi, et les gestes que ce respect implique, une certaine créativité, enfin, pour ne pas dire une créativité et une originalité certaines… Ce n'est pas rien !

Permettre aux enfants de devenir des adultes autonomes, responsables et capables de tenir leur rôle dans la société me paraît essentiel. C'était notre ambition, à Katia et moi, au départ. Quelle était la recette pour y parvenir ? Nous n'avions ni l'un ni l'autre la prétention d'avoir la réponse. Mais notre intention était claire, et la mienne n'a pas changé : leur donner tous les moyens de trouver cette autonomie, ce discernement, cet axe qui leur permettrait de se déployer chacun selon sa nature et de poser dans leur vie, dans la société, les actes qui les reflètent eux, non un quelconque projet forgé pour eux par leurs parents ou, plus généralement, par le système…

Un élément parmi tant d'autres de cette éducation est bien sûr l'instruction obligatoire, celle qu'on enseigne le plus souvent à l'école mais que la loi autorise à transmettre chez soi. Dans ce domaine, j'ai toujours voulu assurer à mes fils le niveau de l'Éducation nationale ;

leur donner tous les moyens de faire des études supérieures, s'ils le souhaitaient. En choisissant délibérément, Katia et moi, de faire l'école à la maison, nous souhaitions leur offrir un « plus » bien sûr, non un « moins ». Depuis le début de la clandestinité, l'objectif restait le même. À cette différence près que, privés d'identité, ils ne pouvaient être inscrits au CNED[1] comme l'avait été Nicolas auparavant. Ce qui ne nous empêchait pas de disposer des manuels dans toutes les matières, donc de suivre pas à pas les programmes correspondant à leur âge.

Par rapport à l'école officielle, nos classes du matin présentaient cependant quelques particularités. La souplesse, notamment, c'est-à-dire l'écoute des enfants. Si Shahi Yena, bon en français, avait fini de maîtriser le programme prévu pour son âge, je n'allais pas le faire périr d'ennui au prétexte que c'était la loi commune : il enchaînait aussitôt sur le programme de l'année suivante. À l'inverse, s'il peinait en maths, cela n'avait pas d'importance, nous avions le temps ; le temps pour lui d'intégrer la matière, à son rythme, forcément unique. Parfois délaissée plusieurs semaines d'affilée, elle s'intégrait en effet, et à une vitesse fulgurante, le jour où le « déclic » se faisait. À quoi auraient servi des semaines d'un labeur pénible et contre-productif tant que les temps n'étaient pas mûrs ? Magie de l'apprentissage quand il se fait à son rythme, c'est-à-dire à celui de l'apprenti...

Le même respect du rythme naturel s'appliquait, évidemment, à la durée de nos « trimestres ». Les garçons traversaient-ils une période d'effervescence intellectuelle, maîtrisant les leçons une à une, les intégrant avec facilité ? On poursuivait sans dételer, oublieux des fêtes et

1. Centre national d'enseignement à distance.

autres dates de vacances officielles. Piétinaient-ils au contraire depuis plusieurs jours, le nez en l'air, l'esprit ailleurs ? Il était temps d'ouvrir la cage. Mes deux oiseaux s'envolaient. Quelques jours ou semaines plus tard, et peu importait la date : c'était la rentrée des classes. Dans ce respect du réel tel qu'il se présentait à nous, à eux, j'assistais à des avancées fulgurantes.

Dès l'époque de Nyons, quand ils avaient sept et neuf ans, je voulais qu'ils commencent à être autonomes, c'est-à-dire à gérer leur apprentissage. Pourvu qu'à la fin d'une année scolaire, même si sa date variait d'une matière à l'autre, chacun soit venu à bout de tout son programme et ait réussi l'examen final de chaque matière, ils s'organisaient comme ils voulaient : cinq jours de maths d'affilée, ou au contraire cinq de français… C'est là que l'on voyait les différences : Okwari se plongeant volontiers dans les maths, du moins avant que cela ne devînt trop abstrait, et Shahi Yena dans le français… Pour les règles de grammaire comme pour l'instruction civique ou la géo, on les trouvait tous deux d'accord : ni l'un ni l'autre n'appréciait. Si j'étais coulant pour les deux dernières, je les obligeais néanmoins à intégrer la grammaire. Et leur expliquais au passage qu'il était essentiel qu'ils sachent lire, écrire, compter ; que le reste, la culture générale, ils pourraient l'acquérir plus tard, au gré de leurs appétits, mais à la condition expresse qu'ils sachent parfaitement lire…

À cette époque, à Nyons comme chez Jeanne et Nadège auparavant, ils lisaient énormément. Ils puisaient à volonté dans la riche bibliothèque de Maurice et Marie, se constituaient leurs propres univers… Pour le programme scolaire proprement dit, je dirigeais de moins en moins, réduisant progressivement mon rôle à celui de superviseur. Je les laissais défricher les leçons, d'abord, n'intervenant pour ajouter documents, récits, explications supplémentaires que s'ils butaient sur un obstacle. Ils revoyaient les leçons seuls, faisaient leurs devoirs sans père Fouettard. Puis je corrigeais, en deux fois : les fautes d'abord soulignées, afin qu'ils fassent eux-mêmes la recherche en vue de la solution juste ; puis, s'ils n'y étaient pas parvenus, corriger moi-même, explications à l'appui. C'est ainsi que je les voyais acquérir peu à peu leur autonomie. Ça se faisait progressivement, bien sûr. Mais à l'automne 2000, comme nous quittions Nyons, c'était pratiquement acquis.

Si, dans le domaine des sciences de la nature, Shahi Yena et Okwari, mus par la passion, avaient une avance qu'aucun enfant des villes ne saurait jamais rattraper, je prenais de grandes libertés avec les matières qui les rebutaient davantage. L'histoire et la géographie, notamment – quoique Okwari ait toujours aimé l'histoire. Nos cours se déroulaient à des années-lumière de nos ancêtres les Gaulois et de 1515 Marignan, notions trop éloignées de leurs préoccupations pour les avoir jamais atteints. De même que Giono et Daudet étaient au programme de nos lectures parce que nous vivions en Provence, de même les leçons d'histoire et de géographie faisaient écho à notre vie. Nous étudiions la dernière guerre, par exemple, et la Résistance, parce qu'ils en entendaient parler depuis leur petite enfance, chez les Tsiganes d'abord, qui ont été d'une grande aide à de nombreux réseaux partout en Europe, dans les familles du Sud-Ouest qui nous avaient hébergés, ensuite… et le sujet reviendrait sur le tapis un peu plus tard, dans les Cévennes, terre de Résistance. Nous nous penchions sur l'histoire de la Corse parce que ma mère est corse ; sur celle de l'Algérie, puisque leur mère y était née. Quand nous avions vécu chez Jeanne, ils avaient appris le Mexique, la résistance de Marcos, avec les Indiens du Chiapas, pour récupérer leurs terres. Et, puisque j'avais conservé des liens avec diverses associations de défense des Amérindiens, je leur en faisais lire les bulletins : ils découvraient ainsi la vie actuelle d'adolescents déstabilisés dans une culture qui n'est pas la leur et qui tentent de retrouver leurs racines. Par les amis du comité de soutien qui peu à peu s'organisait, nous avions aussi des nouvelles des uns, des autres : c'était autant d'occasions d'une ouverture sur le monde, la vie du Cirque Azur de nos amis Fred et Caro, par exemple, ou les voyages de Ludivine la routarde qui venait régulièrement nous voir. J'en profitais pour prolonger sa visite avec un cours sur Madagascar, sur le Maroc ou tout autre pays qui, à travers elle, venait de croiser notre route. L'Inde avait été illustrée par la lecture de *La Cité de la joie*[1]. Ni légende dorée ni abstraction politique ou économique, nos programmes d'histoire-géo étaient, comme tout le reste, en prise avec le réel, avec la vie vraie des hommes. Dans toutes ces luttes, ces combats, les garçons se retrouvaient de plain-pied. Parce qu'ils en voyaient le reflet dans leur vie, ils se sentaient reliés à tous ces mouvements de résistance, partout dans le monde et à toutes les époques.

Parallèlement à cette « instruction », qui n'est pas seulement acquisition de savoirs mais aussi capacité d'analyse, de réflexion, de discernement, il y avait tout le reste : l'école de la vie, de la nature...

Quand mes fils, six ans, huit ans, me posaient les questions que posent les enfants de leur âge et que bien des parents éludent faute de s'être interrogés eux-mêmes jusqu'au bout, quand avec leurs mots d'alors ils me questionnaient sur la vie, la mort, l'amour, la haine, sur la joie aussi... je me gardais de les décevoir. C'étaient des questions trop précieuses, même si je n'avais pas les

1. De Dominique Lapierre et Larry Collins.

réponses. Alors j'allais chercher dans les textes de diverses traditions spirituelles, dans le Nouveau Testament, la Bhagavad Gita, le Coran, le Tao ou *Pieds nus sur la terre sacrée*[1]. Ils apprenaient ainsi que la seule réponse à la haine est l'amour ; car la haine et la rancœur font plus de ravage dans l'âme qu'elles rongent que chez les ennemis qu'elle vise – et cela leur parlait, bien sûr, puisqu'ils avaient déjà l'expérience du mal que leur faisait leur propre rage de devoir fuir et fuir encore. Ils mettaient leurs images à eux sur la joie des enfants des rues rencontrés dans *La Cité de la joie,* misérables et cependant rayonnants ; une joie semblable à la leur qui, bien que ne possédant rien, plus même un foyer fixe, une famille, avaient pour eux le ciel, la terre, un toit, la nourriture, l'affection d'amis fidèles et, par-dessus tout, ces animaux, ces plantes, ces insectes qu'ils étudiaient et élevaient passionnément pendant des heures… Ensemble, nous faisions le lien entre certains passages de l'Évangile sur l'amour ou l'esprit de pauvreté et une citation de Lao Tseu que Katia et moi avions affichée dans la caravane : « Il y aura toujours suffisance pour celui qui se suffit de ce qui suffit. » Ensemble, dans la vie comme dans les textes, nous expérimentions qu'à se suffire de l'essentiel, comme le font les peuples premiers, au lieu de perdre sa vie à la gagner – alors qu'on l'a déjà ! – ou la distraire, on s'ouvrait à tout le reste : la joie du partage, de relations humaines chaleureuses, l'élan vers la beauté, la créativité, la généreuse gratuité des choses…

C'est grâce à la Providence, et à une vigilance aux aguets de tout ce qui pouvait les enrichir, que, malgré les aléas de la clandestinité, j'ai pu offrir à mes fils toutes sortes d'apprentissages. Ceux que je pouvais leur trans-

1. Recueil de citations et prophéties amérindiennes, par Tery C. Mac Luhan.

mettre moi-même, ceux qui se proposaient à chaque rencontre : avec Maurice l'informaticien, bientôt Roland le tailleur de pierre, et les musiciens, les sculpteurs, forgerons, menuisiers, médiévistes, fauconniers, spécialistes de la voltige et autres amoureux de tout poil que nous croiserions en chemin et qui leur dispenseraient leurs savoirs…

Okwari

En sécurité

On était restés terrés toute la journée et une bonne partie de la nuit, avec les flics qui klaxonnaient dehors, plus tard avec Michaël qui était parti téléphoner et nous qui n'osions bouger, tremblant qu'il ne revienne pas. Il y avait des fenêtres partout, dans le cabanon. C'était parfait question lumière mais pour échapper aux regards, ce jour-là, c'était carrément la poisse. On avait donc passé des heures à attendre, serrés les uns contre les autres, dans ce réduit minuscule. Stress maximum ! On n'osait même pas chuchoter... Alors, quand Maurice et Marie sont arrivés, qu'on a pu embarquer Corni, Djoukel, et Mimi, avec les poules, dans leur grosse auto, et filer de ce cabanon où on avait failli se faire piéger, c'était vraiment le soulagement...

Je crois que je me suis endormi à peine entré dans la voiture. Si bien que je n'ai vraiment découvert la propriété de Nyons que le lendemain matin... C'était une maison un peu à l'écart du centre ville. On entrait par un grand portail, avec une allée où j'ai trouvé une pièce Napoléon III, un jour de déblayage. Je trouve souvent des pièces, comme ça, un peu partout. C'est signe de chance, paraît-il.

La maison se trouvait en face, légèrement sur la gauche, avec son escalier, son perron et, devant, le petit jardin ornemental qui sentait bon la lavande et le romarin. Sur la droite, après le parking et le garage, s'étendait le grand jardin où nous cultivions les légumes et les fleurs. Nous aimions participer, apprenant comme un jeu les gestes du binage, du désherbage, de la récolte. Je me rappelle l'arrosage au tuyau, le soir, à la fraîche, qui prenait une petite heure et que nous avions plaisir à faire, mon frère et moi, nous arrosant au passage.

Il y avait aussi un bassin, qui ressemblait plutôt à une mare, où nous pêchions des animaux aquatiques, des larves en tous genres, des insectes. Il y avait notamment des grenouilles et des notonectes, ce coléoptère aquatique d'un centimètre ou deux qui mange des daphnies, insectes minuscules... Plus tard on a nettoyé ce bassin, et on y a mis des poissons. On s'y est même baignés, avec Shahi Yena...

Quand Maurice a ramené la caravane, Michaël, qu'on appelait désormais Bertrand, l'a installée près du parking, entourée de canisses pour la cacher des voisins. Il a passé un certain temps à l'aménager et la décorer. Devant, il y avait de la terre argileuse : mon frère et moi nous amusions à la tamiser puis à en faire des croix indiennes qu'on plaquait sur le mur du poulailler et dans lesquelles on collait des petits morceaux de carreaux, pour faire de la mosaïque. C'était joli, mais éphémère.

Derrière la caravane, il y avait un grand pré entouré de cyprès et parsemé de quelques ruches. C'est là qu'avec Maurice on les a remises en état et qu'un jour, comme on désinfectait les cadres au chalumeau, je me suis brûlé la main. C'était sans gravité, heureusement.

Une autre fois, c'était plus impressionnant. On déblayait le parking où il y avait un tas de sable, devant le hangar, et à un moment, me retournant, je me suis pris la pelle de Shahi Yena en plein front. Le sang coulait, je hurlais. Bertrand a calmé le saignement avec un gant mouillé, puis il a mis de l'argile, qu'il changeait deux fois par jour. Mon frère avait l'air embêté. Maurice et Marie aussi : ils parlaient d'aller à l'hôpital. Et puis l'argile a fait son boulot. Il m'en reste une petite cicatrice en haut de l'arcade sourcilière.

Il y a eu l'épreuve du perçage d'oreille, aussi. Un vrai rite de passage ! Ça faisait un moment qu'on voulait se les faire percer, mais je ne me rappelle pas pourquoi. Bertrand avait toujours remis ça à plus tard et voilà que, ce jour-là, il était d'accord. Il commencerait par moi... Il avait dit à Shahi Yena de rentrer à la maison, tandis que nous allions dans la caravane ; il l'appellerait quand ce serait son tour. Quand je l'ai vu brandir une seringue et couper une patate en deux, pour me la poser derrière le lobe de l'oreille, je n'en menais vraiment pas large. Il s'est concentré un instant et bing ! la seringue dans la chair. Là aussi, je crois que j'ai hurlé. Surtout lorsque, juste après, il a glissé l'anneau dans le trou à vif. C'était hard ! Ensuite, il m'a recommandé de dire à mon frère que cela ne faisait pas mal. Ce qui n'a servi à rien : planqué dans un des petits arbres où nous faisions nos acrobaties, derrière la caravane, Shahi Yena avait tout vu. Il n'était pas trop chaud pour se faire percer l'oreille, tout d'un coup... Mais il y est allé quand même.

On était bien, chez Maurice et Marie. Ils étaient gentils avec nous. Ils nous gâtaient, nous chouchoutaient, faisaient tout pour nous faire plaisir. On se sentait en sécurité, dans leur grande maison. On vivait tous en famille, prenait les repas tous ensemble, avait notre chambre pour tous les trois, au fond du couloir à gauche.

On y mangeait très bien, en plus : des légumes, des gratins, des quenelles, tout était bio… et végétarien. Au point qu'une fois on s'était jetés, mon frère et moi, sur une boîte de thon que Maurice avait ouverte pour ses chats. Il était drôlement surpris, le pauvre ! On avait bien ri…

Évidemment, au bout d'un moment, Bertrand a commencé à étouffer – il n'aime pas trop les maisons, Bertrand, et il lui faut son autonomie. Alors il voulait qu'on aille dormir dans la caravane, qu'on y prenne nos repas. Maurice et Marie n'étaient pas trop d'accord : ils préféraient qu'on reste avec eux. Nous aussi… Il a fini par négocier qu'on ait une soirée par semaine tous les trois dans la caravane. Je crois bien que ce soir-là, notre présence leur manquait, à Maurice et Marie – pourtant, elle n'était pas de tout repos !

Maurice nous a appris à nous servir de son ordinateur. On allait sur des sites d'animaux. Pour moi, à l'époque, c'était les insectes et les mammifères que j'aimais le plus – les sites de Tsiganes et tout ça, c'est Bertrand que ça intéressait, surtout. C'est en naviguant sur la toile que j'ai trouvé une photo de moi, à trois ans, dans un site sur les reptiles. Je tenais dans mes bras le boa constrictor qu'on avait, en Normandie, avant. On avait coupé ma tête à hauteur des yeux, mais je me suis tout de suite reconnu. Et Bertrand s'est rappelé un reportage que des journalistes avaient fait, à l'époque d'Omaha, sur notre petit cirque d'animation…

On regardait des tas de films, aussi, que Maurice et Marie louaient pour nous. Je me rappelle *Himalaya, l'enfance d'un chef.* On avait tripé. Ensuite, pendant des jours, on s'est mis à marcher en rond dans le jardin, avec nos chiens, comme si on était dans la montagne…

Les chiens… On en prenait le plus grand soin, de nos chiens. On leur donnait de la levure, pour leur poil. Moi j'avais adopté Corni, la petite fox-terrier. Et Shahi Yena, un caniche nain noir qu'il avait baptisé Ouaga. Il était arrivé d'une drôle de façon, ce caniche. Il était arrivé… par les airs ! Quelqu'un l'avait balancé un jour par-dessus le portail de la propriété… Donc, on avait chacun notre chien, en plus des colleys de Bertrand qui sont revenus un beau jour de chez Jean-François et Agnès, fous de joie, à sauter partout autour de nous. On s'entraînait à dresser chacun le sien. C'était un jeu très sérieux : on le faisait courir, on le tenait en laisse, on lui apprenait à obéir, à répondre à la voix. Ensuite, on faisait des concours de dressage, avec Bertrand comme arbitre. Maurice n'était pas très coopérant : il s'était pris d'affection pour Corni et lui donnait à manger en cachette, quand nous étions à table, ce qui était contraire à la règle. Une fois, je me suis fâché et j'ai attaché Corni à ma chaise ! Ce n'est pas fait pour avoir plusieurs maîtres à la fois, un chien. Ou alors ça devient fou.

J'ai deux autres souvenirs, à Nyons. Le premier, c'est Bertrand à quatre pattes sous la voiture. Chaque fois que Françoise nous rendait visite, en effet, Françoise qui se sentait surveillée et avait eu plusieurs visites des gendarmes, il vérifiait qu'il n'y avait pas de GPS planqué dans son auto. Nous, on le regardait faire sans trop comprendre ; on se disait peut-être qu'il en faisait beaucoup… Nous apprendrons neuf ans plus tard, pendant le procès, qu'il n'avait pas tout à fait tort puisque les flics avaient mis des amis sur écoute téléphonique – même si c'était illégal, à l'époque – et que des GPS étaient *effectivement* cachés dans des jouets que Katia nous enverrait chez nos grands-parents en Normandie. Jouets qui, par chance ou grâce à la Providence, ne nous sont jamais parvenus : le comité de soutien venait alors de se dissoudre parce que ça devenait trop dangereux pour nos amis ; les grands-parents n'avaient donc plus aucun moyen de nous joindre... Comment ne pas croire à la Providence – que d'autres appellent leur « bonne étoile » et qui est toujours plus active quand on lui fait confiance – lorsqu'on a vu, comme nous pendant ces onze ans, tant de détails s'organiser pour nous protéger, parfois même à notre insu, comme dans l'histoire des jouets ?

Le deuxième souvenir, c'est une voix. Une hallucination auditive, plutôt. J'étais devant la maison, Ouaga venait de passer le coin, je l'avais perdu de vue et, soudain, j'ai entendu ma mère qui m'appelait. Même si je ne me rappelais plus le son de sa voix, je *savais* que c'était la sienne. J'étais un peu surpris, bien sûr. Je suis allé voir d'où venait la voix, j'ai fait le tour de la maison : il n'y avait que le caniche. Ça faisait un peu bizarre, quand même... Quand je l'ai raconté aux autres, je crois qu'on a plaisanté sur le fait que j'entendais des voix. Puis j'ai oublié tout ça... Aujourd'hui, comme ce souvenir très précis me remonte à la mémoire, je ne peux pas dire si la voix, donc l'évocation de ma mère, suscitait en moi la joie, l'effroi, le regret ou autre chose. Comme nombre de mes souvenirs, c'est surtout un matériau brut, une information sensitive qu'aucune émotion n'encombre...

Xavier

De Charybde en Scylla

Nous venons de nous installer à Nyons lorsque le nouvel arrêt de la cour d'appel de Rouen nous parvient. Comprenant que l'experte psychologue de Draguignan rendrait son rapport sans avoir reçu les enfants, j'ai fourni aux avocats, dès le printemps, divers documents où la parole leur est donnée. Bien sûr, depuis le mandat d'arrêt lancé contre moi, je ne contacte plus directement ni tribunaux ni avocats : tout passe désormais via un système de relais, par le comité de soutien pour la défense et la liberté de Shahi Yena et d'Okwari. Ça nous protège, mais ça ralentit aussi toute communication ; c'est ainsi que, pour l'avoir reçu trop tard, je n'ai pu interjeter l'appel du jugement annulant ma reconnaissance de paternité de Nicolas : désormais, je ne pourrai plus rien pour cet enfant qui, dans mon cœur, demeure à jamais mon fils. Mais je dois continuer de protéger les deux autres…

J'ai donc fourni à mes avocat et avoué, entre autres pièces, le certificat de la pédopsychiatre qui a reçu Shahi Yena et Okwari en septembre 1998 et les attestations de plusieurs personnes qui, pour les avoir vus et entendus tantôt aux Adrets tantôt en Normandie tantôt dans les premiers mois de la clandestinité, témoignent de leurs comportements d'alors, de leur désir chaque fois exprimé de retrouver leur vie dans la nature, de leur épanouissement au cours des huit premiers mois de notre « cavale », jusqu'à la chasse à l'homme du 20 août 1998... Or, pour quelque raison mystérieuse, cafouillage d'avocats doublé d'absurdité procédurale, ces pièces capitales ne seront pas prises en considération par la cour qui affirme même n'avoir « aucun élément récent sur (nos) conditions d'existence » ! La cour, dans ses « Attendus », se contente de distribuer bons et mauvais points à deux parents qui se font une guerre dont elle ignore à l'évidence les faits et, si elle assure au passage rechercher « l'intérêt des enfants », cette prétendue recherche ne va pas... jusqu'à les écouter. Or, comme l'un de ces deux parents est à la fois introuvable – on comprendra pourquoi ! – et sous le coup d'un mandat d'arrêt... l'affaire est vite entendue aux dépens de celui-ci. La cour conclut donc n'avoir pas à statuer pour Nicolas, puisque celui-ci n'est plus mon fils, et confirme la résidence des deux cadets chez leur mère. Elle ajoute, pour faire bonne mesure, que tous droits de visite et d'hébergement me sont cette fois retirés... De Charybde en Scylla !

D'un certain point de vue, les conclusions de cette mascarade sont absurdes puisque, dans la vie réelle, nous vivons heureux tous les trois ensemble. D'un autre, elles sont désespérantes : ce simulacre de justice nous condamne à nous cacher encore et encore. Aurons-nous jamais le droit de vivre librement, simplement, la vie qui a toujours été la nôtre et que les enfants revendiquent ?

S'il reste un espoir pour que s'arrête cette escalade procédurière dont nos fils sont les premières victimes, il ne viendra que du dialogue, des bonnes volontés, des amis… Puisque les quatre tentatives de médiation de Françoise ont échoué, Katia lui étant de plus en plus hostile, je sollicite l'aide de Guy et Magali, ces amis de La Celle avec qui je n'ai aucun contact depuis notre cavale mais que je connais assez pour deviner qu'entre leurs deux amis, Katia et moi, ils n'ont pas dû prendre parti. Par lettre que le comité transmettra, je leur demande si, pour le bien des garçons qui ont besoin d'une vie stable et de leurs deux parents, ils veulent bien tenter d'organiser une médiation qui nous réunirait tous deux. Et, à mon grand soulagement… ils acceptent !

« Les enfants vous aiment tous les deux, écrira bientôt Guy à Katia. Nous aussi. Ils seraient heureux d'une compréhension entre vous… » « Manu s'est mis dans une impasse en ne te ramenant pas les enfants, renchérit Ludivine, l'amie voyageuse qui s'est jointe pour l'occasion à la communauté. La situation est bloquée actuellement. L'amorce d'une solution ne peut venir que de toi, Katia [...] Je ne peux pas croire que tu préfères Manu en prison au sourire de Shahi Yena et Okwari [...] Je ne peux pas comprendre que tu n'aies pas écrit à tes enfants. Ils ont besoin d'avoir des nouvelles de leur maman… » « Katya, Manu, développe Françoise, vos enfants ont besoin de votre compréhension mutuelle, au-delà des blessures d'amour-propre. Ceci peut se réaliser sur la base d'une meilleure communication entre vous. Tu as droit à la parole, Katia. Manu aussi. Les enfants aussi. Tes véritables amis sont prêts à t'écouter d'une oreille attentive et impartiale… » Et toute la communauté de La Celle de signer une carte pleine d'espoir qu'ils ont baptisée « La Main tendue »…

En quelques jours, une organisation se met en place. Le comité de soutien a même fait appel à un médiateur spécialisé et bénévole, président de l'association PEM[1]. Malgré les déconvenues récentes, tous les espoirs sont à nouveau permis…

Sauf que le jour J, et comme les garçons et moi nous tenons à distance, attendant d'être sûrs qu'il n'y a pas de piège, Guy, Magali et le médiateur attendent, attendent… et Katia ne se présente pas. Guy finira par l'appeler, m'a-t-on raconté après, pour s'entendre dire que « non, finalement, elle a changé d'avis »… Katia prendra cependant les coordonnées du médiateur, afin, expliquera-t-elle, de le contacter ultérieurement. Ce médiateur que je ne connais pas… et qui aura la mauvaise surprise de recevoir, au petit matin, la visite des flics venus perquisitionner et son appartement et les locaux de l'association… alors même qu'il ne sait rien de notre dossier, le pauvre, et ne s'était déplacé que pour venir en aide à des enfants en détresse !

Un an plus tard, pour argumenter sa nouvelle action en justice, où elle demande cette fois que je sois déchu de l'autorité parentale, Katia et ses avocats me prétendront « recherché en tant qu'individu dangereux pour vol à l'étalage et association de malfaiteurs, [incitant mes] enfants à commettre des vols et à consommer de l'alcool et des cigarettes… et [les amenant à fréquenter] une communauté de type sectaire, dite Les Enfants de Dieu, composée de consommateurs d'alcool, de stupéfiants, d'enfants en bas âge et d'adultes mendiants ». Par ce témoignage mensonger où elle crucifie ses amis d'hier, elle confond sciemment la communauté évangélique La Celle, dite « Propriété de Dieu », avec la secte néo-hippie des Enfants de Dieu qu'elle-même fréquentait à vingt-cinq ans… Cette fois-là, heureusement, le procureur de

1. Parents-Enfants-Médiation.

Draguignan fera la part des choses : il rejettera ces accusations en janvier 2001.

C'est dans la déception de cette énième médiation avortée que nous apprenons par Ludivine, revenue de Bretagne où se sont implantées quelques familles du village tipi itinérant, que Katia et deux hommes du genre lunettes noires[1], gros biceps et accent du Midi, ont semé la panique dans les campements. Ils fouillaient, ils menaçaient, persuadés de nous trouver dans l'une ou l'autre caravane de ces amis de la première heure, hélas perdus de vue à l'époque. L'un des fils de Fred et Caro, dix-huit ans aujourd'hui, se rappelle encore sa terreur de voir son père plaqué sur le capot de la voiture par les sinistres individus…

Cet acharnement tous azimuts a néanmoins des effets inattendus. Les amis de Normandie ont rejoint ceux des Cévennes dans leur inquiétude pour mes fils. De toutes parts, quoique avec les précautions qu'exige notre vie cachée, nous recevons témoignages d'affection et de solidarité. Et nous en avons bien besoin… Car voici qu'un nouveau vent se lève : celui de la guerre médiatique…

Par un triste jour du printemps 2000, et toujours via les relais sécurisés, nous recevons une lettre de mon père. Il est outré. Lui, abonné fidèle du *Figaro,* vient de lire dans son journal préféré un article qui l'a mis hors de lui – et qu'il nous envoie. Sous le titre « L'enlèvement des "petits indiens" », et reprenant les mots de Katia sans en vérifier un seul, le journaliste pleure sur ces garçons « soustraits à l'amour d'une mère qui les cherche désespérément depuis deux ans » – alors que cette mère éplorée *sait* où écrire à ses fils, qu'elle aurait de leurs nouvelles à tout moment si seulement elle en deman-

1. Hommes qui, plus tard, tenteront de faire avouer par la force à Françoise notre nouvelle adresse.

dait… ce qu'elle n'a *jamais* fait en deux ans ! Il m'y présente comme un « gourou familial à tendance despotique » qui terrorise ses enfants, leur fait vivre une vie misérable et les dresse à voler dans les magasins – vieille rengaine mensongère qui a encore de riches heures devant elle… Le pire, parce que le plus dangereux pour nous, c'est la photo. On y voit une Katia, grimaçante sous ses lunettes noires, brandir le portrait des enfants, et le mien sur l'avis de recherche. Même si Shahi Yena et Okwari ont grandi depuis ces portraits, et si je me suis rasé la barbe, nous y sommes très reconnaissables. N'importe quel lecteur du journal peut nous repérer et nous dénoncer… Pic d'angoisse, autour de cette lecture ! Pic de révolte, aussi, devant ces tissus de mensonges désormais étalés dans la presse…

S'ensuivront des dizaines de lettres que, profitant de l'ordinateur de Maurice, je tape jour après jour. Des dossiers photos, aussi, que je monte sur ce même ordinateur : la bonne santé et la joie de vivre des enfants y sautent aux yeux… La première lettre ira au *Figaro,* bien sûr ; j'y réclame un droit de réponse et apporte les preuves de chaque mot que j'y avance. Silence radio du grand journal… Les autres sont autant d'appels à l'aide aux organes de presse, aux associations de défense des enfants, aux ministères de la Justice, de la Famille, de la Solidarité… Bientôt au défenseur des Enfants, dont le poste vient d'être créé. À tous, je raconte notre histoire dans les détails, dizaines de justificatifs à l'appui et contact proposé avec le comité de soutien s'ils souhaitent en savoir plus. Ce même comité de soutien qui, parallèlement, lance une pétition pour que les enfants soient entendus…

Au défenseur des Enfants, Okwari et Shahi Yena rédigent chacun une lettre où ils décrivent à leur façon les événements qui les poursuivent depuis bientôt quatre ans : la vie « d'avant » l'enlèvement ; le choc de la vie aux Adrets où « Katia, elle était plus pareille » et où « on s'ennuyait beaucoup parce qu'on avait plus nos animaux et on pouvait plus être dehors comme avant avec nos copains – plus rien que l'école et la télé » ; leurs espoirs chaque fois qu'ils sont revenus « chez nous en Normandie » ; leur peur, chaque fois qu'ils retournaient aux Adrets d'où ils craignaient de ne plus repartir, où leur maman « elle s'occupait plus de nous comme avant », disant « des choses que nous on savait qu'elles étaient pas vraies », voulant « qu'on oublie tout parce qu'elle disait que tout ça c'était pas bien pour nous et que c'était fini » et où « les gendarmes, ils m'ont beaucoup fait peur » ; leurs supplications, aux vacances de Noël 1997, puis leur joie d'avoir « retrouvé Manu comme on voulait », dans une ferme où « on était très content et bien comme avant » ; puis leur révolte d'avoir été chassés par la police, « on a été obligés de laisser tous nos animaux et le convoi et de partir la nuit très loin »...

La rédaction de ces lettres sera plutôt folklorique. Il faudra tempérer les ardeurs de leur première version, en corriger les plus grosses fautes : l'occasion d'un cours de français sur le vif. Il faudra s'y reprendre à trois fois avant la version définitive. Shahi Yena conclut, très clair : « Je voudrais pouvoir dire tout ça sans les gendarmes et sans ma mère et sa famille. Je voudrais qu'on nous laisse tranquille, nous on n'embête personne. Je voudrais qu'on puisse retrouver tous nos animaux, nos chevaux et la Normandie, Papy et Mamy et les Cévennes, comme avant. Qu'ils arrêtent de nous faire la chasse et de vouloir mettre mon père en prison. Moi je sais ce que je veux et moi et mon frère on n'est pas de la pâte à modeler comme elle a dit notre mère... » Okwari, quant à lui, formule ainsi sa prière : « Pourquoi ils sont tous contre nous ? Pourquoi on n'a jamais pu dire ce qu'on pensait ? Maintenant on peut dire toute la vérité. Je voudrais que tout le monde connaisse ce qui est vrai et que Shahi Yena et moi on nous écoute… Merci, Monsieur le Défenseur des Enfants ! » Des lettres qui, quand je les relis, me tirent à la fois des larmes et un sourire de tendresse…

Ces lettres, auxquelles s'ajoutent des photos des enfants prises dans le Vaucluse un an plus tôt, le dossier envoyé au *Figaro* et rien moins que dix-sept pièces justifiant mes dires, je les adresse aussi au juge d'instruction de Draguignan qui a délivré mon mandat d'arrêt – ou, plus précisément, à son successeur. Depuis qu'il est entré dans la bataille judiciaire, je le tiens en effet régulièrement informé des conditions de vie des enfants, de leur état de santé, de leurs progrès scolaires… Même si je ne reçois pas de réponse, ça me rassure de le savoir au courant du fait que, loin d'être en danger auprès de moi comme ils l'étaient auprès de leur mère, ces enfants grandissent, progressent et s'épanouissent.

Or, à l'issue de ce dernier courrier, et contre toute attente, un dialogue s'instaurera avec la nouvelle juge d'instruction, des « négociations » seront même entamées, par personne interposée. On me propose de sortir de l'illégalité en remettant mes enfants… non à leur mère, mais à un environnement neutre, « sous la responsabilité d'un administrateur ad hoc », aux fins d'investigations psychologiques et scolaires, donc pour une période qu'on imagine brève… Un grand pas en avant, puisque la justice semble commencer d'entendre, sans doute à la suite des interrogatoires parfois perturbants menés auprès de Michel et de sa compagne, de Jean-François, d'Agnès, de Françoise et d'autres, par les enquêteurs chargés de me retrouver, que la « gentille maman » n'avait pas assuré si bien que ça l'épanouissement de nos fils aux Adrets.

Les risques sont considérables, cependant. J'y réfléchis des nuits entières. Risque d'un nouveau coup de force du clan M. sur le lieu où les enfants seraient provisoirement placés. Risque, terrible pour eux, qu'au terme de ce délai, les enfants ne me soient pas rendus mais placés définitivement dans un foyer ou une famille d'accueil... Risque, tout simplement, que ce nouvel enfermement, même bref, les déstabilise à nouveau. Risque enfin, et pour moi cette fois, que ce soit un piège pour me mettre la main dessus et m'incarcérer... Avec ce que nous traversons depuis quatre ans, difficile de chasser ces inquiétudes d'un revers de main ! Mais nous n'aurons pas l'occasion d'en savoir plus, car les négociations tourneront court, hélas...

Malgré l'abri de la grande maison où Maurice et Marie font tout pour nous en atténuer les chocs, ces menaces en tous genres ne manquent pas de nous secouer. Ils secouent aussi nos hôtes qui, de plus en plus, prennent la mesure du risque encouru à nous héberger : police, délateurs, hommes de main...

Une goutte d'eau va bientôt faire déborder le vase déjà plein de leur inquiétude. Un jour, comme elle rapporte à la maison un jeu de photocopies du « dossier Fortin » au quasi-complet, Marie se fait arracher son sac dans la rue. Elle nous revient dans un état proche de la panique. C'est qu'elle est assistante sociale, que le voisin lui jette des regards de plus en plus inquisiteurs, qu'elle risque son boulot, la prison peut-être, avec Maurice... La Providence veille, heureusement : le lendemain matin, une petite vieille dame appellera à la maison, disant avoir retrouvé dans sa cave, sans doute jetés par le soupirail, un sac et des papiers à moitié brûlés, avec ce numéro de téléphone dedans. Marie, soulagée, courra chez la dame récupérer le contenu de son sac qu'aucun regard malveillant n'a parcouru. L'affaire en restera là.

Mais l'alerte a été chaude. Pour nos amis comme pour nous, c'est un signe parmi quelques autres qu'une année de belle existence partagée arrive à son terme. Ce n'est pas de gaieté de cœur mais… mais nous n'avons pas le choix. C'est la destinée, semble-t-il, des fils du Vent et de la route que nous sommes, mes fils et moi…

Okwari

Le bonheur est dans le pré…

C'est Françoise qui nous a trouvé le point de chute suivant. Une grosse ferme, dans le Gard, avec une cinquantaine de chevaux un peu partout au pré, dans les boxes, des ânes, des singes, des daims, des chevreuils, des chèvres, des chiens viverrins qui ressemblent à des ratons laveurs, des sangliers, des paons, pas mal de volaille d'agrément et plus tard, même, des loups… Une véritable arche de Noé ! Pour nous qui venions de passer un an en ville, c'était la fête à chaque coin d'enclos… Surtout que, pour la première fois depuis longtemps, on avait un copain de notre âge. Il s'appelait Antoine. Il vivait avec ses parents juste à côté de notre caravane, que Maurice et Marie avaient traînée jusque-là un soir, pleine à ras bord de nos affaires et de nos animaux : Mimi la chèvre dans une cage en bois, les poules dans des cartons, le perroquet dans sa cage, le chat, les chiens…

Passionné par la nature, comme nous, Antoine était de toutes nos expéditions, chasse aux insectes ou aux batraciens, histoires qu'on se racontait pendant des heures dans un endroit un peu à l'écart de la ferme, qui était notre lieu secret. On s'y était d'ailleurs réfugiés tout un après-midi, le jour où Claudia attendait la visite des flics pour je ne sais quoi et que nous, par précaution, nous avions pris nos sandwichs et la poudre d'escampette. Antoine nous avait rejoints…

La maîtresse des lieux s'appelait Claudia, donc. Elle menait d'une poigne de fer les gens qui travaillaient là en échange du gîte et du couvert – une dizaine en tout. Le gîte, c'était mobile homes, caravanes et boxes en bois aménagés en « chalets » parce qu'elle n'avait pas de permis de construire. Le couvert, c'était les invendus qu'elle récupérait deux fois par semaine dans les supermarchés voisins auprès de qui, au nom de son association, elle avait le droit de s'approvisionner. Les gens qui vivaient là étaient tantôt des jeunes, comme Katie qui avait mis là ses deux juments et payait ainsi leur pension, tantôt des amoureux des bêtes comme Jeanne, la Belge, séduite par le charisme de Claudia. Certains y bossaient depuis des lustres, comme Étienne, soixante-dix ans, d'autres s'étaient investis dans le projet plus récemment, comme les parents d'Antoine…

Blonde, énergique, une bonne quarantaine, Claudia était un drôle de personnage. Jean-Jacques, son compagnon qui déboursait dans ce projet fou tout ce qu'il gagnait comme dentiste, l'appelait le Roi Soleil… C'était une Corse, très vive, très chaleureuse, mais aussi très autoritaire. Elle aimait les chevaux sans bien les connaître. C'était une sorte d'idéaliste mégalo qui se prenait pour la SPA. Sorte de maison de retraite pour chevaux, sa ferme récupérait un peu partout les animaux maltraités et ceux qui partaient à la boucherie. Ceux qu'elle mourait d'envie d'avoir, aussi, comme ces loups qu'elle a fait venir de je ne sais où juste parce qu'elle en rêvait… Ensuite, elle ne savait pas forcément s'en occuper… Et comme tout le monde était débordé, vu la quantité de bêtes qu'il y avait, c'était un peu la pagaille...

Nous, ça ne nous dérangeait pas trop, au contraire. Bertrand, le paternel, était tellement occupé avec les deux tournées de nourriture à apporter aux chevaux de tous les prés avoisinants, et tout le reste dont il se retrouvait chargé parce que personne ne s'y connaissait comme lui, que pour l'école... il était bien forcé de nous lâcher du lest. Il nous laissait le matin avec nos manuels, nos devoirs à faire, mais bon : quand le chat n'est pas là... On s'amusait à se raconter des histoires, à déconner dans la caravane et, dès qu'on le voyait arriver, on se remettait à nos cahiers. Je crois qu'il n'était pas dupe. Mais il ne s'énervait pas trop. Il faut dire qu'il était épuisé ! Et puis, ça n'a pas duré tant que ça : jusqu'au printemps suivant, je dirais...

Oui, vraiment, c'était l'hiver ! Il y avait de la boue partout, sur le chemin de terre qui menait aux petits chalets et, plus loin, en contournant les bâtiments, à notre caravane puis aux divers parcs à chevaux. Il y avait tellement de boue, jusqu'à un mètre de haut à des endroits, qu'une fois Bertrand s'est embourbé, dans le Land Rover que lui prêtait Claudia pour aller faire la tournée des chevaux. Quelqu'un avait sorti le tracteur pour le tirer de là... mais le tracteur s'est embourbé lui aussi. Il a fallu le tracteur encore plus gros d'un paysan du coin pour les tirer tous de là...

Nous, la boue, on s'en fichait. On avait toutes sortes d'occupations, avec Antoine et Shahi Yena. On aidait un peu à donner à manger aux animaux, à nettoyer les boxes, à mettre des copeaux... De temps en temps, on faisait la tournée avec Bertrand dans le Land Rover ou avec Claudia dans le tracteur... Un jour qu'on avait apporté aux sangliers leur nourriture, au lieu de la leur balancer par-dessus le mur on avait déblayé la boue devant leur porte et on était entrés, mon frère et moi. Tout d'un coup, sans que j'aie rien vu venir, une laie m'a saisi par le ventre et s'est mise à me secouer dans tous les sens ! Shahi Yena lui a foncé dessus en la frappant avec son bâton et elle m'a laissé tomber. C'était l'hiver, heureusement, donc elle n'a attrapé que les couches de pulls. Ça a une bonne mâchoire, un sanglier ! J'avais quand même une grosse marque bleue, les jours suivants…

Il y a aussi eu l'épisode du singe. Cette fois-là, c'est Shahi Yena qui avait donné un bout de la manche de son manteau à un singe qui sortait sa main entre les barreaux. En une fraction de seconde, le singe a tiré la moitié de la manche à l'intérieur de la cage et commencé à la déchiqueter. Mon frère a réussi à récupérer son manteau, mais il était déchiré… On s'est mis à faire un peu plus attention, après ça… Sauf que les singes, c'est trop tentant de les mettre en colère ! Il suffit de les regarder fixement dans les yeux : ils ne supportent pas. Pour eux, c'est un défi, une provocation ; alors ils se mettent à crier, à taper ; ils nous auraient attaqués s'ils avaient pu. Nous, ça nous faisait rire, forcément, même si Bertrand ne trouvait pas ça drôle. Et puis les singes, on les aimait bien : on leur donnait des glands, souvent.

Je donnais des glands aux ânes, aussi, dans leur pré. Il y en avait une dizaine. Du coup, comme ils le savaient, quand ils me voyaient approcher ils venaient vers moi au galop. J'étais tout content, tout fier.

Et puis il y a eu les deux pouliches que Claudia devait nous donner. Ça s'était un peu le rêve de Bertrand : retrouver les chevaux, refaire un convoi… En tout cas, ces deux pouliches avaient six et huit mois. Au départ, elles étaient parfaitement sauvages, comme la vingtaine de chevaux récupérés avant l'abattoir que Claudia avait confiés à Bertrand pour qu'il les dresse et qu'elle puisse les caser ensuite chez des adoptants. À la fin, elles nous mangeaient dans la main… Mais quand on est partis, finalement, comme Claudia et Bertrand ne s'entendaient plus du tout, elle a gardé les pouliches !

On avait une autre occupation, très importante : se jeter sur le Land Rover quand il revenait du supermarché, pour y récupérer en vitesse ce qu'il pouvait y avoir de viande ou de charcuterie… avant que Claudia ne débarque. En effet, on avait remarqué que Claudia, quoique végétarienne, gardait le meilleur… pour ses chats. Les humains qui bossaient pour elle n'avaient qu'à se partager le reste ! Alors nous, ayant compris ça, on rétablissait l'équilibre.

Ce qui ne nous empêchait pas, un peu plus tard, de nous gaver de Coca-Cola, Sprite, chips et autres saletés qui débarquaient par palettes entières. Pas vraiment diététique, tout ça. Ça nous changeait de Nyons !

Et puis un jour ou, plutôt, une nuit, les loups sont arrivés, dans un pick-up. Personne n'osait trop les approcher. Alors le lendemain matin, c'est à Bertrand que Claudia a demandé de les sortir de là. Ce qu'il a fait, apparemment sans problème : il les a lâchés dans leur parc grillagé de partout. Les gens de la ferme en avaient peur. Ils étaient comme des chiens, pourtant. Ils se laissaient caresser à travers la clôture ; ils nous léchaient même les mains… Mais ça ne changeait rien à la peur des autres. C'est fou, ces a priori !

J'ai vraiment aimé ces mois-là… Il y avait les animaux, et puis Antoine, surtout, et ces adultes souvent jeunes qui nous entouraient, dont certains sont devenus des amis… Katie par exemple, avec qui on allait partir. Katie et sa mère, Kornélia, qu'on allait bientôt rencontrer et qui viendraient toutes les deux, neuf ans plus tard, soutenir Bertrand-Xavier à son procès…

Katie, on la voyait de plus en plus. On se faisait des fêtes, dans sa caravane, avec Doris son amie allemande. Je me rappelle même qu'une fois, on était partis en week-end à Alès, chez le copain de Doris, qui était musicien. Claudia n'aimait pas trop qu'on parte, je crois : elle voulait tout le monde sur la brèche presque vingt-quatre heures sur vingt-quatre… En tout cas, c'est à Alès que j'ai joué pour la première fois avec une PlayStation. La seconde, ce serait un an plus tard, à Boscavès, quand on serait devenus amis avec Paco. Mais ceci est une autre histoire…

Pour l'heure, on se voyait de plus en plus, tous les quatre, avec Katie. On lui avait même raconté la vérité : la cavale, nos vrais noms… Katie qui n'était pas trop contente de la façon dont Claudia traitait les bêtes. Bertrand qui en avait assez, lui aussi, de trimer toute la journée alors que ce n'était pas le contrat, au départ. Bertrand et Katie qui s'entendaient bien… Et ça mettait Claudia en rogne, je ne sais pas pourquoi. Bref, la tension montait, entre Claudia et Bertrand, entre Claudia et Katie… Si bien qu'un beau jour, on est tous partis chez Kornélia, la mère de Katie, qui avait un troupeau de chèvres, à qui on avait confié notre histoire et qui était d'accord pour nous accueillir le temps qu'on trouve un autre endroit.

Shahi Yena

Positive attitude !

Oui, j'ai bien aimé, chez Claudia. C'est un des endroits où on était heureux. Parce qu'il y avait Antoine. On délirait bien, avec lui. On jouait tout le temps tous les trois ensemble. Lui aussi était bien à fond dans la nature, alors on partait en excursion pendant des journées entières. On allait chercher des crapauds, le crapaud calamite, *bufo calamita* en latin, qui était le nom de code de notre bande, l'alite accoucheur, ce petit crapaud dont le mâle porte les œufs sur le dos et les trempe régulièrement dans l'eau, qui a un petit cri très flûté, très aigu, proche du cri du hibou petit duc… Autour de chez Claudia, dans les collines, il y avait les deux, l'alite accoucheur et le petit duc : à la tombée de la nuit, on s'amusait à distinguer les deux cris…

On s'amusait à chasser les rats, aussi, avec Corni, histoire d'éliminer les surpopulations. C'était dans le poulailler : on soulevait les cabanes en bois des poules, ils se mettaient à courir partout, et la chienne Corni faisait le travail… On revenait, tout fiers, avec nos grappes de rats comme des trophées… Un jour, dans la grange à foin, il y en a un qui a entaillé le pouce d'Okwari…

On jouait aussi à s'arroser avec des seringues ramassées dans les poubelles, sans l'aiguille évidemment : c'était nos pistolets à eau. Il y avait une grosse dogue allemand un peu tarée, enfermée dans un enclos. Je crois qu'elle s'appelait Elsa. C'est Katie qui s'en occupait. Parfois on s'amusait à l'énerver en l'arrosant, elle aussi.

À part ça, il y avait la boue, bien sûr. Oh là là ! toute cette boue… Le tracteur d'Étienne, vieux bonhomme un peu alcolo, super cool, qui était là depuis perpète, en avait jusqu'à mi-roue… Il est mort pendant qu'on y était, le vieil Étienne. Et moi j'ai eu un truc sur la conscience, parce qu'un jour où il était fatigué et où il se reposait dans sa caravane, pour plaisanter on avait gambadé partout en disant qu'il ne fichait rien… ce qui n'était pas vrai du tout : il n'arrêtait pas de trimer, le pauvre ! Et puis Claudia, par une fenêtre, nous avait entendus ; ensuite ça avait fait toute une histoire et lui il était triste, à cause de nous… Bref, je n'étais pas trop fier de moi… Paix à son âme…

Des trucs tristes, il y en avait pas mal, chez Claudia. C'est juste que nous on ne le voyait pas forcément comme ça. Ou alors on le voyait, ça nous serrait le cœur, et puis on passait à autre chose. Qu'est-ce qu'on pouvait faire, de toute façon ? Il y avait la jument appaloosa aveugle, qui n'arrêtait pas de tourner en rond dans son box. Il y avait l'ânesse si vieille, si vieille, si pleine de rhumatismes qu'il fallait trois personnes pour la remettre debout tous les matins ; à la fin, ça devenait si dur qu'il fallait le faire avec la chaîne du tracteur. Il y avait les juments qui n'avaient pas assez à manger, alors parfois elles avortaient : on retrouvait les petits poulains morts, dans les parcs. Il y avait un cheval qui n'arrêtait pas de se barrer parce qu'il n'y avait plus que de la boue dans l'enclos où on le laissait ; alors Claudia, furieuse, l'avait fait attacher court à un arbre, pendant deux jours

– comme s'il pouvait y comprendre quelque chose, le pauvre ! Il y avait l'étalon tout beau, tout fringant, un Fjord, comme Uwapi ma jument, qui avait débarqué un jour. C'était un cheval de trait magnifique, bien dressé, bon caractère… et Claudia avait exigé qu'on le castre, malgré les protestations de Bertrand, comme on appelait notre père alors. Elle avait des principes, là-dessus : elle était contre l'élevage, il y avait trop d'animaux sur la terre, il fallait éviter qu'ils se reproduisent. Celui-là, en tout cas, c'était un beau gâchis de le castrer, ça risquait de le casser définitivement, disait Bertrand… Il y avait une jolie jument blanche qui refusait de se nourrir tellement elle était triste, dans son box : elle est morte d'anorexie ; il a fallu faire venir l'équarisseur ; nous, on nous a dit de nous éloigner mais on est restés, bien sûr. Tout le monde était démoli… Non, vraiment, elle n'y connaissait rien, Claudia, en chevaux ! Et nous, on avait beau n'être pas bien grands – moi j'avais dix ans, quand même –, on le voyait bien…

Et pourtant, au milieu de ces tristesses, on était bien. Peut-être à cause d'Antoine. Peut-être et surtout à cause de la nature et des animaux autour de nous. Peut-être parce qu'on avait déjà appris, ou alors qu'on avait spontanément compris la « positive attitude ».

C'est quelque chose que je trouve très important, dans la vie. Je me demande même si ce n'est pas une des recettes du bonheur – en tout cas bien plus que l'argent : être capable de voir le positif dans le négatif ; être capable de prendre le positif où qu'il soit, en chacun et dans toute chose. Moi, c'est comme ça que je fonctionne. Ça évite de geindre sur son sort. Ça fait voir plein de merveilles qui sont là, à peine cachées, et qu'on ne peut pas remarquer si on garde ses lunettes noires ou des mauvaises pensées qui bousillent tout. Dans des tas de circonstances de ma vie, ça m'a évité des embrouilles, des bagarres qu'il y aurait pu avoir, des chagrins qui ne se sont pas installés grâce à ça… Et si je suis passé à côté, il me semble que c'est à cause de ça, justement : à cause de cette « positive attitude » qu'on peut aussi appeler… l'amour.

De toutes les armes que je connais, intimidation, violence verbale – et elle est puissante ! –, violence physique – à mes yeux, faiblesse et bassesse –, l'amour est la plus efficace… J'ai eu l'occasion d'en voir, des bagarres, dans ma vie ! J'aurais eu, souvent, l'occasion moi-même de me battre méchamment. Je *sais* d'ailleurs me battre, grâce aux arts martiaux que j'ai pratiqués et, surtout, à mon excellente condition physique, vivant depuis toujours dans la nature, ayant « bossé » progressivement depuis l'âge de huit ans pour finir, durant les trois dernières années, par effectuer des travaux dans le bâtiment. Devoir répondre, là, tout de suite, à deux personnes de trente ans et plus qui m'attaqueraient ne me fait absolument pas peur. Et c'est justement parce que je n'ai pas peur que je n'ai pas *besoin* de me battre. Pourquoi ? Parce que, la peur ne m'aveuglant pas, je ne perds pas le contrôle. Au moment de passer à l'acte, j'ai le choix entre opter pour la violence physique, la violence verbale, l'intimidation ou… l'amour.

L'amour, c'est cette certitude que dans la personne la plus sombre réside une part de lumière. Mieux, c'est la *perception* de cette lumière dans la personne en crise, sous sa colère, sa peur, sa blessure. Alors, dès que j'en suis capable – car il me faut me calmer moi aussi –, je me tourne vers cette lumière ; par la parole, les gestes, l'écoute, je tente de la faire jaillir… Je ne dis pas que j'y arrive toujours, c'est probablement l'apprentissage d'une vie entière, mais lorsque la colère monte, chez moi, chez l'autre, lorsque l'affrontement se pointe – et, vu mon caractère emporté, cela peut arriver souvent –, j'essaie de revenir à cette clairvoyance, à cet amour capable de discerner la lumière masquée par l'ombre, et je ne m'adresse qu'à elle : c'est ce que j'ai trouvé de mieux pour éviter les bagarres… sérieuses.

Xavier

Un « chez-nous », enfin !

Katie a vingt-trois ans. Contre la pension de ses chevaux, deux juments reçues en cadeau pour ses seize ans et auxquelles elle tient comme à la prunelle de ses yeux, elle travaille chez Claudia quand nous y arrivons. Elle est fille de néo-ruraux assez typiques des Cévennes. Kornélia, sa mère, est une Hongroise arrivée jeune en France, qui a toujours vécu dans la montagne, élève son troupeau de chèvres et vend des fromages délicieux dont elle a raison d'être fière, des pélardons des Cévennes. Son père est un sympathique baba cool qui vend des vêtements indiens sur les marchés. Tous trois ont vécu dans un mas cévenol, quand Katie était enfant, puis les parents se sont séparés et ont laissé là le mas de Boscavès… où nous nous installerons bientôt. Dans ce milieu alternatif, Katie a grandi à l'école de la nature, de la liberté, de la précarité ; ce qui lui donne une ardeur, une solidité surprenantes pour son âge.

Il lui faut bien ça, pour tenir le coup chez Claudia ! Car c'est un engagement à plus que plein temps qu'attend le Roi Soleil de ses « sujets ». Sous ses directives, on découvre vite que l'on doit donner à la ferme la totalité de sa vie. Je l'apprendrai à mes dépens, moi qui croyais travailler à mi-temps et conserver toutes mes matinées pour les garçons...

À la ferme, notamment, chacun se voit attribuer la responsabilité d'une partie des bêtes. Si bien que, même éreinté, même rongé d'inquiétude parce que le grain ou le foin menacent de manquer et que Claudia n'a pas encore perçu l'argent escompté de tel ou tel donateur, chacun s'évertue à pourvoir aux besoins de son « cheptel » avec les moyens, l'énergie et parfois le désespoir du bord... À vivre ainsi tous ensemble, partageant les repas, les tâches, l'épuisement et la passion, des liens se tissent, forcément. Même si la nourriture est pauvre, Claudia conservant le meilleur pour ses chiens et chats, l'ambiance est donc très chaleureuse à nos tablées, dans nos soirées d'une caravane à un mobile home.

Parce que Katie est fille de la nature, comme moi ; parce que nous partageons l'amour des animaux et des vastes espaces ; parce qu'elle doit à son enfance chaotique une maturité exceptionnelle, nous sympathisons. De sympathie en complicité, puis en connivence, nous devenons très proches. Au point que Claudia en prend ombrage et nous « dénonce » au père d'une Katie éberluée qu'on se mêle ainsi de ses affaires : je rencontre donc Denis, le père tout aussi éberlué qu'on lui fasse jouer le rôle de chaperon... et nous devenons les meilleurs amis du monde !

C'est la toute première fois, depuis Katia, que je me laisse approcher par une femme. La première fois que je m'ouvre au lieu de bloquer. La différence d'âge entre nous étant énorme, je ne fais aucun projet, surtout pas celui de prendre Katie pour compagne, encore moins de fonder une famille – ce qui est pour moi la base du couple. Mais je vis, nous vivons ensemble cette douceur qui se présente. Naissance d'une relation improbable qui grandit naturellement, au milieu des bêtes et de ce tourbillon qu'est la vie dans cette ferme folle.

Lorsqu'une femme entre dans ma vie, il m'est impossible de lui cacher quoi que ce soit. Aussi ai-je confié à Katie, qui nous a rencontrés sous les prénoms de Bertrand, Benoît et Sylvain, l'intégralité de notre histoire. Avec Claudia, elles sont désormais deux à connaître nos identités et notre besoin de demeurer cachés. Bientôt, elles seront trois car, quand Katie nous présente sa mère, le courant passe aussitôt et je lui raconte tout.

C'est ainsi que, lorsque la tension se fera trop grande entre Claudia et nous, Kornélia, la maman de Katie, nous accueillera dans son jardin, dans la caravane de sa fille.

Nous sommes au tout début de l'année 2001. Okwari, qui est de janvier, vient de fêter ses neuf ans : Claudia lui a offert une chèvre naine de son élevage. C'est peu après que Kornélia, dans sa BX break, est venue embarquer les bêtes et nos affaires, y compris les plantes maintes fois rempotées depuis le Vaucluse, deux ans plus tôt, et les élevages de batraciens des garçons. Nous laissons là notre caravane et partons les mains dans les poches… sans les deux pouliches promises par Claudia en échange de mon travail, bien sûr. Mais les enfants ont appris ce qu'ils avaient besoin d'apprendre. Je me suis fait exploiter au passage mais, quelque part, je sens que tout est à sa place. Notre seule crainte : que Claudia nous dénonce. Aussi changeons-nous une troisième fois d'identité ; nous voici devenus Paco, Léo et Luca Fraille – qui veut dire « liberté », en manouche. Nous profitons de cet intermède chez Kornélia pour apprivoiser nos nouveaux prénoms jusqu'à ne plus risquer le moindre lapsus. Et nous cherchons un endroit où nous poser, à quatre cette fois, avec Katie qui est une grande sœur pour les garçons et, pour moi, une présence féminine, enfin !

Nous commençons donc à chercher… Il nous faut un endroit plutôt isolé, avec du terrain – pour le jardin et les deux juments de Katie – et, bien sûr, pour presque rien… puisque c'est tout ce que nous possédons. Dans les Cévennes, où des tas de néo-ruraux cherchent à s'implanter, parfois même depuis vingt ans, la quête tient de l'irréalisme. Et pourtant…

Voilà que Kornélia se rappelle le mas de Boscavès, autrefois. Voilà qu'elle se rappelle les bons contacts qu'elle avait alors avec le propriétaire, Henri. Voilà même qu'elle nous propose d'aller ensemble le rencontrer. Et voilà que celui-ci – auquel nous taisons bien sûr notre histoire, demi-mensonge indispensable à la survie en clandestinité – s'écrie aussitôt : « Mais si c'est pour la petite Katie et son copain, bien sûr que je vous le loue, le mas ! Et pour le prix des taxes foncières, c'est tout. Il ferait beau voir qu'on ne s'entraide plus, de nos jours ! Tiens, Katie, je te laisse les clefs, poursuit-il. Je passerai vous voir là-bas un peu plus tard… » Qu'elle est bonne, la Providence, quand elle prend le visage d'un homme généreux !

Et nous voilà donc, tous les quatre, dans le vieux mas à l'abandon que Henri a hérité de quelque vieil oncle, de ceux qui travaillaient aux mines de la Grand Combe, non loin de là. Toute une culture bien à part, bien résistante, bien solidaire, bien accueillante aussi aux émigrés de tous pays, cette Grand Combe – mais ceci est une autre histoire, une parmi les milliers que j'ai recueillies, en une vie, et qui chaque fois m'émeuvent quand elles racontent les hommes droits et fraternels.

C'est tout un hameau, ce mas ! À six cents mètres d'altitude, cinq ou six maisons plus ou moins en ruine dont une aussitôt habitable, que nous aménagerons assez vite, et, partout autour, au-delà des anciens jardins aujourd'hui ensevelis sous les ronces qui atteignent parfois deux mètres de haut : une trentaine d'hectares pentus, boisés, de châtaigniers principalement, entourés d'une vingtaine d'autres que personne n'utilise et où nos chèvres grimperont bientôt…

À peine nous arrivons, et tandis que Katie et moi faisons le tour du terrain où elle me désigne, de mémoire d'enfance et sous la broussaille, les emplacements de chaque terrasse et jardin que nous devrons remettre en état, les garçons ont installé notre campement d'instinct. Pour ce premier soir : des couvertures tendues tout autour de la grande pièce qui sera plus tard leur chambre ; d'autres pour boucher les ouvertures ; un poêle au milieu, dans lequel ils ont allumé le feu ; des tapis, des matelas posés au sol et en cercle tout autour ; au-delà : nos malles et, déjà, dans la cuisine, dans la niche au-dessus de l'évier : la cage de Jaco, le perroquet. Okwari et Shahi Yena ont neuf et dix ans ; ils n'ont besoin de personne pour aménager leur vie… et même la nôtre !

Dans les semaines qui suivent, tout le monde se retrousse les manches. Il faut dire que l'euphorie nous porte. Après trois ans – que dis-je, presque cinq ! – d'errance forcée chez les uns, les autres, nous voici chez nous, pour la première fois ! Chez nous, ce mas qu'un brave homme nous loue pour presque rien, en toute légalité. Chez nous, cette terre à cultiver, cette terre où nous poser, où retrouver racines enfin, et nous élancer vers d'autres projets…

Défricher, d'abord. Arracher les ronces – merci les juments puis les chèvres qui ont piétiné, arraché et mâché pour nous ! Remettre en état les terrasses pour y semer le jardin qui assurera notre autonomie alimentaire. Entamer un élevage, ensuite, alors que nous n'avons pour l'instant que Mimi et la chèvre naine de Luca, mais bientôt deux autres, que nous donneront de nouveaux amis, puis… tout le troupeau de Kornélia tombée malade : une dizaine de bêtes qu'elle confiera aux garçons dont elle a reconnu les compétences et la passion, comme elle leur transmettra les secrets de fabrication de ses pélardons. Un élevage, et l'embryon d'un commerce de fromage donc, qui ne fera que grossir en quatre ans, s'ajoutant à celui des châtaignes que notre terrain produit à la tonne. Nous creuserons ici deux mares, pour recueillir un supplément d'eau de pluie car la citerne et l'ancien lavoir sous son toit voûté ne finissent pas l'été. Nous bâtirons ici une serre, pour améliorer la production du jardin. Nous retaperons l'ancienne volière, provisoirement devenue poulailler. Nous arrangerons la bergerie, aménagerons l'ancienne clède[1] en atelier d'outillage en bas et chambre d'amis à l'étage. Les garçons feront une rocaille fleurissante aux abords de la maison, ils discipli-neront l'allée fleurie de mimosa et la vigne centenaire en treille au-dessus de la vaste terrasse dallée. Bientôt nous aurons un âne, puis deux, également donnés, avec lesquels les garçons s'en iront garder les chèvres sur les chemins de montagne. Bientôt, nous rencontrerons amis de toutes sortes, au château médiéval de Portes, dans la communauté anarchiste de La Bernette et au parc ornithologique des Joncs ; et vivrons auprès d'eux maintes aventures qui seront autant d'expériences formatrices pour Okwari et Shahi Yena, alias Luca et Léo. Et nous ferons, bien sûr, avant tout, de notre habitation un foyer accueillant, chaleureux et confortable, avec la grande pièce commune autour de sa gazinière, de sa cheminée cévenole et de la cuisinière à bois que nous y ajouterons, avec les deux vastes chambres un peu plus loin, qui donnent sur le jardin et la vallée. Rien à voir avec les photos misérables publiées en 2009 par certains jour-

1. Bâtiment qui servait de lieu de séchage aux châtaignes : au rez-de-chaussée, le foyer sans flamme et, à l'étage dont le sol est à claire-voie, les châtaignes étalées que l'on retourne de temps à autre pour qu'elles sèchent de toutes parts.

naux – 2009, soit quatre ans après notre passage, quatre ans de squat, de vandalisme et d'abandon pour ce cher mas de Boscavès où nous nous croyions établis pour toujours et d'où la police, en collaboration avec une émission de télé-poubelle, allait nous chasser en mai 2005…

Car il ne faut pas se leurrer : si elles peuvent être légitimes lorsque dûment motivées, si elles peuvent devenir une nécessité quand la vie d'hommes (ou d'enfants) est en jeu, résistance et désobéissance civile présentent des risques sérieux. Quiconque s'y lance devient hors la loi – mieux vaut le savoir avant de se jeter dans l'aventure. Peu importe que cette loi soit inique, qu'elle soit celle d'un gouvernement légitime, celle d'un usurpateur ou celle d'un pays occupant : dans tous les cas, le « régime » mettra contre le désobéissant tous les moyens dont il dispose – et ces moyens sont, à notre époque de l'informatisation, la communication et la surveillance à outrance, plus vastes et mieux organisés que jamais. Exclu par son choix du sage troupeau des citoyens obéissants, le résistant déclaré « criminel » n'aura désormais plus d'autre droit que celui d'être pourchassé. Quoi qu'il fasse, où qu'il soit, et quelque temps qui s'écoule depuis son entrée en résistance, il sera toujours à la merci du premier délateur venu – et il y en a beaucoup, qui pensent le plus honnêtement du monde servir par leur délation le système dans lequel ils croient…

Dans les Cévennes, où nous fréquentions tant de monde et finirons par baisser la garde, les garçons et moi connaîtrions des gens des deux sortes : ceux qui, ayant reçu nos confidences ou nous ayant reconnus sur les photos des commissariats, se garderaient de trahir notre secret, et ceux qui, nous ayant aperçus de plus loin et nous reconnaissant à la télévision, enverraient à la police leurs dénonciations.

Shahi Yena

Mon âne, mon ami

Kornélia vivait à Elze, village d'une centaine d'habitants égaillés un peu partout dans la vallée. Elle avait une petite maison, qu'elle avait retapée et aménagée elle-même au fil des ans avec, en contrebas, sa chèvrerie et sa fromagerie.

Nous vivions dans la caravane de Katie. Elle avait une rate apprivoisée, Sinsé – son nom est inspiré du groupe reggae Sinsemilia –, qui courait en liberté avec tout un parcours derrière les cloisons, dans les placards, qui venait boire à la bouche de Katie et s'amusait à attraper les papillons, le soir, quand ils tournaient autour de la lampe.

Dans la journée, Okwari – devenu Luca – et moi partions avec les chèvres par les petites routes de là-bas ; on croisait des personnages sculptés, soudés dans la ferraille par un artiste spontané du coin qui les avait installés là quelques années plus tôt ; on attrapait des lézards sur les falaises ; ou bien on se baladait dans le village. C'est là qu'on a vu les ruches à l'abandon qu'on récupérerait un peu plus tard, pour Boscavès. Là aussi que Corni s'est fait saillir par un border colley, ce qui nous donnerait Bosca, qu'on n'aurait plus qu'à dresser pour en faire un parfait chien de berger.

À Boscavès, plein de ronces, plein de moisi, abandonné depuis des années et qu'il a fallu retaper, on a d'abord vécu avec Katie. Elle était Lion, comme moi, et rousse, avec du henné, du feu. Je délirais bien avec elle. C'était un peu ma grande sœur. Nous étions complices, elle et moi. Avec Katie, oui, c'était cool…

Il y avait ses deux juments, aussi, Éclipse et Kaïa. Kaïa n'était pas dressée du tout. Je la montais de temps en temps, histoire de la débourrer un peu. Un jour, sur le parking à l'entrée de Boscavès où se trouvait un gros terril de graviers, elle m'avait éjecté deux fois. Chaque fois, j'étais retourné la chercher, j'étais remonté… et j'avais fini par la ramener, au pas, derrière la voiture. Déjà, je me débrouillais…

Plus tard, il y a eu la jument d'Hervé, le père de Charline et Cassandre et le nouveau copain de Katie. La Bougne, il la bichonnait. Seulement elle avait eu une prise de longe – c'est-à-dire qu'elle s'était pris un pied dans sa longe, s'était couchée dans la pente et la corde qui l'enserrait lui avait rongé la chair jusqu'à l'os. Elle avait un gros trou dans la jambe que les vétos et leurs pommades n'arrivaient pas à guérir. Nous, avec Paco, prénom de notre père à l'époque, on est allés la soigner deux fois par jour avec de l'argile. On voyait petit à petit la chair bourgeonner : elle commençait à se refaire… J'ai de super bons souvenirs avec La Bougne, peut-être les meilleurs d'alors. Je l'attelais, je la montais. Je me rappelle la confiance absolue que je lui vouais – et vice versa – , les triples galops qu'on se prenait, elle et moi, dans les pentes ou ailleurs. Je me faisais tout petit, tout léger alors, pour ne pas la gêner. C'est grisant, ces moments-là. Tu es à cru sur la bête, il y a ce corps que tu épouses, le vent, la sueur, la confiance de part et d'autre – car elle te fait confiance, elle aussi ; à la moindre inattention tu peux la faire se planter... Alors voilà, c'est une complicité : pour que la bête puisse se donner, il faut te donner d'abord – un peu comme dans la vie, au fond... Et le mauvais cavalier, c'est celui qui veut tout contrôler, tout maîtriser... comme font la plupart des gens, dans leur vie... En tout cas, je crois bien que c'est La Bougne qui m'a le plus donné le goût des chevaux.

Un peu plus tard, toujours au mas, il y a eu Louna, la jument beige d'un voisin qui avait chargé Paco de la dresser. On descendait chez lui une fois ou deux par semaine. On la montait à tour de rôle, et Paco nous donnait ses instructions. Il fallait habituer Louna à la selle, au mors, puis à prendre des allures, s'arrêter quand on le lui demandait, plus tard faire des voltes, des huit... Ce qui fait qu'on a appris le dressage. Le dressage classique, je veux dire, où tu commences par lui mettre un tapis de selle sur le dos, plus tard la selle, plus tard tu serres un peu la sangle, plus tard un poids sur le dos et tu la fais marcher avec... et enfin, au bout d'un temps fou, tu peux lui monter dessus... En Ariège, cinq ans plus tard, j'apprendrai une autre forme de dressage, le dressage éthologique[1] : en trois heures, tu débourres des chevaux tout juste sortis du pré et jamais montés. C'est autrement plus excitant !

Pour revenir à Boscavès : quand on est arrivés là-bas, on a repris nos expéditions dans la nature et, bien sûr, nos élevages. Toutes les bestioles qu'on avait avant, on les avait relâchées chez Kornélia. Ici on retrouvait de tout : des salamandres, des crapauds, des couleuvres, une petite lézarde ocellée que j'aimais beaucoup... Le lézard

1. Forme de dressage fondée sur la psychologie de l'animal : action-réaction. À chacune de ses actions, répondre instantanément par une action de mêmes type et force, jusqu'à ce qu'il comprenne que la douceur est plus agréable...

ocellé, c'est le plus gros lézard de France ; il a des ocelles bleu et rouge ; il est actuellement en voie de disparition. Celle-là, je l'avais récupérée toute petite et elle avait passé l'hiver. Du coup, j'étais tout content. Je l'avais apprivoisée : elle venait me manger dans la main… Je l'ai gardée plus de deux ans. Et puis un jour, elle s'est barrée. Je l'ai cherchée partout, j'étais dégoûté. Je crois même que j'ai pleuré… C'était ma faute, aussi : j'avais dû mal refermer son terrarium…

Les deux premières chèvres qu'on a eues, en plus de Mimi bien sûr, s'appelaient Caramel et Samba, deux saanens, toutes blanches, excellentes laitières, qu'Élia et Damien, deux amis de La Bernette, nous ont données peu de temps après notre arrivée à Boscavès. Caramel, c'était la mienne ; Samba, celle de Luca. Avec elles, on écrasait les ronciers, en jetant des perches par-dessus pour qu'elles viennent y manger les ronces. Grâce à elles, on a commencé à défricher les terrasses, pour le futur jardin.

Ce jardin, on y a pas mal participé, même si le gros de l'ouvrage c'était Xavier qui s'en chargeait : on nettoyait la chèvrerie, on ramenait le fumier… Plus tard on a fait chacun notre petit potager et, surtout, on a fait la serre. On avait coupé du bois dans la forêt, à la scie. On était fiers. Ensuite on trimbalait nos troncs de huit mètres… Heureusement qu'il y avait nos ânes ! Ensuite, on l'a gérée complètement, cette serre. On y faisait les semis pour le jardin et nos cultures à nous : Luca cultivait surtout des tomates, des tas d'espèces en voie de disparition récupérées auprès de l'association Kokopelli[1],

1. Association qui milite pour la biodiversité, pour la préservation et l'échange des semences de variétés légumières et céréalières traditionnelles, semences dont, par réglementations interposées, les gouvernements français successifs interdisent peu à peu la commercialisation, la circulation, voire même la production amateur… pour le seul profit des multinationales semencières et de leurs monopoles !

moi je faisais des semis de fleurs, œillet d'Inde, cosmos, lupin blanc et beaucoup d'autres, ainsi que des arbres que je n'ai pas vus grandir… C'était pour l'agrément, surtout : le plaisir de semer, de voir germer, de repiquer puis récolter ou, pour les fleurs, simplement de contempler…

Mais pour revenir aux chèvres, elles ont commencé à occuper une bonne partie de notre vie quand Kornélia nous a donné les siennes. Les premiers temps, avec elles, on n'allait pas trop loin. On était à pied, à l'époque. Puis il y a eu Gipsy, mon âne, et ensuite Tabara, l'ânesse de Luca. On partait alors des demi-journées entières ; on s'en allait super loin, à longer la route des crêtes où il y avait de la bonne herbe. Il fallait gérer les virages et les voitures. Des gens s'arrêtaient, « Oh cow-boys ! », des touristes qui nous prenaient en photo ou alors de vieux Cévenols qui nous disaient « Nous aussi, quand on était jeunes… » On était fiers, sur nos ânes. On s'arrêtait, on discutait un coup.

C'était une période où on se sentait un peu seuls, l'hiver surtout, tous les trois à Boscavès. C'était l'époque, en tout cas, où Luca et moi maudissions parfois « le vieux mas pourri », comme on l'appelait sur la fin… C'est peut-être à la même époque que j'ai réalisé pour la première fois que ma mère, une présence maternelle en tout cas, me manquait… Ça m'est venu à cause d'un détail, un soir où Ludivine était là, cette amie d'avant la clandestinité qui nous rendait visite de temps en temps. Je devais avoir mal au ventre ce soir-là ; alors, plutôt que de dîner avec les autres, j'étais resté dans la chambre, allongé sur le lit de Paco. À un moment, Ludivine est venue me voir. Elle m'a passé la main sur le ventre, vite fait. Et ça m'a fait trop du bien. D'un coup, j'ai calculé que ce truc qui me manquait et que je ne savais pas nommer, c'était la tendresse ! Une anecdote de rien et, soudain, cette prise de conscience…

Heureusement, il y avait la nature… Et les chèvres, justement : l'odeur forte du fumier ; la traite du matin, instant de complicité avec l'animal que tu soulages et qui le sait ; le moment où tu les sors, où elles se pressent, se bousculent, et où tu partages cette même excitation joyeuse ; et les longues heures où tu les gardes, plus haut dans la montagne, elles tranquilles, toi, tout aussi paisible, en train de bouquiner ou de dessiner… Dans tous les cas : un vrai contact, les chèvres qui reconnaissent leur nom, une complicité avec elles comme avec Bosca, le chien de berger qu'on avait super bien dressé…

Le bouc, lui, était plus tordu. Des petits coups de cornes, de temps en temps ; un rapport de force. Dans ce cas-là tu n'as pas le choix : tu le prends par les cornes, tu le plaques au sol, les cornes dans la terre, les quatre pattes en l'air… C'était un peu dur, au début, parce qu'on était encore petits. Mais il faut lui faire comprendre qui est le maître. Kornélia nous avait expliqué la technique. Paco, lui, n'était pas d'accord. « C'est n'importe quoi ! » disait-il. Mais ce n'est pas lui qui s'en occupait. Nos toutes premières confrontations, je crois qu'elles ont commencé là. Paco vit entouré d'animaux, mais ce n'est pas un dresseur ; il ne leur impose jamais sa loi. Avec lui, les animaux ont tous les droits. Résultat, c'est un peu le Bronx ! Or le « bouc » ou, plutôt, le « dominant », c'était moi…

À Boscavès, pour finir, il y avait la relation avec mon âne Gipsy… Je le nourrissais, je le soignais, nous montions ensemble pendant des heures, il jouait avec moi sur certains trucs, je lui parlais, je le comprenais, je comprenais même sa connerie… J'ai des souvenirs, par exemple, où pendant qu'on gardait les chèvres je le lâchais un moment, pour qu'il puisse manger à l'aise, et cet imbécile se barrait ; je m'approchais, il me laissait venir et, dès que j'étais à cinq mètres, il filait un peu plus loin... tout ça jusqu'à la maison, une fois ! Au tout début, pendant le dressage, quand il essayait encore de m'éjecter, deux fois il est parti au galop et je me suis retrouvé à galoper avec lui, tête en bas, accroché à son cou, avec ses sabots qui m'effleuraient le dos...

Des souvenirs, avec Gipsy, j'en ai des dizaines... On se comprenait, tous les deux. C'était mon âne, mon ami.

Okwari

Une journée à Boscavès

On était debout à 7 heures. C'est Paco qui venait nous réveiller, en ronchonnant bien souvent : il aurait voulu qu'on se lève tout seuls… La journée commençait avec la traite des chèvres pour l'un, les fromages pour l'autre, en alternance. On avait bien dix litres de lait chaque jour. Celui qui faisait les fromages préparait aussi les chapatis pour le petit déjeuner. À 9 heures, une fois le déjeuner englouti, on attaquait l'école, jusqu'à midi et demi. Plus ou moins disciplinée, l'école, selon qu'on parle d'avant ou après La Bernette. Notre passage par ce collectif anarchiste ayant pas mal nourri nos envies d'affranchissement, Paco devait donc nous surveiller d'assez près. Il vaquait alors autour de nous, faisait la vaisselle ou je ne sais trop quoi, histoire de nous garder vissés au grand banc de la cuisine…

La première année, on lâchait les chèvres dans la nature le matin, vu que le plus proche voisin était à cinq kilomètres, et on les récupérait après les cours. Plus tard, à cause d'une voisine grincheuse dont le pré jouxtait l'un des nôtres, il a fallu les garder nous-mêmes ; nous les sortions l'après-midi, en se relayant, au début, deux heures chacun avec Gipsy, tandis que celui qui restait au mas nourrissait les animaux, les poules, les cochons, tous les oiseaux d'agrément. Puis, quand j'ai eu Tabara, on partait tous les deux ensemble pendant des trois ou quatre heures…

Ça pouvait être assez intense, parfois, les chèvres. Tu t'énerves pendant deux heures parce qu'elles se sont barrées dans tous les sens et que tu es là à courir pour les rassembler – un très bon entraînement sportif ! Ou alors il fait froid, il neige, tu es là à grelotter dans la montagne… comme ce jour de Noël où nous les gardions tous les deux et où je pensais à Paco, Charline et Cassandre, nos amis de l'époque, qui devaient être en train d'avoir un vrai réveillon… Ce n'est pas que Noël me disait grand-chose : je ne l'avais jamais fêté, sauf une fois aux Adrets. Mais il y avait cette envie de faire comme tout le monde, surtout quand c'est un moment où « tout le monde » fait la fête… Ce jour-là, donc, sous nos vestes et nos gros pulls, on ne portait pas forcément les chèvres dans notre cœur. Je me rappelle même avoir dit : « J'espère qu'il va nous faire un cadeau, au moins ! » « Il », c'était le père bien sûr… Le soir, une fois rentrés au mas, ç'avait été une soirée comme les autres, sans tralala, sans sapin ni crèche… Pourtant, je m'y sentais bien, dans cette ambiance de tous les jours. Et, en plus, il y avait eu des cadeaux : pour moi des ciseaux à bois – c'était l'époque où je me passionnais pour la sculpture sur bois – et pour Shahi Yena des ciseaux à pierre – lui qui taillait la pierre, depuis Roland.

Pour revenir aux chèvres : la plupart du temps, c'était supercalme. Une excellente occasion de méditation ! Tu gardes tes chèvres, tu te sens utile et, en fait, n'ayant rien à faire, tu as l'esprit libre pour toutes sortes de réflexions, des pensées sur la vie, sur tout, sur rien, ou alors des tas d'histoires que tu t'inventes, qu'on s'inventait ensemble avec Léo, dont nous étions les héros dotés de pouvoirs magiques… des rêves de gamins, quoi !

Une autre occupation importante, c'était nos expéditions dans la nature. Avec un copain de La Bernette, on avait monté un club CPN, Connaître et protéger la nature. L'organisme nous envoyait des fiches et nous, nous recensions toutes les espèces d'oiseaux, d'insectes, de batraciens ou de reptiles qu'on trouvait dans le coin ; ensuite on renvoyait les fiches… On faisait aussi des nichoirs. Et on avait en élevage salamandre, crapaud commun, mante religieuse, couleuvre d'Esculape… C'est passionnant, de regarder une couleuvre s'emparer de sa proie. Tu places ton lézard ou ton mulot dans son terrarium ; lui, il regarde partout autour parce qu'il ne sait pas où il est ; la couleuvre, elle, s'immobilise : elle vient de le repérer. Et, brusquement, elle bondit : en une fraction de seconde, elle a chopé sa proie, s'est enroulée autour d'elle, l'a tuée, puis elle déboîte sa mâchoire – c'est impressionnant, ce moment-là – et la gobe… Ça peut prendre entre une demi-heure et trois quarts d'heure, pour un gros mulot. Ensuite, il faudra trois ou quatre jours à la couleuvre pour digérer, pendant lesquels il ne faut pas trop la toucher, pas trop la prendre, pour éviter qu'elle interrompe sa digestion et recrache sa proie…

La mante religieuse est fascinante, elle aussi. Elle détend ses deux pattes de devant à la vitesse de l'éclair. Au bout, il y a deux crochets qui tuent instantanément l'insecte – lequel fait parfois le tiers de sa taille à elle. Ensuite, elle le déchiquette. Mais ce qui est impressionnant, c'est l'étape d'avant : la rapidité, la précision de son geste… Et aussi la tête articulée qu'elle a, ce mouvement de la tête, ces yeux qui te fixent : on dirait qu'elle te voit vraiment ! Nous, on passait des heures à les observer, sous les cloches à fromage où on les gardait.

On avait des scorpions, aussi. Des petits noirs de quatre à six centimètres. Leur venin est un paralysant, souvent mortel en Afrique mais, en France, pas plus dangereux qu'une piqûre de guêpe – ça fait mal quand même... mais nous ne nous sommes jamais fait piquer. Il n'est pas recommandé de les attraper, bien sûr : là ils se sentent saisis et peuvent réagir. Mais si tu les laisses monter sur ta main, ils se baladent, il n'y a aucun problème...

Tout chez les insectes est passionnant ! Le mode de vie, les mécanismes, cette façon de fonctionner juste à l'instinct. La perfection de ces mécanismes et, pour moi, la curiosité de découvrir comment ça marche...

Xavier

L'année de toutes les aventures !

Avec Katie à nos côtés, si sensible, si affective, avec cette chaleur des Slaves qu'elle a, ce cœur au bord des yeux en certaines circonstances et, le reste du temps, son énergie à toute épreuve, notre installation à Boscavès a démarré sur les chapeaux de roues. Défricher, arracher, organiser l'espace… Katie et moi nous complétons à merveille. Les garçons ne sont pas en reste, qui prennent toutes sortes d'initiatives : pour aménager l'espace intérieur d'abord, gérer les choses du quotidien sans demander rien à personne, réfléchir à des problèmes concrets, puis investir certains bâtiments où ils commencent à installer leurs élevages… Boscavès, pour ces deux-là, c'est l'épanouissement de l'autonomie qu'ils expérimentaient d'année en année. Le passage par la communauté anarchiste de La Bernette, dans quelques mois, ajoutera encore à cet affranchissement…

Car il arrive ce qui devait arriver, hélas, de Katie et de ses vingt-quatre ans. Voilà qu'un beau jour notre chère compagne au cœur fou renoue avec un ancien amoureux ; voilà qu'elle souhaite l'introduire au mas, où elle nous veut tous les cinq ensemble – la vie communautaire, encore elle ! Voilà que moi je regimbe, bien sûr, que disputes et scènes s'ensuivent et que Kornélia, l'irremplaçable Kornélia, doit venir jouer les arbitres… Je me rappelle encore ce jour du printemps 2001 où Katie, pour dégeler l'atmosphère, avait essayé de nous convier à monter dans la montagne pour regarder passer sur la draille des bêtes en transhumance… Je me souviens de mon refus, de l'ambiance sinistre, ces semaines-là, puis de son départ, avant l'été, avec son ancien devenu nouveau et très provisoire compagnon. Je me souviens de notre solitude à tous trois, alors, seuls dans ce mas trop grand pour nous : cette lourde maison de sédentaires avec l'astreinte de travaux agricoles qui n'avaient de sens qu'en famille pour les semi-nomades que nous sommes… Je me souviens du sursaut qui me vint, cet été-là, lors d'une visite de notre fidèle amie Ludivine…

On m'avait parlé, en termes pas toujours flatteurs, d'un collectif non loin de chez nous. Le son de cloche était bizarre – « des gens un peu trash… des anars, des punks… » –, mais, issue du monde néo-rural forcément un peu baba cool, trop « cool » en tout cas pour épouser des causes jusqu'au-boutistes, la critique me semblait biaisée : j'avais envie d'y aller voir et de me faire ma propre opinion. C'est qu'il me fallait à tout prix, pour les enfants comme pour moi, faire des rencontres, ouvrir les fenêtres, ne pas nous laisser enfermer dans la solitude de Boscavès. Bien sûr, nous venions de rencontrer Roland, dont je parlerai un peu plus loin, Roland qui nous ouvrirait les portes du château de Portes, justement, et de ses fêtes médiévales. Mais cela ne suffisait pas… C'est ainsi qu'en compagnie de Ludivine, je me suis rendu à La Bernette, point de départ d'une des nombreuses aventures de cette époque qui n'en manque pas…

Car cette première année à Boscavès est aussi celle où nous recevrons les toutes dernières – mauvaises ! – nouvelles des procédures judiciaires qui courent toujours ; où nous tenterons auprès de Katia une dernière proposition de médiation ; et où nous reverrons pour la dernière fois, avant huit ans, notre amie Françoise. Forte et fidèle Françoise qui fut la première à écouter les enfants en 1996, quand j'en étais moi-même coupé, qui fut de toutes les tentatives de médiation auprès de Katia dès cette époque puis pendant notre clandestinité, qui réunit inlassablement les témoignages des uns, des autres et, au nom du comité de soutien pour la défense et la liberté de Shahi Yena et Okwari, nous représenta en justice quand je ne pouvais plus le faire. Françoise que Katia et deux de ses hommes de main ont agressée, un jour de décembre 2000[1], et qui sera bientôt mise en examen puis sous contrôle judiciaire au « chef de complicité de non présentation d'enfants »...

Tout va très vite, en effet, tandis que nous travaillons d'arrache-pied à remettre en état le mas et y monter nos projets de culture vivrière, d'élevage de chèvres et d'animaux d'agrément pour nos futures animations... Tout va très vite et, bien souvent, se télescope...

Il y a, outre le départ de Katie, la dernière visite de Françoise qui, voyant l'isolement où nous sommes, se rappelle soudain un tailleur de pierre qu'elle a connu, chef du chantier de restauration du château de Portes voisin, et établit le contact. Il y a ce coup de foudre de l'amitié qui nous saisit, Roland et moi, au premier regard échangé. Roland qui nous entraînera aussitôt dans l'univers folklorique des fêtes médiévales où les garçons s'amuseront et apprendront tant de choses. Roland qui

1. Témoignages et dépôt de plainte attestent de cette « action » pour le moins énergique contre notre amie.

saura toute notre histoire et prendra le relais de Françoise désormais hors circuit pour le transfert du courrier vital. Roland, le bon géant aux nattes rasta, tailleur de pierre émérite, chef de chantier charismatique, joueur de djembé endiablé et homme de cœur, par-dessus tout, qui nous prendra sous sa protection, s'attachera à Léo et Luca comme aux enfants qu'il n'a pas et, sur son lit de mort, dans une vingtaine de mois, les confiera à sa sœur Jojo, qui me deviendra « sœur de cœur »…

Il y a ce clin d'œil inespéré de la Providence : la grange normande que j'ai mise en vente trois ans plus tôt et dont je n'ai eu aucune nouvelle depuis, voilà qu'elle vient de trouver preneur… Transféré de Normandie aux Cévennes par un de mes beaux-frères puis par Roland, cet argent frais nous parvient au moment précis où nous en avons besoin pour acheter bêtes et matériel indispensables à notre établissement…

Il y a ce énième jugement du tribunal de grande instance de Bernay qui me retire l'autorité parentale, cette fois. Certes, l'argument de Katia quant à « la vie d'errance imposée aux enfants, le passage du père et des enfants au sein d'un groupe nommé “Les enfants de Dieu” où règne la misère, les mères étant présentées comme droguées et alcooliques et les pères comme mendiants » n'a pas été retenu par le ministère public – grâce lui en soit rendue ! – qui conclut à « l'absence de preuve de ce que la santé, la sécurité et la moralité des deux enfants sont manifestement en danger ». Même s'ils n'ont abouti à rien d'officiel, mes échanges épistolaires avec la juge d'instruction de Draguignan sont peut-être pour quelque chose dans ce sursaut de lucidité… Néanmoins, du fait que « M. Fortin refuse de révéler son domicile actuel », qu'« une instruction pour soustraction d'enfant mineur » est en cours, qu'il « fait l'objet d'un mandat d'arrêt » et qu'il a signalé par lettre à Catherine

M. « sa volonté de continuer ainsi jusqu'à ce que Shahi Yena et Okwari atteignent l'âge de treize ans[1] », soit jusqu'en janvier 2005, le tribunal prononce le retrait total de mon autorité parentale.

À quoi nous attendions-nous ? Je ne sais plus… À plus grand-chose, sans doute. À cette époque, nous avons néanmoins deux derniers espoirs, deux ultimes actions judiciaires en cours : l'une auprès de la Cour de cassation, une autre auprès de la Cour européenne des droits de l'homme. La première sera rejetée… et nous serons obligés d'abandonner la seconde, suite aux persécutions qui s'accumulent contre Françoise, notre seule intermédiaire avec cette jungle affolante des juges, des procureurs, des experts, des avocats et autre gent juridique.

L'année 2001-2002 constitue donc notre première rupture réelle et définitive avec une justice dont nous avons désespérément tenté de nous faire entendre pendant six ans.

Il y a aussi, au cours de l'été 2001, cette carte postale que les enfants reçoivent de Katia, la toute première en trois ans et demi[2]. « Mes enfants chéris, écrit-elle, votre maman vous aime très fort et vous cherche partout, toujours, sans arrêt, sans relâche. Jamais je ne vous abandonnerai. Bientôt nous allons nous retrouver et alors nous ferons une belle fête avec de la musique pour vous dire combien vous m'avez manqué. Que Dieu vous délivre enfin ! Que Dieu m'entende. Votre maman, Katia. » Elle y joint son numéro de portable…

1. Âge à partir duquel les enfants peuvent être entendus en justice. Une loi plus récente, de mars 2007, oblige désormais le JAF à interroger tout enfant qui, dans le cas de la séparation de ses parents, en fait la demande, et ce quel que soit son âge – libre dans ce cas au juge de déléguer cette « écoute » à un expert psychologue, s'il l'estime nécessaire… Heureuse évolution de la législation française et qui la met, enfin, en accord avec la Convention internationale des droits des enfants signée par la France… en 1989 ! Reste à ce que les juges l'appliquent…

2. Preuve, s'il en est besoin, que Catherine M. pouvait à tout moment avoir des nouvelles de ses fils et n'en a pas eu… faute de le vouloir.

Cette carte révolte les garçons – qui n'ont jamais eu la langue dans leur poche ! « Elle ne nous demande même pas de nos nouvelles, constatent-ils. Elle ne cherche même pas à savoir comment on va, ce qu'on fait, ce qu'on devient après tout ce temps. » Des lettres, ils en reçoivent parfois de nos amis d'un peu partout : ils savent parfaitement discerner le souci véritable que l'on a d'eux… « Et en plus, concluent-ils, pourquoi elle ne donne pas son numéro de téléphone fixe ? Ce numéro de portable, c'est un piège pour que les flics nous repèrent ! » Au vu de tous les traquenards déjà tendus par leur mère, je ne peux les contredire… Et les laisse rédiger librement leurs réponses, qui seront postées d'un peu loin par l'un ou l'autre de nos amis. Des réponses d'une grande sécheresse qui ne peuvent que blesser le cœur d'une mère mais… à qui la faute, si nos fils se sentent traqués, non pas aimés, par cette mère dont ils ne se rappellent que la « rééducation forcée » des Adrets puis le très très long silence que n'ont interrompu qu'actions en justice et descentes de police ? !

« J'ai reçu ta lettre mais j'ai pas envie de te répondre », écrit Luca, laconique. « Je ne compte pas te retrouver comme tu le souhaites bientôt, renchérit Léo, ni te revoir, en tout cas pas tant que je ne suis pas sûr que tu ne puisses plus m'obliger à quoi que ce soit. Je suis très bien avec mon père et je le resterai. Dieu n'a pas besoin de nous délivrer, il a plutôt besoin de te pardonner. » Plus émotif que son frère, notre aîné ne mâche ni ses mots ni sa colère…

S'ensuivront, dans la foulée, quatre autres cartes et courtes lettres de Katia où elle insiste sur « la vérité (qui) arrive tôt ou tard à la lumière, nul ne (pouvant) y échapper », se dit « très inquiète pour (leur) avenir », évoque le jour « proche, où Manu comprendra la grave erreur qu'il a commise »… mais ne prend pas plus de leurs nouvelles qu'elle ne s'étonne ni ne s'interroge sur le pourquoi de leur violence – quant à leur expliquer le pourquoi de *sa* violence ou leur demander pardon : encore moins ! Dans l'une d'elles, seulement, elle s'inquiète de savoir s'ils ont « bien reçu [son] petit colis »... Il s'agit sans doute, bien que nous n'en ayons pas la preuve puisqu'il s'est égaré entre-temps, du colis de jouets que mes parents n'ont pas pu ou pas jugé bon de nous faire parvenir.

Les garçons commenceront par ignorer ces messages. Puis, lorsqu'un appel à médiation me parviendra d'une Katia qui a fini de remporter toutes ses batailles judiciaires et constaté leur inefficacité, nous nous déciderons à tendre la main et rédigerons, ensemble, ce qui sera ma dernière lettre à leur mère.

Elle est longue, cette lettre – rien moins que douze pages... Elle n'a pas été facile à écrire, et sera sans doute plus difficile encore à accueillir par sa destinataire puisque les faits les plus douloureux, les moins glorieux pour elle, y sont récapitulés – ainsi que l'âme qui anime ces faits. On y trouve, entre autres, ce rappel essentiel pour moi : « Nos enfants ne nous appartiennent pas, pas plus à toi qu'à moi. Ils sont des personnes à respecter et non des objets à s'approprier et à manipuler. » Et ce triste constat : « Ce que Shahi Yena et Okwari ont été contraints de vivre et de supporter aux Adrets sans pouvoir rien dire ni réagir [...] ils t'en conservent, hélas, beaucoup de rancœur. » Et ce vœu : « Je souhaite de tout mon cœur que vous puissiez vous retrouver un jour dans les meilleures conditions possibles. » Et cet éclaircissement : « Ils sont totalement libres, ils ont tes contacts et peuvent librement t'écrire ou te téléphoner s'ils le désirent tout comme ils peuvent aller chez toi s'ils le veulent (l'argent nécessaire pour les billets d'avion leur est toujours disponible en permanence[1]) et toute décision à ce sujet leur appartient à eux et pas à moi. » Mais ils « ne veulent en aucun cas, et plus JAMAIS (c'est eux qui le disent) retourner aux Adrets, même pour quelques heures seulement, ils sont absolument persuadés que là-bas il leur sera ensuite impossible de pouvoir en repartir librement et que "tout recommencera" *(sic)*. Hélas, je ne peux pas leur donner tort : le passé le prouve »... On y trouve, enfin, cette dernière information, rassurante pour une mère aimante mais enrageante pour une « propriétaire » dépossédée de ses enfants : « La vie de Shahi Yena et Okwari n'a vraiment rien de "misérable" ! [...] Tous nos amis peuvent constater leur santé resplendissante, leur équilibre, leur joie de vivre et leur éveil ! De beaux enfants libres et rayonnants ! »...

Ladite lettre, fort longue donc, s'achève sur les conditions qui sont les nôtres pour refaire surface : que toute poursuite contre moi, donc contre eux, soit interrompue ; que soient annulées les décisions des différentes instances judiciaires me retirant autorité parentale, droit de garde, etc. ; que toutes les calomnies lancées par Katia contre moi par voie de justice ou de presse soient retirées ; que Katia renonce, enfin, à vivre aux Adrets.

Huit ans plus tard, je réalise combien ces conditions dépassaient les possibilités de Katia. Ce vent de justice et de police qu'elle avait déclenché contre nous, elle n'avait pas le pouvoir de l'arrêter, bien sûr... Mais si elle était dépassée par ce tsunami qu'elle avait elle-même provoqué : que dire des enfants et de moi, condamnés à vivre cachés et menacés, si nous montrions le bout de notre nez, d'être incarcéré pour l'un, mis en foyer ou

1. Ce qui est vrai, même si le mot « avion » remplaçait le mot « train » pour brouiller les pistes. L'OPJ qui accueillera ma reddition volontaire puis recueillera ma déposition, en 2009, et qui acceptera d'être cité comme témoin au procès, certifiera bel et bien m'avoir vu retirer, sous la paille de notre poulailler, notre dossier... et 1 200 euros conservés à cet effet.

famille d'accueil ou, pis encore, aux Adrets, pour les deux autres ? La situation était sans issue ! Nous n'avions plus qu'à demeurer cachés… jusqu'à la majorité des enfants désormais, puisque tout avait été jugé et que nul ne les entendrait plus. Et nous ne recevrions, évidemment, aucune réponse de Katia, mis à part une carte de 2003 où elle se contenterait de donner aux garçons son nouveau numéro de portable – « puisque Manu m'a écrit que "vous êtes libres de me joindre" » – ainsi que celui de Nicolas… Léo et Luca ne réagiront pas, bien sûr…

L'année 2001-2002, enfin, est celle des premières fêtes médiévales et celle de La Bernette.

Dès le printemps, peu après notre rencontre, Roland le tailleur de pierre a tenu à nous emmener à la première de ces fêtes, en Ardèche : pendant trois jours, une partie du village de Villeneuve-de-Berg revit son Moyen Âge : tous costumés, des artisans de tous les métiers d'alors, tailleur de pierre, potier, maréchal-ferrant, vannier, musiciens aux instruments d'époque et tenanciers de la buvette-taverne s'y partagent l'espace… Outre l'ambiance un peu artificielle mais très joyeuse de cette reconstitution, Léo, Luca et moi découvrons qu'il y a pour nous un créneau, dans cette foire du temps passé : celui de la ferme d'animation avec animaux et races devenus rares… Voilà qui nous permettrait de renouer avec nos activités d'autrefois. Et, puisque Roland nous confirme l'engouement pour ces fêtes médiévales, cela peut valoir le coup d'investir dans la reconstitution d'un cheptel…

Sur ces entrefaites, Roland nous entraîne au château de Portes et nous présente toute l'équipe des associés qui l'anime : Maé, la guide touristique, par ailleurs grande spécialiste du Moyen Âge et calligraphe hors pair, Gosh, le forgeron, Suzette, l'historienne, Annette, la gastronome qui n'a pas sa pareille pour préparer des festins avec plats et boissons d'époque... Tous nous accueilleront à bras ouverts, nous intégreront à leurs activités d'animation du château et de ses fêtes. Bientôt certains seront des amis chers sur lesquels nous saurons pouvoir compter, Léo et Luca allant jusqu'à confier leur « véritable histoire » à Paco, le fils de Maé et leur grand copain. Bientôt nous serons chez nous dans les couloirs secrets de ce château qui les fait rêver, débarquerons à tout moment griller et partager nos châtaignes au coin de la cheminée où, entre deux vagues de visiteurs, se tient Maé, et réveillonnerons avec eux tous, dans les grandes salles voûtées ouvertes pour nous seuls – puisque alors fermées au public. De quoi nourrir leurs jeunes vies de chaleur et d'imaginaire...

Autre lieu, autre ambiance : les garçons, presque simultanément, découvrent les délires de La Bernette.

Car lors de mon passage avec Ludivine, j'ai découvert là une communauté pleine de vie : une belle énergie, efficace, solidaire, de vrais jardins cultivés, des tas de constructions en cours, des artistes, des projets, des enfants partout. J'ai discuté avec les uns, les autres : leur dynamisme m'a séduit. Il y a là beaucoup de jeunes adultes – qui traiteront Léo et Luca Fraille, mes fils, comme deux des leurs –, des anars, des punks, des militants purs et durs que la vie a brutalisés souvent, enfants de la DASS pour certains, des squats urbains pour la plupart mais revenus à la terre, ainsi que des routards de tous pays qui ont mille aventures et mésaventures à conter... Je ne suis pas des leurs, c'est sûr, ni assez « dur » ni assez délirant, mais je ne suis pas non plus de ces néo-hippies embourgeoisés dont ils méprisent les compromis. Alternatif comme eux, avec une solide expérience communautaire, aux yeux de ces « articulteurs » comme ils se baptisent, je suis inclassable. Et ils me font bon accueil. Quant à moi, je vois là une ouverture possible, des contact sociaux pour les garçons comme pour moi… Donc j'y retourne, avec eux.

Dès notre première visite, un mercredi ou samedi – toujours hors des heures scolaires –, nous nous lions d'amitié avec un couple, Élia et Damien… qui nous font spontanément cadeau de deux chèvres laitières, embryon de notre futur troupeau. Bientôt nous nouerons d'autres amitiés, avec Lily notamment, une jeune Anglaise, et sa fille Mary, six ans. Bientôt surtout, le collectif est en état d'alerte : suite à quelque dénonciation sur la présence d'enfants dans un hameau aux conditions d'hygiène jugées suspectes par le délateur, la DASS vient d'annoncer sa visite… Mes nouveaux amis s'apprêtent à en découdre ; je leur suggère une solution plus mesurée : amadouer cette administration et, pour ce faire, bâtir dans les formes, quoiqu'à la va-vite, des installations sanitaires apparemment « aux normes ». En deux temps trois mouvements, le tour est joué : bloc de douches, toilettes, lavabos avec eau courante et système d'évacuation… fantaisiste, étant donné l'urgence, mais c'est invisible à l'œil. Le décor ainsi monté fera son petit effet, les contrôleurs ne pousseront pas trop loin leur inspection… et l'administration lâchera les basques aux enfants de La Bernette.

D'hôtes de passage, nous voici agréés par nos amis anarchistes, en cette fin d'été 2001. Et voilà qu'un nouveau front se lève. Menacé d'expulsion, le collectif doit absolument acquérir la terre voisine, laquelle est bel et bien en vente, mais avec opposition féroce du maire à tout achat par quiconque serait lié, de près ou de loin, à la communauté d'irréductibles qu'il espère rayer de sa circonscription. Bloquée depuis plusieurs mois, la situation semble sans issue. À moins que… « Et si l'on montait un dossier de “jeune agriculteur” pour la MSA[1] et obtenions le soutien de la Safer[2] pour acquérir cette terre ? » je propose… Le jeune agriculteur diplômé, nous l’avons sous la main, c’est l’un des nôtres. Les jardins, un embryon d’élevage, nous les avons aussi. Reste à monter le dossier, à retaper quelques bâtiments, y aménager une fromagerie en bonne et due forme… Reste à s’y mettre tous, donc.

Dans cette deuxième aventure, il me faut m’investir à fond. L’expérience d’agriculteur, la fromagerie, deux ou trois choses reposent sur mes épaules. L’existence communautaire à laquelle j’ai tourné le dos douze ans plus tôt vient de me rattraper… En quelques jours, les garçons et moi rapatrions à La Bernette celles de nos bêtes qui exigent des soins quotidiens. Les autres resteront à Boscavès où nous retournerons deux fois par semaine. Pour l’instant et pour environ six mois, notre nouvelle base c’est le collectif, ses jardins, ses constructions, ses fêtes… et ce dossier à monter.

Tout se passera à merveille : le jeune agriculteur diplômé postule très officiellement. Les autres membres du collectif, dont moi, venons en renfort. Lorsque l’inspecteur de la MSA se pointera, fort de mon expérience, je saurai le rassurer sur le sérieux et la viabilité de notre projet. Enregistrement du dossier par la MSA et appui de la Safer nous seront donc accordés, auquel s’ajoutera bientôt le soutien de la Confédération paysanne de José Bové… et le terrain voisin sera acheté ! Victoire de taille, pour le collectif qui, propriétaire et exploitant désormais légal, est – provisoirement – inattaquable…

Si tout a pu se faire si vite, mise au point du dossier, construction des bâtiments, réunion de l’argent alors que

1. Mutualité sociale agricole.

2. Société d’aménagement foncier et d’établissement rural qui soutient, notamment, l’installation de jeunes agriculteurs et leur obtention de terres cultivables à moindre prix.

nous sommes tous fauchés, c'est grâce à l'esprit même de ces collectifs anarchistes. Dynamisme, militantisme, squat revendiqué pour faire revivre les lieux déserts, solidarité enfin, en sont les maîtres mots. À La Bernette, il y a bon nombre de bâtisseurs, maçons, architectes, sculpteurs... Tout le hameau en témoigne, que les résidents actuels ou leurs précurseurs ont retapé, maison de mineur en ruine après maison de mineur à l'abandon, dès les années quatre-vingt-dix. Quant à l'argent, il se trouve très vite quand on a tout un réseau avec soi. Un appel lancé sur Internet et, en quelques heures, en quelques jours, de tous les collectifs anars d'Europe qui aussitôt organisent concerts et actions de soutien, les fonds affluent. Il en ira un peu de même pour moi, sept ans et demi plus tard, depuis la prison de Draguignan : une simple lettre de l'ami Boz, un « oui ! » de ma part par retour du courrier et, aussitôt, le réseau se réveillera ; les premières sommes arrivées sur mon compte de détenu me viendront d'eux tous...

À l'automne 2001, une nouvelle existence a commencé pour nous, les semi-nomades, entre La Bernette cinq jours par semaine, Boscavès les deux autres et, de temps en temps, une fête médiévale, ou alors une visite de Roland, le doux rasta, qui découvre, éberlué, la folle énergie du collectif... et de ces frères bâtisseurs fous qu'il ne s'était jamais imaginés. Des arcs de pierre restaurés à l'ancienne aux façades en canettes de bière en passant par des bas-reliefs façon Moyen Âge, une arche entièrement sculptée, une tour surmontée de gargouilles menaçantes et les gigantesques sculptures, à l'entrée du hameau, qui proclament « Ni Dieu ni maître ! » : tout témoigne de cette folie créatrice où se rejoignent tailleurs de pierre, maçons, sculpteurs, mais aussi plasticiens, peintres, musiciens, gens de théâtre ou de mime... avec toutes sortes de délires, comme cette amie routarde qui fait visiter dans sa caravane un fantastique musée de la valise à travers siècles et pays...

Dans cette ambiance psychédélique avec des gens qui bougent tout le temps, petit groupe des rares « permanents » et foule des gens de passage, on est tantôt deux cents – et c'est la fête, concerts, spectacles ou œuvre collective bâtie dans la liesse et la fièvre – tantôt dix – et c'est la bataille quotidienne pour assurer la survie des jardins, des bêtes, d'une vie communautaire réduite à sa plus simple expression avec parfois menace d'invasion par quelque bande punk hostile... Léo et Luca deviennent bien vite les mascottes de ces jeunes adultes chahuteurs et chahutés par l'existence. Ils sont de toutes les réunions, de toutes les fêtes, dévorent les livres de l'immense bibliothèque communautaire, les films de la vidéothèque. Ils prennent des initiatives, comme celle d'abattre tout seuls les pins d'un bosquet, au-dessus du hameau, parce qu'ils ont appris que les pins prenaient indûment la place des espèces locales – tohu-bohu à l'assemblée collective de la semaine suivant la découverte du carnage ; on cherche les coupables, on les trouve... et tout s'achève dans les rires.

L'école du matin, à cette époque, c'est un peu n'importe quoi : j'ai trop à faire pour surveiller et mes fils sont provisoirement de parfaits petits anars avec tee-shirts noirs aux slogans vengeurs et casquette – tout aussi noire – à l'envers. Alors je lâche du lest, conscient qu'ils engrangent là plus d'expérience chaque semaine que ce que je pourrais leur transmettre, tout seul, en une vie...

Pendant ce temps, néanmoins, et toujours avec l'espoir de redonner vie à Boscavès, j'ai placé ici et là des annonces invitant woofers ou familles de néo-ruraux à venir s'installer au mas, partager notre projet d'élevage et de culture vivrière, voire faire l'école à la maison pour d'autres enfants. Car il nous faut de la compagnie, aux garçons comme à moi, si nous voulons repartir du bon pied dans notre mas de Boscavès…

Une petite famille se présentera bien, Ventiane et ses deux enfants, avec qui nous ferons un bout de chemin et quelques allers-retours entre La Bernette et le Cantal où ils sont installés tous trois. Nous envisagerons même, pendant quelques mois, la vie commune. Et cela nous donnera l'élan pour retourner au mas et quitter le collectif lorsque, au printemps 2002, trop de délires et tensions nous signaleront que, pour nous, « la place est fatiguée », comme disent les Manouches, autrement dit qu'il faut partir… Mais quelques semaines à peine d'expérience de cette vie commune avec Ventiane dans le vieux mas qu'il faut réinvestir prouveront que nos points de vue divergent trop : nos chemins se séparent donc au premier carrefour. Échec de la tentative de renouer avec une vie de famille. Et retrouvailles avec les projets mais aussi la solitude de Boscavès…

Solitude d'autant plus grande que nous perdrons bientôt un ami. Au réveillon du château de Portes, nous avons retrouvé un Roland méconnaissable. Maigre, affaibli, le crâne nu, il était atteint d'un cancer et, après trois mois de chimio qu'il supportait très mal, annonçait à toute notre petite bande sa décision d'interrompre le traitement à l'hôpital. Reçu par les uns, par les autres, attendu chez nous dans l'ancienne clède spécialement aménagée pour lui mais qu'il n'aura pas l'occasion d'inaugurer, nous le verrons décliner tout au long de cette année 2002… Un dernier sursaut, cependant, victoire de la joie et de l'amitié due à sa générosité flamboyante : à l'été, nous voyant fort démunis en bois de chauffage pour l'hiver, bois qu'il faut aller bûcheronner et ramasser dans la pente, en aval du mas, il organise un week-end pour nous, à Boscavès, y rameutant tous ses amis et les nôtres. Lui le leader, le chef plein de charisme qui a converti tant de jeunes au respect de la pierre et de l'œuvre restauratrice, le voici, pour la toute dernière fois, aux commandes de notre équipe. Pour répartir les tâches du chantier de bois comme pour préparer le repas : il donne ses instructions toujours subtiles. Un de ses bras paralysé, ses jambes qui le portent à peine, il est terriblement diminué : Léo et Luca, ce jour-là, deviennent ses bras et ses jambes. Le bon géant les dirige avec entrain et dignité. Il est l'âme de cette journée au cours de laquelle je rencontrerai Jojo, sa sœur. Une âme belle et bonne qui vibre joyeusement et prend notre protection en main, pour la dernière fois...

Roland s'éteindra quelques mois plus tard chez Jojo, à Montauban. Jojo, grande bourgeoise de province avec villa élégante et piscine, qui vient de retrouver son petit frère après des années de séparation, à la faveur de la maladie, et découvre du même coup un univers inconnu d'elle dont la vitalité et la fraternité l'émeuvent. Jojo à qui nous racontons tout de notre histoire, un soir devant la cheminée. Jojo qui en est touchée, qui me devient une « grande sœur » et va tant nous aider, par la suite...

Okwari

Le temps des fêtes…

Je l'ai carrément bien vécu, La Bernette ! J'ai adoré cette ambiance du collectif, tous ces gens ensemble, et nous chouchoutés parce qu'on était les plus jeunes…

J'aime cette atmosphère pleine de vie, avec les gens qui entrent, qui sortent, qui viennent de partout, qui parlent toutes les langues et parviennent quand même à se comprendre – ça brasse… En même temps, c'était assez structuré : il y avait le jardin, les bêtes… Ça dépendait des moments, tantôt il y avait plein de monde, ça partait dans tous les sens, des artistes, des fêtes, l'alcool qui coulait à flots et ça dégénérait un peu ; tantôt il ne restait plus que dix personnes sur place, chacun vaquait à ses tâches – là on s'amusait moins, c'est sûr.

Le hameau, c'est tout un tas de maisons à l'abandon dans la vallée encaissée, une dizaine déjà retapées, dont celle où nous nous sommes installés tout près de celle de Lily et Mary. C'est la grande maison associative, un fournil, une cuisine collective, une bibliothèque, une salle de musique, un atelier vidéo, un studio d'enregistrement, une salle polyvalente pour les arts corporels et la danse, un atelier de dessin et peinture, une grande scène couverte en extérieur… Et, au-dessus, une vingtaine de terrasses pour les jardins avec, plus haut encore, les forêts de chêne vert et de buis.

Quand nous y sommes arrivés, Léo et moi étions plutôt timides. Tout le brassage qu'il y avait là nous a fait évoluer très vite. Socialement, culturellement, c'était une vraie plongée dans plein d'autres choses : festivals, concerts, musique trash ou hard-core, spectacles en tous genres… On a même fait de la spéléo, un jour qu'en débroussaillant on avait trouvé une ouverture dans la montagne ; il y avait là un spéléologue qui cherchait des volontaires ; on s'est retrouvé encordés, on est descendus tête la première en se déboîtant les épaules pour se faufiler dans un maigre couloir… et on a débouché sur une grotte naturelle, deux mètres sur un mètre cinquante environ, avec l'humidité, les stalactites… Et puisque tous nous traitaient en égaux malgré notre âge, on a participé, évidemment, à des tas de discussions politiques auxquelles on ne comprenait pas tout mais où on écoutait, on apprenait…

Je ne sais pas si ça vient de là, de toutes ces vies qu'on a vécues en une seule, de tous ces gens qu'on a rencontrés, ou alors de cette autonomie qu'on a acquise bien plus tôt que la moyenne ; en tout cas, je m'entends bien mieux avec les personnes adultes qu'avec ceux de mon âge ! Quand j'en rencontre, des jeunes de dix-sept ou dix-huit ans, et c'est forcément souvent, j'ai l'impression qu'en dehors du bahut, de l'alcool, la fête et le sexe, ils n'ont à peu près rien dans la tête. Aucune conversation possible. Ni désir professionnel, ni aspiration personnelle, ni interrogation sur la vie, rien ! Ça fait bizarre… Moi j'aime pouvoir échanger sur tout… la vie, la mort, l'état de la planète, l'avenir… tout, quoi !

Cette atrophie de nombreux jeunes de mon âge – pas tous, bien sûr, il ne faut pas généraliser –, je me dis souvent qu'elle vient du système... Tu ne leur donnes pas de responsabilité, tu les enfermes dans une vie où ils n'ont qu'un chemin à suivre, sans la liberté de voir autre chose, de voir le monde, de se tester... donc tu ne leur permets ni de s'épanouir, ni de mûrir. C'est vraiment une grosse erreur du système éducatif, je trouve ! Ou peut-être ce n'est pas une erreur... Peut-être que c'est volontaire : le système veut peut-être fabriquer des gens bien cadrés, bien abrutis ? C'est plus facile à gouverner...

Pour revenir à La Bernette : c'est là que nous avons commencé à inventer que notre mère était morte quand on était petits. C'est qu'on rencontrait tant de gens ! Il y en avait toujours un pour trouver bizarre de nous voir seuls avec notre père, sans école, loin de tout... Les filles, les femmes qui débarquaient dans le collectif, surtout, étaient tentées de poser des questions, de nous demander : « Où est votre maman ? » Rien de tel que ces trois mots, « maman est morte », pour couper court à toute enquête... Je sais que ça a beaucoup choqué Katia, en 2009, lorsqu'elle l'a appris. Ça l'a blessée : je peux le comprendre. Et ce n'était pas le but. Mais il faut se remettre dans le contexte : le moyen de faire autrement, quand le moindre soupçon de l'entourage peut entraîner une dénonciation ? La vérité, nous l'avions toujours en mémoire. Notre mère n'était pas morte : elle nous poursuivait de sa justice, de sa police. Et c'est justement pourquoi il nous fallait non pas « la tuer symboliquement », comme on l'a lu dans la presse, mais faire ce que la situation exigeait, tout simplement.

À La Bernette, donc, seul Harry avait à peu près notre âge. Nous étions amis. C'est avec lui qu'on a créé notre club CPN. Et c'est à cause de ce club qu'on s'est fixé la mission d'abattre les pins, en haut de la montagne : parce qu'on avait découvert qu'ils étaient nocifs...

On a appris à faire du pain, là-bas, aussi, avec Élia et Damien. On le faisait toutes les semaines pour le collectif. Plus tard, avec eux toujours, dans un squat de Marseille où ils nous avaient emmenés deux semaines en vacances, on a fabriqué un four à pizza dans un vieux cumulus récupéré. Et on a participé à notre première manif', planté sur une grande place un drapeau pirate – tête de mort et deux sabres croisés, blancs sur fond noir… Qu'est-ce que ça pouvait bien vouloir dire ? Je n'en ai pas la moindre idée ; mais je me rappelle l'ambiance, le défilé, la musique, les stands de vêtements qu'on dépliait pour tout distribuer gratuitement… le contraire de la chasse au fric, quoi ! Et puis les tee-shirts sérigraphiés avec « Nike la police » et autres slogans bien trash qu'on arborait. Car on avait appris la sérigraphie, aussi, dans ce squat… Oui, c'était vraiment du délire ! Et c'était plein de vie, toujours…

Les autres fêtes que j'ai aimées, à cette époque de Boscavès, c'était les fêtes au château de Portes. Celles du jour de l'an, quand on avait le château rien que pour nous, les organisateurs. Celles du 1er mai, surtout, qu'on attendait des semaines à l'avance tellement on était impatients !

Je me rappelle, la première année… Pendant une semaine, avec d'autres bénévoles, des « jeunes volontaires » qu'encadrait Roland, on avait dressé une palissade en demi-cercle autour du château. Nous, on s'était organisés pour venir en alternance, deux sur place, un au mas pour s'occuper des bêtes et du jardin… Au matin du 1er mai, tout était prêt. La foire s'étalait devant le château et occupait toute la place du village envahie de touristes. Léo et moi étions là, costumés, à trimbaler des enfants sur nos ânes – cette année-là, ou peut-être une autre ?... En tout cas, ce 1er mai auquel je pense, on faisait faire des promenades aux enfants pour quelques pièces. À la fin de la journée, on s'était fait 70 euros. Pas mal !

Je me rappelle aussi les fauconniers, l'aigle de Bonelli qui s'était échappé, qui avait cassé sa corde et était allé se percher en haut d'un arbre. Quel ramdam, à ce moment-là ! Mais les fauconniers l'ont récupéré... L'aigle de Bonelli, plus petit que l'aigle royal, est une des espèces de rapaces les plus menacées en Europe : il niche dans les régions montagneuses rocheuses à faible altitude.

Je me rappelle aussi Hervé, que Katie nous avait amené un jour. C'était son nouveau copain. Paco et lui s'entendaient bien et, nous, on adorait Charline et Cassandre, ses filles et les filles de Muriel, à peine plus jeunes que nous, avec qui on jouait chaque semaine quand l'un ou l'autre nous les amenait... Donc Hervé était là, avec La Bougne, sa jument, et proposait des tours à cheval. Plus loin, il y avait le stand de cuir, le tir à l'arc, les fauconniers, la buvette... Paco était en arrière, dans le parc, avec les animaux de la ferme. Devant le château se tenait Roland, costumé comme nous l'étions tous, avec son stand de taille de pierre. À l'intérieur, une cour avec la forge, où nous nous sommes fabriqué un couteau chacun. Et puis la taverne où Annette assurait la restauration des touristes. Le soir, là-dedans, c'était la fête ! Nous, on aidait à servir les tables, ce qui nous valait des pourboires. Notre premier argent à nous, avec celui des fromages qu'on commençait de produire à peu près à cette époque – j'avais tout juste dix ans... Et en plus, on était fiers de faire partie de l'organisation. On avait notre rôle à jouer. On avait le sentiment d'être utiles... tout en s'amusant énormément.

Shahi Yena

Les quatre éléments…

La première fête médiévale, c'est avec Roland qu'on l'a faite, dans l'Ardèche. C'est là que j'ai découvert la taille… J'avais mon bloc de pierre que je devais rendre bien carré : Roland m'avait montré les bases et revenait de temps en temps voir comment je m'en sortais. J'étais costumé, bien sûr, chemise, bliau, capuchon vert… Des tas de gens étaient là autour, qui commentaient – « On dirait que tu as fait ça toute ta vie ! » – et prenaient des photos ; j'étais content… Et puis la pierre, j'aimais vraiment : le contact avec la matière, et ce côté minutieux, surtout à la fin – avec ta massette et ton ciseau dont les lames sont de plus en plus fines, tu enlèves de minuscules particules et, petit à petit, ce que tu veux commence à apparaître…

Ces trois jours-là, je les ai pratiquement passés sur mon bloc de pierre que j'ai rapporté à Boscavès ensuite, pour le finir. Plus tard Roland m'en a donné un autre, des outils aussi, et j'ai commencé à faire une sculpture. La Bernette était passée par là : je voulais donc faire une espèce de gargouille à trois têtes avec une rainette, un aigle et un cobra. J'y ai passé des heures, des semaines et, un jour, juste une erreur d'angle dans la frappe, et la tête de ma rainette a valsé ! J'étais dégoûté. En même temps, dans ces moments-là, tu te dis que c'est comme ça que tu apprends...

L'été dernier, quand on est retournés à Boscavès pour la première fois en quatre ans, une des rares choses que j'ai retrouvées c'était la tête de cobra... Parmi toutes les choses que je compte bien explorer, dans ma vie, avec la musique, la photo, le pilotage – j'adore voler ! –, la psychologie – pour moi et pour mieux comprendre les gens –, la fauconnerie, la voltige et des tas d'autres choses encore, il y a la sculpture d'art... Réussir sa vie n'a rien à voir avec « réussir dans la vie » : encore une stupidité qu'on t'inculque dès l'école, avec la compétition, la comparaison, la valeur qu'on t'attribue en fonction de ce que tu fais, pas de ce que tu as dans les tripes ni de ce que tu es, et la spécialisation en prime qui t'ampute d'une bonne partie de toi. Réussir sa vie, c'est la vivre pleinement ! « Réussir sa vie », « vivre sa vie », « réaliser ses rêves », « être soi-même et écouter son cœur » : autant d'expressions qui, pour moi, disent la même chose. Toutes m'appellent à vivre, à aller vers ce qui me passionne, sans jamais m'interdire un truc sous prétexte que j'en ai choisi un autre le jour d'avant. Il y a tant de choses magnifiques à expérimenter, tant de choses auxquelles se donner, dans la vie, si l'on sait voir et s'enthousiasmer ! Nous sommes des êtres illimités, il faut simplement se le rappeler... Dites-moi pourquoi je devrais me conditionner ?

Par exemple, il y a la forge, que j'ai aussi découverte au château de Portes. Je me rappelle ce soir où la forge était allumée et où j'y étais allé. Gosh, l'un des chefs de chantier avec Roland, m'avait montré. J'ai dû faire deux ou trois couteaux bruts de forge, à l'ancienne, avec une spirale torsadée qui revient, lames de style oriental qu'il m'avait aiguisées à la meule. J'aimais bien faire une forme incurvée, comme un sabre… Oui, la forge ça me parle presque autant que la taille de pierre : le côté danger, le rapport avec l'élément – c'est vivant le feu, comme la pierre, comme l'eau, comme l'air, comme toutes ces choses élémentaires. J'aime ce rapport direct avec l'élément. Je ne suis pas en train de maîtriser le feu : je suis en train de travailler avec lui. Même chose avec la pierre : façonner la pierre en la laissant aller, en contact direct avec elle… C'est ce contact, cet échange que j'ai recherchés, que je recherche toujours et dont, quelque part, j'ai besoin…

Et si tu prends les autres éléments… L'eau par exemple : le bateau… J'ai des souvenirs de kayak de mer, en Catalogne, quand on y est allés bien plus tard avec des copains d'Ariège : je partais le matin tout seul, j'étais seul sur l'océan avec le soleil immense qui se levait au fond de l'horizon, l'eau turquoise, des oursins partout, et une cabane de pêcheurs où l'on habitait, qu'on nous prêtait, comme on nous prêtait les kayaks... Je glissais, je sentais les flots, moi minuscule dans mon canoë à gérer son équilibre : c'était une harmonie totale… que du bonheur… magnifique ! Merci à mon ami Marc de Catalogne !

Même chose avec l'air, avec qui j'ai joué aussi quand j'ai fait du parapente, toujours en Ariège : tu cours tu cours sur la pente douce qui va finir en à-pic et, d'un coup, la toile se gonfle, elle s'ouvre toute seule, le vent s'engouffre… et tu passes vingt minutes dans l'air, à planer, descendre, remonter quand tu as la chance de prendre un courant d'air chaud ; tu rases les petites crêtes, les arbres à deux ou trois mètres, tu as l'impression de courir dessus, tu es assis, tu balances tes pieds dans le vide et tu as la sensation de voler comme dans tes rêves – tous ces rêves que j'ai faits, gamin, où je chutais dans le vide, exprès, en sachant qu'il fallait que je descende pour me réveiller... Ce rêve de voler, c'est encore à un ami que je le dois : à Laurent, qui m'a fait découvrir le parapente comme il m'a entraîné dans le raft ou la spéléo, merci !

Pour revenir à Boscavès : parmi les moments magiques que je me rappelle, il y avait les gros orages... C'était souvent en pleine journée, avec la foudre qui tombe pas loin et le cœur qui manque de sauter. J'ai le souvenir précis d'un de ces orages, qui avait duré une heure, pas plus. Il y avait ces trombes d'eau et, d'un coup, l'orage s'en était allé ; la lumière avait reparu et, là, c'était trop joli : tu avais le soleil dans les châtaigniers, avec les gouttes qui tombaient de partout et qui faisaient des reflets. Une brume s'élevait de la terre, des étoiles scintillaient aux branches, la lumière faisait briller l'espace : c'était vraiment féerique, ces quatre éléments réunis en un seul instant – la terre et l'air, humides, et les gouttes d'eau transpercées par le feu de la lumière !

Une autre sensation magique : celle de maîtriser la vie, que me donnait mon élevage de rongeurs. J'avais des gerbilles, noir et fauve, des octodons, qu'on appelle aussi écureuils du Pérou – ils grimpent aux arbres, ont de grandes moustaches, les oreilles arrondies, une queue qui se redresse un peu avec une touffe de poils au bout, leur couleur va du fauve au marron foncé –, des hamsters, hamster commun, hamster russe, j'avais des rats aussi, chair à rapaces, et, sur la fin, des lapins nains. Entrer dans la caravane où je les élevais, c'était entrer dans un autre univers. J'entrais, je fermais la porte, j'ouvrais les fenêtres ; j'avais les feuilles où je notais les accouplements, les portées, toutes sortes de trucs... C'était la griserie de maîtriser la vie...

Car il y avait la rencontre avec la mort, aussi. Et ce n'est pas l'opposé de la vie : l'opposé de la naissance, oui ; mais de la vie, sûrement pas ! La mort, tu la vois très tôt, dans la nature : c'est la couleuvre qui mange une souris, une chèvre qui meurt parce qu'elle est malade… C'est l'animal que tu dois tuer, aussi, comme ce premier coq, à Boscavès, qui était en trop dans le poulailler et que nous avions décidé de manger. Sur le coup, j'aimais pas l'idée. Mais il fallait le faire, alors, comme ce n'était vraiment pas le rayon de Paco… je l'ai fait, tout simplement. Avec un bâton, un coup sec sur la nuque pour qu'il perde connaissance, puis deux autres, les vertèbres sautent : l'animal est mort. Ce coq d'abord, d'autres ensuite, plus tard encore les chevreaux : j'ai donné la mort plusieurs fois. J'ai vécu cet état second où tu entres, dans ces moments-là. Total respect, presque du recueillement, alors le geste qui part, instantané, d'une justesse parfaite. Et ce moment, juste après avoir égorgé ton chevreau par exemple, cet instant de silence, de paix… Un truc se passe, tu ne sais pas quoi. Le passage d'une « forme » de vie à une autre, peut-être ? Quelque chose, en tout cas, qui tient du sacré… Comment croire à la mort comme à une « fin », quand tu as goûté des moments pareils ?

Cela me fait penser à Roland… C'était un ami de Paco, à la base. Avec nous, il était super cool : il nous avait filé ses BD, plus tard il m'a donné son didjeridoo[1]… C'était un ami, un frère, pour moi aussi… Une fois, on était allés chez lui : il était en train de tailler un gros bloc de deux mètres cubes, tout sculpté, super beau… Une autre fois, pour le Nouvel An au château, on était avec Luca et Paco, le fils de Maé, à délirer dans les couloirs, les salles et les escaliers dans le noir où on était partout chez nous et, d'un coup, en redescendant, on a croisé un type tout maigre, avec la boule à zéro :

1. Insrument de musique à vent des Aborigènes.

c'était Roland ! On ne l'avait pas revu depuis trois ou quatre mois, il était en pleine chimio, nous on ne l'avait pas reconnu. Le choc ! Plus tard, il est venu à Boscavès. Il est resté deux ou trois jours. Il tombait, dans le chemin, essayait de se relever par lui-même mais n'y arrivait pas toujours : c'était assez dur à voir... Puis il a vécu plusieurs semaines chez Gosh, celui de la forge ; il avait une chambre là ; il lisait plein de bouquins, sur le bouddhisme, des trucs comme ça ; son bras était paralysé, il ne pouvait plus rien faire ; des amis venaient le voir, sa sœur Jojo avait pris un gîte pas loin de là ; il était bien entouré... La dernière fois que je l'ai vu, c'est quand il est parti de là-bas pour aller à Montauban, chez Jojo, où il est mort. Ce moment où il nous a dit au revoir, j'avais les larmes aux yeux... Je savais que c'était la dernière fois.

Roland était venu à La Bernette, aussi, bien avant ça... À La Bernette où j'avais continué la taille de pierre, un peu, puisqu'il y avait tous les outils dans l'ancien lavoir, à l'entrée, toutes ces sculptures qui m'inspiraient, et des tas de gens qui bossaient, les jours où ça affluait pour donner un coup de main sur un chantier et faire la fête.

Pour arriver au hameau, il y a deux entrées. Par l'une, tu tombes sur une grosse tour carrée avec une gargouille de chaque côté ; la première que tu vois en face de toi, c'est une tête d'aigle énorme, deux ou trois mètres de diamètre, qui te fait un doigt d'honneur de bienvenue. Par l'autre, passé la voûte, c'est un « ni Dieu ni maître » gravé dans la roche qui t'accueille – ambiance !

Des sculptures de ce genre, d'autres plus médiévales, il y en avait un peu partout... Et il y avait les terrasses, au-dessus, où on faisait les jardins, auxquels nous participions avec tout le monde : désherber les carottes, biner... Il y avait le troupeau de brebis, aussi, et Grégoire, le bélier, une vraie saloperie ! Une fois on était parti en chariot à la rivière, avec Florent, un gars du collectif ; il avait attelé à deux chevaux et nous laissait tenir les guides. Une autre fois, on avait gardé les bêtes avec lui ; on sort les brebis du parc, Grégoire traînait derrière, alors pour le faire sortir on l'a poussé un peu, sans plus ; et voilà que plus haut, dans la montagne, comme je m'étais retourné pour parler à Florent, je me retrouve à décoller du sol, à retomber sur le dos dans la pente, la tête en bas, le bélier deux fois plus gros au-dessus de moi... Florent a bondi et l'a jeté par terre, heureusement... Il a fini en pot-au-feu, c'est Élia qui avait fait ça, une Italienne super cool qui nous avait donné nos deux chèvres et appris à faire le pain. Donc c'était un soir de fête au collectif et on avait mangé Grégoire... je me rappelle avoir été content, ça c'est sûr !

Élia, ça me rappelle le CAT[1] à Marseille, où elle nous avait emmenés. C'était un centre pour handicapés mentaux abandonné, un gros bâtiment squatté, plein d'étages, avec un espace de jeu devant que les squatters avaient transformé en jardin, avec une pièce commune, une salle de cinéma, des tags partout et tout gratuit, bien sûr, pour les jeunes qui venaient là. Ça brassait, il y avait plein de gens de partout. Élia nous avait préparé une chambre pour nous. On y a passé deux semaines, à faire toutes sortes de trucs. On avait fait de la sérigraphie, en prévision de la manif contre le nucléaire. Les slogans, c'était « Nike la police », « À chaque âge sa cage », ou alors le A cerclé d'Anarchie... Et le jour de la manif, dans le convoi, on avait plein de tee-shirts sérigraphiés qu'on distribuait. Il y avait des tas d'instruments de musique ; on avait fait tout un tour à pied dans les rues de Marseille ; on avait planté un drapeau sur je ne sais

1. Centre d'aide par le travail.

quelle place connue ; les flics étaient arrivés ; Élia nous avait mis à l'abri : elle ne connaissait pas notre histoire mais ils avaient tous compris, au collectif, que c'était pas trop net, notre vie en marge, sans école ni rien, alors elle faisait gaffe pour nous... merci à elle !

C'est pendant ces deux semaines qu'on a récupéré un vieux cumulus dans une poubelle pour en faire un four à pizza. C'était un gros ballon d'eau chaude. Tu commences par l'éplucher, c'est-à-dire ôter la plaque d'émail et la laine de verre ou de roche dessous ; puis tu le disques à la meule, tu le refaçonnes ; ça fait des gerbes d'étincelles... et en trois ou quatre jours tu as un four à pizza, des pieds, une porte, une grille pour la braise dessous. On était fier de notre four, il marchait super bien. Du coup, on se faisait des soirées pizza...

À l'entrée du CAT, il y avait deux grosses sculptures, je me rappelle. J'ai appris que les squatters ont été éjectés depuis. Dommage ! C'était un lieu plein de vie et, pour certains, c'était l'espoir...

À La Bernette, il y avait les grosses fêtes au terril d'en bas, avec plein de punks qui crachent le feu, qui jonglent et dansent avec le feu... fascinant ! Il y avait de gros concerts de métal, Ali qui faisait son petit numéro d'humour sexe, moi qui ai joué de la batterie, une fois, sur la scène, avec tous les musiciens qui m'accompagnaient : il y avait plein de spectateurs ; ça ne devait pas ressembler à grand-chose ; heureusement – et malheureusement – il y avait l'alcool pour mettre l'ambiance, avec les excès qui vont avec... Confrontés au quotidien à toutes sortes de gens différents : cela nous a forcément fait grandir plus vite...

Nous avions un ami : Harry. Il avait quatorze ans, moi onze et demi ; on ne voyait pas trop l'écart d'âge. Avec lui, on descendait deux ou trois fois par semaine à la piscine municipale de la ville voisine ; on y allait à pied, à mobylette, à vélo, et on y passait des journées entières, avec le snack à côté...

Un drôle de truc, La Bernette ! Pour Luca et moi : un véritable déclencheur... On était assez timides, quand on y est arrivés. On a rencontré tellement de monde, on a été tellement traités comme les autres que ça nous a donné de l'assurance... On a vu la défonce, l'alcool. On a vu pas mal de choses. On a même essayé la fumette, à base de clématite à l'époque : c'est nase.

La défonce, l'alcool, vu comment ça finissait avec les tables à l'envers, la moitié des gens à poil et des bagarres – n'importe quoi... ça donnait pas franchement envie ! Alors, même si j'ai eu ma période joints, six ans plus tard, en Ariège – parce qu'il faut bien que j'explore tout, c'est dans ma nature, les extrêmes – , c'était plus pour tester, pour aller à fond dans le truc, me mettre dans la peau du toxico, l'être en réalité pendant quelques mois, faire mon expérience jusqu'au bout... pour pouvoir passer à autre chose. C'est un jeu dangereux, évidemment, mais si tu te sens assez solide, il faut le vivre, plutôt que de passer frileusement à côté – et c'est vrai, à mon avis, pour tous les trucs réputés dangereux. Seulement il faut bien se connaître : si tu as un doute sur ta solidité, abstiens-toi...

Moi, en tout cas, à l'aube de mes dix-huit ans, et comme beaucoup de jeunes en ce moment même, j'ai testé la cocaïne, le trip – ou plutôt un quart, un soir de teknival, et qui m'a suffi pour ne pas voir le jour se lever – et le psylo, ou psylocibe, champignon mexicain que les Amérindiens utilisent pour développer l'activité du cerveau droit, celle qui donne des visions et la compréhension intuitive. Eux l'utilisent dans un cadre spirituel, au cours de cérémonies qu'encadrent des maîtres qui connaissent, maîtrisent et accompagnent. Rien à voir avec la consommation de la plupart des jeunes qui, loin d'y voir une expérience de recherche de soi, n'y voient qu'une source de plaisir, une fuite...

Bilan des courses : de belles visions, des fous rires, des moments d'énergie extrême, de fusion extatique avec la musique et le monde, des moments dans les champs aussi, des « descentes » parfois glauques, parfois violentes ; et cette observation, plus grave : sous l'influence du cannabis, tu ne rêves plus, tu ne réfléchis plus, tu n'as plus de motivation, ta mémoire part en morceaux, tu perds ton assurance en toi... Conclusion : ce n'est pas le bon plan. Un petit plaisir de temps en temps, pourquoi pas ? mais la défonce comme mode de vie ou comme but, sûrement pas ! Fuir sa vie dans l'alcool ou la drogue est beaucoup trop facile. On le fait par goût de la facilité, justement, par peur de s'assumer, d'assumer son passé, ses parents, ses forces, ses faiblesses... ses sentiments... Et alors ? On a gagné quoi, au final ? On a fait face à quoi ? La drogue, comme l'alcool, comme n'importe quelle forme de fuite, ce peut être un passage mais, de toute évidence, pas une solution... Cette certitude, je la tire de mon expérience ; ça dépasse toute leçon apprise de seconde main... et ça n'a fait que confirmer les conclusions qui s'imposaient dès La Bernette.

Pour en finir avec le collectif et tout ce qu'on y a appris : professionnellement, pas grand-chose ; l'agriculture, l'élevage, on était déjà dedans. Mais le côté révolutionnaire, le côté punk, on ne l'avait jamais côtoyé. Tous ces gens qui passaient, qui avaient des origines différentes, des profils de vie différents, des opinions différentes ; les gens qui étaient engagés, ceux qui ne faisaient que zoner et qui dégageaient très vite, ceux qui passaient le temps d'une teuf, les problèmes qui naissent entre toutes ces personnes au caractère bien trempé, les problèmes du collectif... Dans un lieu où il n'y a pas la propriété, où tout est à tout le monde, il faut absolument un noyau dur qui donne une structure et se fasse respecter, sans quoi c'est forcément la zone – voilà un des trucs que j'ai appris. Et aussi les fêtes, la violence, le côté anar, toutes ces questions qui se débattaient devant nous sur la société, les dérapages du pouvoir, l'illusion démocratique et le combat pour faire entendre d'autres voix que celle des possédants... On n'avait jamais abordé ça, à notre âge. Alors moi je n'affirmais rien : j'écoutais une personne, puis deux, puis dix ; j'attendais d'avoir des tas d'avis sur une même question et, là, je commençais à pouvoir me faire une opinion. Je ne sais pas si j'étais conscient, à l'époque, de procéder comme ça, mais aujourd'hui je le suis, et cette façon de faire me vient sûrement des expériences à La Bernette.

J'ai compris aussi, là-bas ou un peu plus tard, que c'était bien beau de critiquer la société, le système, de voter l'anarchie... *no future*... évoquer l'injustice, l'environnement, la paix... Et toi, à ton échelle, qu'est-ce que tu fais pour changer tout ça ?

Le plus souvent, les gens qui tiennent ces beaux discours n'ont pas de solution à leur « révolte » qui, en fait, est intérieure... Ils peuvent avoir un langage fou, bien rebelle, bien plein d'idéaux et, dans les faits, être aussi tièdes et « proprios » accrochés à leurs petits intérêts que n'importe qui...

Y a-t-il des alternatives à la société telle qu'elle est ? Puis-je me poser la question, moi, tel que je suis, sans attendre que d'autres trouvent la solution à ma place ? Puisque la drogue n'est pas une solution – et les discours en sont une belle, de drogue ! : puis-je trouver ces alternatives à mon niveau, dans ma vie à moi, seul ou avec d'autres comme moi ? Puis-je, au moins, prendre le temps d'y réfléchir au lieu de m'abrutir devant la télé – cette autre drogue ?... Et, une fois que j'ai trouvé cette alternative, la mienne – et à mon sens il y en a forcément – : qu'est-ce que j'attends pour passer à l'action ? Rien.

Je garde le souvenir de La Bernette comme du très bel exemple d'une alternative concrète, vivante, créatrice – avec, bien sûr, retour à la terre, passage obligé selon moi…

Xavier

Nos amis les oiseaux du parc…

Nous avons quitté La Bernette depuis peu, au printemps 2002, et nous réinvestissons à fond dans Boscavès, lorsqu'un jour Maé nous lance : « Il faut que vous rencontriez les oiseaux ! »

Les oiseaux, ce sont un couple et leur fils Dayan, vingt ans, qui tiennent un parc ornithologique où Maé la calligraphe va régulièrement faire sa collecte de plumes. Lorsque nous les rencontrons tous les trois, le parc est vaguement sinistré : de gros orages comme en connaissent les Cévennes, doublés d'un débordement de la rivière voisine, ont rasé une partie des installations, brisé les cages, noyé des oiseaux… Réparer les dégâts est un travail de titans pour France et Jean-Pierre son mari, ancien pépiniériste paysagiste dont la pépinière est devenue arboretum, tandis qu'il créait ce parc au fil des ans et de sa passion grandissante pour les oiseaux.

Entre nous, l'amitié est instantanée. Et comme les semaines sont longues, dans la solitude de Boscavès, les garçons et moi sommes aussitôt volontaires, et bénévoles bien sûr, pour nous lancer à corps perdu dans la remise en état du parc. Les mercredis et les week-ends, nous voilà désormais occupés au parc ornithologique des Joncs, à travailler d'arrache-pied. Plus tard, nous monterons même une association, la Ferme de toujours, avec le parc, Maé et Juliette, une amie spécialiste des plantes médicinales, dans le but de partager connaissances, savoir-faire ancestraux et autres éléments de la culture populaire... À la fin 2003, et pour faire revenir les visiteurs au parc, l'association y organisera un Noël cévenol : pendant trois jours, nos animaux, nos ruches à toit de lauze typiques de la région, les plantes locales dont Juliette explique les vertus et la symbolique, le goûter cévenol de Maé... Muriel viendra, à cette fête, avec ses filles Charline et Cassandre, les deux amies de Léo et Luca. Muriel que nous recevons de plus en plus au mas de Boscavès où elle a vécu jadis avec Hervé, l'actuel compagnon de Katie. Muriel dont les garçons adorent les filles, de deux ou trois ans leurs cadettes. Muriel vers qui me portent bien des atomes crochus, elle la néo-rurale qui élève seule ses deux filles, comme moi mes fils, et qui traverse des coups durs comme j'en ai traversé moi-même. Muriel, avec qui je partage tant de choses, qui vient au château de Portes parfois, puis à ce Noël cévenol, qui m'amène ses filles, bien souvent, ou alors ce sont mes garçons qui vont chez elles trois. Muriel qui saura bientôt, évidemment, notre histoire et nos identités. Muriel qui, de fil en aiguille, entre dans mon cœur, dans ma vie, moi dans la sienne, au point que nous commençons à vivre ensemble, fougueusement, passionnément. Au point que nous faisons le projet de louer ensemble un autre mas – Boscavès est trop chargé de souvenirs pour elle, trop isolé pour l'école de ses filles et un peu lourd pour nous tous...

C'est le temps où les garçons et moi vivons la journée à Boscavès ou au parc des Joncs et retournons tous les soirs dans la maison que loue Muriel, dans un village d'une vallée proche. Les mercredi et les week-ends, on emmène les deux filles à Boscavès, s'occuper des animaux ou jouer dans la nature avec les garçons. Chez Muriel, nous avons commencé un petit jardin. Nous avons installé quelques poules. Nous voyons parfois Hervé et sa jument qui viennent camper un peu plus loin. Et, dynamique d'entraide oblige, nous profitons de l'électricité pour faire éclore en couveuse jusqu'à deux cents œufs de cailles, poules et diverses espèces de canards, pour le parc ornithologique privé de courant qui reconstitue tant bien que mal son cheptel : les garçons, Muriel et toute la famille s'en occupent...

Quelques mois passent à ce rythme. Même si nous y sommes encore souvent, dans nos têtes de nomades mes fils et moi avons déjà quitté Boscavès. Nous nous savons en instance de départ pour ailleurs, pour une vraie vie de famille, cette fois... Mais cet ailleurs tarde à venir. Muriel, qui travaille énormément, n'a guère le temps d'y songer. Elle a cofondé une SCOP[1], Bois 2 Mains, quelques années auparavant, et s'y donne corps et âme. De la gestion écologique des châtaigneraies à la rénovation de maisons cévenoles en passant par le bûcheronnage et le façonnage de charpentes et bois de construction, Bois 2 Mains gère toute la filière du bois, d'un bout à l'autre de la chaîne. Et c'est Muriel, plus que tout autre, qui fait tourner le lourd manège. Elle est terriblement fatiguée. D'un mois sur l'autre, elle le jure, elle trouvera quelqu'un pour la remplacer et prendre quelques jours de vacances ; prendre un peu de temps pour nous, se poser, nous poser... Mais chaque fois qu'elle a un dimanche, chaque fois qu'elle dégage une journée, c'est à Bois 2 Mains qu'elle les passe, dévo-

1. Société coopérative de production où les salariés-coopérateurs sont associés majoritaires de l'entreprise, disposent chacun d'une voix à l'assemblée générale et, dans le cas de cette SCOP-ci, avaient tous le même salaire, quelle que fût leur fonction.

rée par trop d'urgences. Et je commence à en prendre ombrage, je la presse, un peu trop peut-être... Premières tensions dans notre idylle que je croyais faite pour durer une vie entière... Et de fil en aiguille, là encore, le tendre ouvrage se défait... Jusqu'au jour où, à Boscavès, les garçons retirés dans leur chambre, Muriel et moi avons une dernière explication : sans orage celle-là, mûre, et tendre, et triste, mais définitive. Nos chemins se séparent, hélas... Je ne reverrai Muriel que cinq ans plus tard, lorsque soudain elle se tiendra là, à deux mètres de moi, face à la juge, et témoignera pour ma défense...

Les mois qui suivent sont très durs. Pour moi, encore sous le choc. Pour les garçons, qui revoient une ou deux fois leurs amies... Mais leurs jeux n'ont plus le même goût, après avoir été comme frères et sœurs... et plus, puisque Charline et Léo formaient un vrai petit couple ; premier amour de mon Léo qui, lorsque je lui confirme la rupture qu'il a devinée, ne dit pas un mot : juste ses deux yeux, droit dans les miens, et une larme qui coule en silence...

Les mois qui suivent sont très durs. C'est là que je laisse Léo et Luca partir des heures avec leurs ânes, les chèvres et leurs bouquins, sur la route des crêtes : la lourde ambiance qui règne au mas ne leur vaut rien, je ne veux pas les y retenir. C'est là qu'ils croisent toutes sortes de gens surpris de voir ces deux beaux grands garçons sur leurs ânes, comme autrefois, et aux heures d'école en plus ! Des gens qui les reconnaîtront bientôt à la télévision, nous dénonçant aussitôt, croyant sans doute les « délivrer » du père qui les séquestre... C'est là que nous multiplions ouvertement les apparitions au parc des Joncs, les animations de plus en plus animées dans les fêtes médiévales. C'est là que nous commercialisons nos fromages et nos châtaignes, un peu partout, sans nous cacher. C'est là, donc, que nous prenons tous les risques, oublieux de la clandestinité – tant de temps a passé, depuis la dernière procédure, la dernière lettre de Katia ! Nous avons presque oublié tout ça et nous croyons des hommes libres… Au point que nous ne prenons pas garde aux alertes : nos photos que deux amies ont repérées à la Poste, l'une en Bretagne, l'autre à la Grand Combe – et, vérification faite, il y en a un peu partout. Hervé qui a vu mon portrait, un jour qu'il était dans un commissariat voisin. Et une amie de Muriel qui nous a reconnus, elle aussi, sur une affiche de l'APEV[1], amie qui s'apprête à nous dénoncer, croyant effectivement mes enfants victimes, et qui ne se laissera convaincre de tenir sa langue qu'après que Léo et Luca lui auront longuement expliqué…

Malgré ces alertes, nous ne prenons plus garde à presque rien. Nous sommes ici chez nous, gais ou tristes comme tout le monde, ce sont aléas naturels, mais bien implantés dans la vie locale, entourés d'amis magnifiques et croyant le demeurer toujours… jusqu'à cette émission sur M6, au mois de mai 2005, qui fichera notre existence en l'air.

1. Association de parents d'enfants victimes.

Shahi Yena

Le vol de l'aigle

De toutes les expériences que j'ai pu faire durant ces onze années d'apprentissage, je crois que ce qui m'a le plus marqué c'est le parc ornithologique. Il a exercé sur moi une véritable fascination. Il y avait cette ambiance, les cris d'oiseaux qui fusaient de partout, les paons en liberté qui lançaient leur « léo ! léo ! » comme s'ils m'appelaient moi, puisque c'était mon prénom d'alors. Ça jacassait dans tous les coins, ça gloussait, sifflait, cancanait : on se serait cru dans la jungle, tellement c'était plein de vie… et ça me remplissait de bien-être. À chaque virage de ces allées bien ratissées, on avait un nouveau flash, une nouvelle découverte, et Dayan nous expliquait tout, comment vivait chaque animal, les soins qu'il fallait lui donner, la nourriture, les nichées… Rejoindre le parc des Joncs, c'était l'excitation permanente ! D'autant que je faisais partie de l'équipe, j'entrais et sortais librement des enclos cadenassés, je commentais parfois les espèces aux visiteurs – et que j'adorais ça !

Le parc avait été inondé mais ça ne se voyait pas trop. Les bassins étaient là, avec des poissons, des cygnes, des pilets des Bahamas, petits canards d'ornement dont les mâles sont gris, bleu et rouge, des tadornes, ces migrateurs à bec rouge et plumage multicolore, et des dizaines de poules d'eau qui se reproduisaient sous les saules pleureurs. Il y avait les hérons cendrés, un couple de pélicans, des faisans en grand nombre, faisan doré, rouge vif et casqué d'or, Isabelle, une variante avec manteau jaune, Elliot, Lady Amherst multicolore… et les paons en liberté bien sûr, magnifiques !

Quatre hectares plantés d'arbres de tous les pays, avec les rangées de volières pleines de vie : c'était super beau ! Il y avait notamment toutes sortes de calaos, ces oiseaux à gros bec et à casque qui viennent d'Afrique et d'Asie : le van Decken, petit au bec rouge moucheté, le calao toc, petit aussi et qui lance un cri du genre « toc-toc-toc », le calao trompette, plus gros, avec une espèce de casque rouge… Le petit plaisir des calaos, c'est les bébés rats et les bébés souris fraîchement tués : j'avais donc donné à Dayan des rats de mon élevage pour qu'il puisse faire le sien et nourrir les rapaces.

Car il y avait aussi les rapaces, les plus fascinants de tous… Le parc hébergeait un grand duc, deux petits ducs, deux buses, deux milans, un faucon crécerelle, une chouette effraie très jolie, blanche et brune avec sa tête en cœur et ses petits fanons, et une dizaine de chouettes hulottes dont une, je me rappelle, ramassée blessée dans une poubelle et qui était tout effrayée, claquait du bec, émouvante avec ses grands yeux noirs dilatés et son plumage ébouriffé…

Nous, on s'occupait d'un peu tout. Y compris d'aller avec Dayan chercher pigeons et poussins pour nourrir ce petit monde. Les pigeons, on les ramassait dans un centre équestre voisin qui avait installé des pièges sur les toits tellement il était envahi. Les poussins, on en avait rapporté cinq mille, une fois, d'une grosse couveuse industrielle – les rapaces en avalaient une cinquantaine par jour – : quand on les avait lâchés dans la volière, ça faisait un tapis jaune… Beaucoup mouraient du simple fait de la surpopulation et des graines qui ne leur convenaient pas mais, comme ils ne mouraient pas assez vite, on devait y aller au sac poubelle : tout un paquet là-dedans, tu serres le sac… et ils meurent asphyxiés. Ce n'est pas si facile que ça ! Surtout que, le jour où je l'ai fait, en rouvrant le sac, ils étaient tous morts… sauf un, au milieu, qui était là avec ses « cui cui cui »...

Les rapaces, je les ai retrouvés à une des fêtes médiévales, auprès d'une équipe de fauconniers qui avait un vautour, deux ou trois buses américaines, un aigle et un grand duc de Virginie. Les fauconniers étaient à peine arrivés que je me suis mis à discuter avec eux… et je ne les ai pas quittés de la journée ! Ça m'a tellement passionné que je me suis mis dans la tête qu'il me fallait absolument un aigle, qu'un jour je serais fauconnier… et je le pense toujours.

Ce jour-là j'ai appris, entre autres choses, que l'aigle en liberté se marie une fois pour toutes. Conséquence : en élevage il n'a qu'un maître, et pour la vie. En cela, il est encore plus fidèle que le chien… et peut se laisser mourir si son maître n'est plus là…

L'aigle me fascine par sa puissance, qu'exprime si bien son arcade sourcilière : elle donne à son œil un air de vigilance aiguë qui m'impressionne. Il me fascine aussi par ce vol qu'il a, si loin, si haut, si libre, si hors d'atteinte… pour moi qui ai toujours rêvé de voler ! Et par cette interrogation, ce mystère : quelle perception peuvent-ils bien avoir de l'être humain, lui et tous ses frères rapaces, quand ils nous fixent de leur pupille qui se dilate à volonté ?

Xavier

L'été de toutes les révoltes

C'était un jour comme bien d'autres, dans notre vie de Boscavès, peu de temps après le 1er mai fêté, comme toujours, au château de Portes. J'étais parti livrer nos fromages chez Gilles, notre ami d'Alès, quand le téléphone a sonné. « Paco, me dit la voix tendue d'une amie, je viens de voir une bande-annonce sur M6. L'émission "Affaires de familles" diffuse ce soir un reportage sur une mère qui recherche ses enfants enlevés par le père depuis sept ans. J'ai oublié le nom qu'ils ont dit mais j'ai reconnu les enfants : je suis sûre qu'il s'agit de vous... » Alerte rouge, soudain !

Je fonce aussitôt à Boscavès, transmets la nouvelle aux garçons qui ne réalisent pas trop en quoi cela les concerne, passe un ou deux coups de fil... Et nous voilà partis avec, dans nos sacs, des affaires pour une petite semaine. Une amie va nous héberger quelques jours, le temps de regarder l'émission et voir ensuite comment le vent tourne. Gilles a aussitôt proposé de venir s'installer à Boscavès, histoire de s'occuper des bêtes. Si tout va bien, nous serons vite de retour chez nous...

Sauf que tout est allé de mal en pis. L'émission a touché des millions de gens. Elle a véhiculé toutes sortes d'approximations et mensonges. Avec la complicité de Nicolas qu'ils avaient reçu naïvement comme le petit-fils qu'à leurs yeux il était toujours, elle allait jusqu'à introduire une caméra cachée chez mes parents présentés comme « un couple proche de la famille de Xavier ». J'y étais décrit comme « l'homme à la roulotte [...] fermé sur lui-même » qui avait enlevé ses enfants parce que « [ne les avoir qu'en vacances] ne lui suffisait pas ». L'existence actuelle de Shahi Yena et Okwari y était réduite à « sept ans d'errance, de nomadisme plus que précaire », une « vie dans la peur », désocialisée, déscolarisée et, bien sûr, conditionnée. Katia y pleurait de rage en réalisant que sa seule chance de revoir ses fils était de faire arrêter contre moi des poursuites qui nous forçaient à nous cacher tous les trois. Les pouvoirs publics, enfin, y étaient directement mis en cause pour avoir « baissé les bras » là où Katia poursuivait seule sa quête. J'appris au passage avoir été quelques mois plus tôt condamné par contumace à deux ans de prison pour non présentation d'enfants... Et nous allions découvrir, tous les trois, le pouvoir exorbitant de la télévision.

Fouettée dans son amour-propre, la police allait en effet reprendre frénétiquement ses recherches. La trentaine de délations reçue lui faciliterait la tâche. En quelques jours, nos amis du parc ornithologique seraient mis en garde à vue. Puis ce serait un lâcher d'hélicoptères – dont nous verrions de loin le vol sans imaginer que c'était pour nous – au collectif de La Bernette : troupe de policiers armés jusqu'aux dents, avec liaisons air-sol et tous les occupants du hameau plaqués mains au mur, fouillés, perquisitionnés, ainsi que nous le saurions peu après. Quant au mas de Boscavès, si aucun flic ne s'y était pointé, au dire de nos amis sur place il faisait l'objet d'une surveillance aussi patiente que cousue de fil blanc : les cueilleurs de champignons – au mois de mai ! – et autres promeneurs assidus s'y multipliaient étrangement, soudain…

Atterrés, nous commencions à réaliser que nous ne retournerions jamais chez nous. L'émission de télé-poubelle avait porté ses fruits : elle venait de nous jeter à nouveau sur les routes, dans cette « vie d'errance » que, précisément, Katia feignait de craindre pour nos fils…

Cet été 2005 est à inscrire parmi nos pires souvenirs. Le monde pour nous s'écroulait, mais nous n'avions pas le temps d'y penser, tant l'urgence de fuir était grande. D'abord hébergés par une amie en ville, puis par une autre dans les montagnes voisines, nous sentions le filet policier se resserrer de jour en jour. Il nous fallait quitter la région, et vite !

C'est chez Jojo, en deux voyages nocturnes, Luca d'abord, Léo et moi ensuite, que nous finirions par atterrir. Un point de chute très provisoire mais, le temps d'en trouver un autre, sa riche villa de Montauban était une cache si improbable que nul jamais ne songerait à venir nous y chercher.

Pendant une ou deux semaines d'un luxe inouï passées autour d'une piscine où les garçons défoulent leur rage sur les vélos offerts par Jojo, nous nous creusons désespérément la tête à la recherche d'un lieu plus sûr. C'est Damien, fils de Jojo, qui finit par nous accueillir dans sa ferme de Montmain. Jojo nous achète une tente et quelques poules. Un tam-tam codé s'est organisé entre elle et trois ou quatre de nos amis à Boscavès ou au château de Portes, ce qui nous permet d'avoir des nouvelles et de donner quelques consignes sur la manière de soigner les bêtes. Une nuit, même, nous passerons au mas récupérer quelques affaires. Mais il faut y laisser l'essentiel : maison, jardins, élevages, fromagerie, et les chiens, les chats, le perroquet – qui de tristesse rendra l'âme peu après –, les ânes... D'Ariège, plus tard, nous essaierons tant bien que mal de faire placer certains animaux et vendre les autres. Les amis, qui réalisent eux aussi ne pas devoir nous revoir, se démèneront comme ils pourront pour gérer tout cela au mieux mais, en gros, ce sera un désastre... Quatre ans plus tard, Boscavès n'est plus que ruine. Et presque toutes nos bêtes sont mortes ou perdues à jamais.

À Montmain, hélas, le temps est long. Certes, nous y avons semé en vitesse un petit jardin. Certes, les garçons ont accès à la collection de vidéos de Damien et ne manquent pas de l'écumer, quand ils ne jouent pas avec des oisillons tombés de leur nid qu'ils apprivoisent. Certes, pour les empêcher de tourner en rond, je leur fais tenir un journal où ils racontent leurs occupations – monotones, ces occupations, toujours les mêmes jour après jour sur cette terre plate où nous feignons d'être des vacanciers sous leur tente. Quand je relis aujourd'hui le journal de Léo, je le trouve maculé de jurons, cris d'une colère, d'une révolte et d'un désespoir qui ont mis quatre mois à nous lâcher.

Tout est allé si vite ! Chassés de leur vie en quelques heures, dépossédés du droit même de vivre, les garçons ne comprennent pas. Ils sont fous de rage. Moi, je suis anéanti.

Cet été-là, nous écrirons tous azimuts aux associations, procureur, Défenseur des enfants, ministres, et jusqu'au président de la République ! Partout, nous re-raconterons notre histoire, exprimerons notre révolte et supplierons qu'on arrête la chasse... Et comme cela ne suffit pas, on s'en doute, à endiguer l'amertume de mes fils, je tente de positiver en leur conseillant de mettre par écrit tous les projets qu'ils mettront en place dans la nouvelle vie qui, forcément, sera bientôt la nôtre. S'ensuit une série de descriptions fiévreuses, dessins et croquis minutieux représentant les volières qu'ils construiront, les élevages qu'ils feront, mille et un projets concrets et mirifiques pour distraire leur attention et essayer de rebondir...

Le plus surprenant, c'est qu'ils les matérialiseront bientôt, ces projets. Même si ce ne sera que pour peu de temps... Car je cherche d'arrache-pied un point de chute stable. Il nous le faut avant l'automne, avant la rentrée des classes et les coups d'œil inquisiteurs que ne manqueront pas de lancer les voisins aux deux adolescents sans école. L'angoisse au ventre, j'écume les journaux, les petites annonces. Et voilà que j'en trouve une, dans *Passerelle-Échos,* où une propriétaire cherche des porteurs de projets agricoles et artisanaux pour retaper son hameau.

Le hameau est situé en Ariège, non loin de Saint-Girons. Seul d'abord, puis avec les garçons, je me rendrai aux réunions orchestrées par Claudine, la propriétaire... Et nous nous jetterons sur cette nouvelle aventure d'éco-village et de ferme pédagogique avec toute l'énergie du désespoir.

Okwari

Les voleurs de pauvres

Baillou, d'abord, on y a cru. Alors on s'y est donnés à fond, tous les deux. Après les trois mois sous la tente, la chaleur, l'été sec, ça faisait pays de Cocagne : tout très vert, luxuriant, avec un ruisseau qui passait au milieu du hameau et des pâturages gorgés d'eau, une cinquantaine de vaches dedans – rien à voir avec Boscavès, tout en bois, en pente et en friche !

Le projet, c'était cinq ou six maisons à retaper, une bonne équipe enthousiaste prête à le faire, et puis l'électricité, le téléphone – tout ce qu'on n'avait pas au mas – : on pouvait imaginer tout ça se transformer assez vite en éco-village avec autonomie et autosubsistance.

Surtout, avec ces bâtiments un peu partout et bientôt la découverte du journal de petites annonces locales, *09 Ariège,* où toutes les bêtes dont nous avions rêvé cet été-là se vendaient pour trois fois rien : mon frère et moi nous voyions déjà monter les élevages dont nous avions esquissé les projets dans nos carnets, chez Damien !

À Boscavès, nos élevages, c'était surtout pour le plaisir. Moi j'avais des pigeons et quelques lapins, des géants papillons français, Léo, devenu Théo depuis Montclar, avait quelques faisans, ses pigeons, ses rats, ses hamsters, ses octodons – ou écureuils du Pérou. Sur la fin, il écoulait pas mal de rats au parc ornithologique mais, en gros, on n'avait pas commencé le commerce. C'est à Baillou que nos élevages allaient prendre de l'ampleur. J'y aurais bientôt cinquante lapins, dont j'assurerais la reproduction et la revente : une dizaine de lapins nains et trois ou quatre autres races, le fauve de Bourgogne, réputé pour sa chair délicate, le bleu de Vienne, autre lapin de rapport, le lièvre belge, noir et feu, le rex nain, recherché pour sa fourrure aussi douce que du velours, et plusieurs espèces d'angoras nains. Je revendais les lapins d'ornement âgés d'un mois à un intermédiaire qui les plaçait ensuite dans des animaleries, et gardais trois mois de plus les lapins de rapport, que je vendais ensuite soit pour leur viande soit pour d'autres élevages. Ça me faisait bon an mal an mes 200 euros par mois après remboursement du collectif. Sans compter les oiseaux exotiques dans leurs volières que j'avais fabriquées moi-même dans l'atelier de Benoît, le menuisier…

À Baillou, au départ, on était une petite dizaine sur le projet d'éco-village. Nous trois, on devait se charger du côté agriculture : la ferme vivrière d'abord, jardins et bêtes, pour que tous se nourrissent dessus, et petit à petit la ferme pédagogique, pour de futures animations. Les autres devaient retaper les maisons et y installer leurs ateliers. Il y avait là Benoît et Yann, son fils, Lucien le charpentier et Lenka, sa compagne tchèque qui partait tous les jours travailler à l'extérieur. Il y avait aussi Christian, le saxophoniste qui, avant de disparaître de la circulation, nous ferait acheter une vache Highland d'Écosse, à longs poils roux, et un couple de Watusis d'Afrique, ces vaches du peuple masaï dont les cornes mesurent jusqu'à deux mètres. Et on serait bientôt appuyés par Mathieu, un néo-rural voisin qui, à un moment où Claudine voudrait vendre des parts du GFA[1] propriétaire du hameau, les rachèterait pour soutenir le projet – parce que des tas de gens y croyaient à l'époque, à cette entreprise ! il y avait même des écoles, des municipalités qui attendaient qu'on ouvre les portes de notre ferme pédagogique pour y envoyer leurs visiteurs…

Claudine était un peu fantasque, dès le départ, mais semblait plutôt sympathique. Disciple de Maharaji[2], elle était terriblement new age, assez déstructurée et pas manuelle pour deux sous. Son désir de voir aboutir le projet auquel elle nous avait conviés semblait sincère. On n'avait pas cherché plus loin – on n'avait pas trop le choix, d'ailleurs ! Nous ne pouvions pas soupçonner qu'elle jouerait bientôt les châtelaines, changerait d'avis de semaine en semaine, donnerait des tas d'ordres contradictoires qui obligeraient à défaire chaque jour ce qu'on avait bâti la veille. Ni que ses volte-face et caprices viendraient à bout des meilleures volontés, chassant bientôt l'un après l'autre tous les porteurs du projet initial. Ni qu'elle en avait usé d'autres, ayant réussi à faire avorter quatre ou cinq projets, avant le nôtre. Et encore moins qu'elle donnerait elle-même aux futurs squatters, qui finiraient par chasser Paco, le bout de papier pseudo-légal les autorisant à s'installer parmi nous… jusqu'à ce que la place redevienne déserte et qu'elle puisse en reprendre le contrôle. Une histoire de dupes et de fous, en somme ! Et qu'elle aura payée presque autant que nous, la pauvre, comme nous le constaterons deux ans plus tard, elle encore tout empêtrée avec ses squatters…

Mais nous sommes loin d'en être là, au cours de cet automne 2005 où feu Paco, Léo et Luca Fraille se nom-

1. Groupement foncier agricole, dont elle partageait les parts avec sa fille qui, elle, souhaitait récupérer sa mise.
2. Fondateur de Élan Vital.

ment désormais Pierre, Théo et Manu Duchêne – les deux derniers, dans la valse des identités, étant mystérieusement devenus jumeaux… Nous sommes une petite dizaine au départ, donc. Passé le premier hiver, une bonne partie des artisans, doux rêveurs venus de la ville pour la plupart et se faisant du retour à la terre une image bien idéaliste, auront pris leurs cliques et leurs claques. Resteront trois ou quatre mordus, dont Théo et moi pour l'instant. Plus tard et pendant quelques mois, il arriverait que l'on soit quinze, une bonne équipe, super motivée, avec gros chantiers collectifs d'entraide qui réunissaient jusqu'à cent personnes, où on abattait un boulot monstre avec festival fête chaque soir, musique, reggae, gros repas – la bonne ambiance et plein d'espoir ! Mais il y aurait aussi les moments, pendant ces deux ans, où il n'en resterait plus que deux face au couple de punks squatters violemment fêlés qui, ayant flanqué la zizanie, auraient réussi à fiche tout le monde dehors… sauf Pierre le jusqu'au-boutiste et Vincent le boulanger.

Au départ, donc, nous nous sommes donnés à fond, Théo et moi. Pierre avait reçu un peu d'argent et grâce à des amis, des voisins et *09 Ariège*, on a reconstitué un cheptel : quarante chèvres, une dizaine de brebis, une dizaine de vaches, une ponette, deux ânes, une jument de trait, qu'on a vendue après mais dont j'ai gardé le poulain que je dresserai plus tard chez celui qui me formera à l'attelage, et deux cents volailles : oies, dendrocygnes, toutes sortes de canards et faisans d'ornement. Outre aider à refaire les clôtures et donner un coup de main au jardin, nous on s'occupait surtout des bêtes, *toutes* les bêtes – garder les chèvres, donc, traire les vaches, nourrir tout ce petit monde, bêtes à cornes et volailles… sans compter nos élevages, bien sûr !

C'est là qu'on a arrêté l'école. Pierre n'était pas trop chaud, au départ ; il disait qu'on subissait la mauvaise influence de l'ambiance autour : aucun jeune de notre âge, tout le monde qui nous traitait comme des adultes, nous demandait des conseils, nous invitait à boire une bière ou à fumer, et nous qui nous affranchissions de plus en plus à mesure que nos élevages nous donnaient un début d'autonomie financière. Et puis il a fini par accepter, à condition qu'on continue à lire… et qu'on ait un apprentissage sérieux en travaillant sur la ferme.

C'est là, aussi, qu'on a commencé à rencontrer plein de gens, plein de jeunes de notre âge, notamment. On s'est mis à faire la fête chez les uns et les autres, on a eu nos premières copines… et l'envie de s'envoler est venue. On voulait voir autre chose. La ferme, les animaux, on avait connu ça toute notre vie. Et là, avec Claudine qui cassait l'ambiance et toute une équipe qu'il fallait reconstituer, avec Pierre qui était à bout de nerfs parce que, en plus du projet agricole, il devait organiser et faire fonctionner à peu près tout le collectif, avec l'ambiance qui devenait lourde, Théo et Pierre qui commençaient à se prendre la tête pour un oui ou pour un non, bientôt les squatters qui sont venus semer la pagaille… on est partis pour de bon !

Les squatters, c'était un petit couple bien sympathique, bien cool, au départ. Pierre les avait rencontrés au marché, le même jour où il rencontrait Barbara dont le fils embaucherait bientôt Théo, le premier de nous deux à s'être cassé. Goffrit et Sylvie, les deux néo-hippies trash, avaient deux enfants, un troisième à venir, le camion, trois chevaux, un tipi : typique le plan petite famille néo-indienne qui pouvait faire craquer Pierre. Ils arrivaient d'un collectif qui avait foiré dans les Pyrénées-Orientales – on apprendrait longtemps après qu'il avait foiré… à cause d'eux et de leurs copains « voleurs de pauvres », comme les a appelés Pierre ! Ils cherchaient un coin où se poser, pour l'accouchement de Sylvie et plus longtemps si c'était possible. Pierre leur avait dit de passer à Baillou rencontrer les autres. Apparemment, ça s'était bien passé puisque la petite famille avait choisi son terrain parmi ceux qui restaient libres, avant de repartir chercher ses affaires. Elle reviendrait deux bons mois plus tard, en octobre 2006, très peu avant l'accouchement. Pas le temps d'installer le campement et de faire les clôtures à l'endroit un peu excentré qu'ils avaient choisi, donc. Et les voilà qui se posent « provisoirement » à deux pas de la maison collective… dont on ne les délogera plus ! Théo est déjà parti, à ce moment-là : il bosse dans la construction avec le fils de Barbara, commençant de tisser dans la vallée de Bellair le réseau d'amis qui nous sera bien utile, plus tard. Moi je suis encore là.

Il y a eu un premier esclandre peu après l'arrivée des « Fils du soleil », comme ils se proclament eux-mêmes à peine ils ont fumé un joint de trop – et c'est à peu près toute la journée. Une histoire de chevaux qu'on a déplacés en leur absence parce qu'on avait besoin de notre pré pour les vaches du collectif, et qui les fait rentrer en rage. Sur le moment, on se dit « c'est le stress juste avant la naissance », et puis on oublie. Sauf qu'ils n'ont jamais décoléré ! Ou plutôt, qu'ils ont alterné la douceur et la menace, douceur avec les moins expérimentés du collectif, comme Vincent, menace dès qu'ils sont seuls avec Pierre qui, vu son expérience communautaire, se retrouve leader spontané sans le vouloir, s'attirant mécontentements et jalousies. Habiles, comédiens, leur petit jeu bien rodé, ils sèmeront d'abord le doute puis la violence verbale et physique, diviseront l'équipe jusque-là emballée, feront fuir tous les nouveaux venus intéressés par le projet, amèneront des amis punks baraqués prêts à castagner et transformeront peu à peu Baillou en bande de Gaza !

Je suis parti bosser chez Olivier Courthiade peu après leur premier esclandre. Je n'ai donc suivi la chronique de la mort annoncée de Baillou que de loin en loin, lorsque je revenais les week-ends. Week-ends de plus en plus sinistres où Pierre ne disait même pas bonjour, le vendredi soir, dépité qu'il était par notre abandon. Et où nous nous enfuyions dès le samedi matin, rejoignions nos amis au marché de Saint-Girons puis allions de fête en fête jusque assez tard le dimanche matin... le reste de la journée étant, on s'en doute, passé à récupérer.

Pour Pierre qui se débat avec la ferme et les squatters, Pierre qui ne veut pas lâcher le morceau alors qu'il perd ses forces dans ce vain combat, c'est une défection de plus. Bien sûr, il n'a guère le choix : Baillou est « notre endroit », nous n'en avons pas d'autre. Il croit qu'avec nos bras, ne serait-ce que deux jours par semaine, il pourrait venir à bout de la fatalité. Pour nous qui en avons notre claque des aventures foireuses, c'est le retour à des réalités de notre âge – d'autant que, travaillant toute la semaine l'un et l'autre, nous estimons avoir mérité nos week-ends. Nous avons quatorze et seize ans, commençons à voler de nos propres ailes et n'entendons pas les couper en restant dans ce nid de plus en plus glauque. Ce qui ne nous empêche pas de prêter main-forte à Pierre certaines semaines où les squatters lui donnent trop de fil à retordre. Et c'est alors le face-à-face de deux bandes presque armées, avec lancers de pierres d'une maison l'autre, un ami boxeur appelé en renfort et Pierre, dans sa caravane, qui dort avec chien de garde devant la porte et fourche à côté du lit.

Il n'empêche : le malentendu, la dissension ne font que grossir, entre Pierre et nous, en cette seconde année de Baillou. Pour lui, nous subissons la mauvaise influence de notre entourage : Yann, le fils de Benoît, et nos nouveaux amis d'Ariège, ados comme nous, joyeux fêtards, fumeurs de joints à l'occasion. À ses yeux, nous vivons une crise d'adolescence qu'il ne comprend ni ne respecte, faite de réactivité, d'égocentrisme, de rejet de la famille osmotique idéale que nous avons jusque-là formée – et c'est une trahison. Pour nous, nous rattrapons le temps perdu, vivons enfin les expériences de notre âge avec copains et copines, nouveaux apprentissages, ouverture sur le vaste monde. À nos yeux, cette « crise d'adolescence » est légitime et, heurtés par la réaction de Pierre, nous durcissons nous aussi le ton et le rejet. Des torts des deux côtés, en somme. Une incompréhension grandissante. Un malentendu qui dégénérera en rancune de sa part, embrouilles et mauvaise ambiance générale… jusqu'à la Corse, deux à trois ans plus tard !

Shahi Yena

Le temps des embrouilles

Ça avait commencé avant notre départ de Baillou, les désaccords. Je dirais même que ce sont eux qui ont provoqué mon départ, pas l'inverse. Il y avait notre caravane entourée de clapiers, de cages, avec de la boue partout et de la fiente jusque sur les fenêtres alors que ça aurait pu être un peu propre, un peu coquet, un vrai « chez-soi » quoi, pas une cour de ferme ! Alors moi j'en ai rajouté un jour en balançant du lait sur la caravane. Pierre était furieux, on s'est pris la tête tous les deux, et c'est là que je l'ai insulté. Il l'a mal pris – ça se comprend un peu. Le soir, quand j'ai voulu rentrer me coucher, la porte était fermée à clef – sans doute pour me faire réfléchir. Sur le coup, je l'ai mal pris moi aussi ; et puis j'ai trouvé une solution. Je suis allé prendre un matelas qui traînait dans la maison commune et l'ai installé dans la grange. J'ai très bien dormi… et je ne suis jamais retourné dormir dans la caravane. Ça m'avait donné l'idée de me faire une vraie chambre dans la grange… plus tard Manu m'a rejoint… début de la séparation.

Il y a eu l'histoire des cheveux, aussi. Pierre préfère les cheveux longs ; à cause de sa philosophie amérindienne je suppose ; parce que c'est des récepteurs, des antennes… Au début de la clandestinité, officiellement c'était pour qu'on ne sache pas trop, de loin, si on était filles ou garçons. Ce qui fait qu'à Boscavès on avait droit à des remarques « Oh ! les jolies petites filles… » Agréable ! Du coup, avec La Bernette, on portait tous les deux la casquette, Manu avec queue-de-cheval derrière, moi avec les cheveux rentrés dedans… ce qui fait que tout le monde croyait qu'ils étaient courts. Et puis un jour, à Baillou, j'en ai eu marre. Je venais de vendre un chevreau un bon prix et je suis parti à Saint-Girons avec un copain et mes sous, je me suis fait couper les cheveux en brosse, me suis acheté une chaîne en argent et mes toutes premières pompes de marque. J'étais content ! Mais voilà que j'arrive à Baillou, je monte l'échelle de la maison commune, Pierre était en haut, il me dévisage et lâche : « Tu as vu la tronche que tu as ? Un vrai petit beauf, maintenant ! » Bel accueil, quoi !

Et en plus, un peu plus tard la même soirée, il a fait tout un scandale comme quoi j'avais piqué de l'argent dans la caisse commune pour me payer la chaîne et les pompes – ce qui était complètement faux ! En fait, c'est lui qui n'encaissait pas l'idée que je me fasse autant d'argent en une seule vente… Je me rappelle encore la scène où il me court après autour de la table pour me reprendre les chaussures et les rapporter au magasin ! Là, tout le monde était super mal, ça criait autour de la table. Moi je suis descendu en courant et les insultant tous… et je suis allé pleurer dans la forêt… Grosse injustice, quand même ! Après ça s'est su que le trou dans la caisse venait d'ailleurs. Mais les excuses, je les attends toujours… ou, plutôt, je ne les attends plus, lui ayant pardonné tout ça depuis…

Il n'a jamais été doué pour le commerce, Pierre. Ça explique peut-être les embrouilles. Parce que moi, à Baillou, j'ai découvert que j'étais doué pour ça. Les contacts, la psychologie, la séduction, la patience, tout ce jeu du commerce m'amuse – sans compter la rétribution qui va avec... Alors, en plus de mes élevages, je me faisais de l'argent en achetant pas cher à droite ce que je pouvais revendre le double à gauche. Il me suffisait d'avoir des contacts, de me tenir au courant des besoins des uns, de savoir amadouer les autres, sans me laisser décourager par un refus, en revenant à la charge encore et encore... J'adorais ça ! Je me mettais d'accord avec les gens du collectif qui m'emmenaient ici ou là, partout où m'entraînaient mes affaires ; je leur remboursais l'essence, et je gérais ça tout seul. Pierre ne s'en mêlait pas. Il n'avait pas la moindre idée ni de comment ça marchait ni de ce que ça me rapportait... Jusqu'au jour où il y a eu embrouilles autour de mes élevages...

J'avais acquis plein d'oiseaux, faisans d'ornement et autres, j'achetais, j'élevais, je revendais, je passais mon temps au téléphone à négocier à droite à gauche – au point que les autres me surnommaient Théauboudufil – et ça marchait du tonnerre ! Sauf que là, tout d'un coup, Pierre ne m'a plus laissé le gérer à ma façon. Il a fait toute une histoire à propos de comptes et d'argent à rendre, sur mes bénéfices, au collectif et à lui pour l'investissement en grains, en téléphone, en je ne sais plus trop quoi. Le collectif, d'accord ! Mais la caisse familiale : à 8 euros le sac d'orge, ça faisait cher du remboursement ! Selon lui, je devais donc me taper tout le boulot, le soin aux bêtes et toutes les démarches pour récupérer juste la moitié de l'argent. Ce qu'il appelait « ne pas confondre chiffre d'affaires et bénéfice »... Résultat : j'ai laissé tomber. C'est là que j'ai dit : « Tu te débrouilles ; moi, je me casse ! »

Peu après, grâce au contact qu'il avait pris un jour avec Barbara, rencontrée au marché de Saint-Girons, j'ai commencé à bosser sur les chantiers avec Saël, un de ses fils. J'ai alors proposé à Pierre de vendre mes élevages avant de partir. « Non, non, c'est hors de question : c'est moi qui les nourris depuis des mois, je les garde. Tu en auras peut-être besoin plus tard… » OK. Moi, je m'en fichais. Sauf qu'il ne fallait pas me demander, ensuite, de m'en occuper les week-ends… Mais c'est vrai que quand je suis revenu ensuite faire un break après mes chantiers et redémarré quelque temps mes élevages, j'ai été bien content de retrouver mes animaux et l'en ai d'ailleurs remercié. Et comme le chien des squatters faisait ses ravages, que certains animaux nécessitent soins et attention qui prennent du temps et que Pierre serait de plus en plus débordé et seul, pas mal ont été perdus…

Après, bien sûr, quand on n'est plus revenus que certains week-ends, Manu et moi, à peine on lui disait « Salut p'pa ! », hop là ! lui ne te regardait même pas et se cassait – il faut dire qu'il n'appréciait pas qu'on l'appelle « p'pa », soudain, lui qu'on avait toujours appelé par son prénom… Ou alors, s'il ouvrait la bouche, c'était pour dire : « Vous me laissez tout seul ici. C'est inadmissible… », ou pour nous reprocher de faire la fête, ou… Dans tous les cas, on n'avait pas franchement envie de lui donner un coup de main… Et lorsque les squatters ont augmenté la pression, c'était de pire en pire, évidemment : Pierre nous reprochait alors de ne pas être assez solidaires, de ne pas venir en renfort… Était-ce notre faute s'il était tout seul, là-dedans, à s'obstiner ?

C'est vrai aussi qu'il faisait pitié. Il avait perdu vingt kilos, à la fin ! Parfois je m'inquiétais pour lui. On en parlait, avec Barbara, cette amie de Bellair qui m'avait pris sous son aile… Mais quoi ? Il aurait pu partir bien plus tôt… Sauf que non : il ne voulait pas lâcher le morceau. Il était planté dans ses opinions comme quoi les punks n'avaient rien à faire là, ils devaient dégager, il fallait faire venir du monde pour les chasser… Toujours ce jusqu'au-boutisme, cette fierté, et peu importe si la réalité ne colle pas avec sa vision : c'est la réalité qui doit plier !

Bon, c'est une qualité, aussi, la fierté. Et c'est vrai aussi que quitter Baillou n'était pas si facile : il aurait fallu trouver un autre point de chute ; et Pierre n'avait pas trop le temps d'en chercher un… Mais, justement, ce point de chute, c'est par moi qu'il l'a trouvé, puisqu'il a fini par s'associer avec Ferdi, un vieux de la vieille de la vallée au-dessus de Massat où j'étais depuis un an… De courte durée, leur projet d'association, parce qu'ils se sont vite disputés. Mais, au moins, Pierre avait quitté Baillou. Et, comme me l'a dit alors Barbara : « Bravo, Théo ! Tu as amené ton père et ton frère dans la vallée : je suis fière de toi… »

Pour l'heure, Pierre était encore à Baillou, à tenir coûte que coûte. Face à lui : Goffrit et Sylvie, deux malades ! Des professionnels du harcèlement.

Le premier vrai clash, ç'avait été l'histoire de la batterie. Ils avaient fait une soirée reggae dans la pièce commune, puis ils avaient disparu en laissant tout leur matériel en plan. Nous, on était en plein chantier pour isoler le plafond, alors on a pris la décision collective de déplacer la batterie, la remballer et la descendre à l'étage du dessous. Et voilà que les deux débarquent, voient le truc, deviennent enragés. Sylvie grimpe quatre à quatre les échelons, se jette dans la cuisine où j'étais, me pousse violemment contre la table. Moi, je me retourne : elle est là, son bébé devant elle, qu'elle brandit comme un bouclier. Goffrit l'a rejointe, il vient de saisir un couteau et court après Thibault, mon copain boxeur qui craint tellement de l'amocher… qu'il descend en courant pour éviter l'affrontement. Pendant ce temps, Sylvie, toujours enragée, prend une chaise et la balance de toutes ses forces à travers la pièce, décapitant un cactus que Barbara m'avait donné… Voilà. Ça, c'était juste le début.

Ensuite, c'était tous les matins : ils débarquaient dans la salle commune pour le petit déjeuner, ils étaient déjà défoncés, ou pas encore assez, et se mettaient à hurler contre tout et n'importe quoi, prenant le premier prétexte pour agresser quiconque leur passait sous la main. C'était la pression nerveuse jour après jour tout le temps. Une fois, au balcon de ce qui était encore ma chambre et d'où ils allaient me virer bientôt, on était là, Manu et moi, à couper à la tronçonneuse une branche de noyer qui dépassait. Ils sont arrivés, beuglant : « Assassins ! Vous tuez cet arbre ! » Et ça aurait dégénéré si Manu n'était pas resté, bien tranquille, tronçonneuse allumée à la main : « Allez viens, fonce, je ne bouge pas. Coups et blessures sur un mineur, ça devrait te valoir quelques mois… » Évidemment, ça s'est agité un moment mais il n'y a pas eu bagarre…

Une autre fois, près du lavoir, on s'est pris au colback trente secondes, Goffrit et moi, avant de se lâcher. Une autre encore, on a tenté une médiation, avec des gens du village d'en bas, et Claudine : ça a discutaillé pendant deux heures… et ça n'a servi à rien. Même chose les deux ou trois fois où quelqu'un du collectif a appelé les flics – nous on se tenait à carreau, dans ces cas-là – : les deux roublards l'ont joué pauvre petite famille bien tranquille, à ouvrir de grands yeux, à faire les innocents… chaque fois ils roulaient les flics dans la farine et c'est nous qui passions pour les grands méchants.

Jusqu'à la fois où ils ont débarqué avec trois potes à eux de Saint-Girons, le gros Mariolle, le fourbe Caco et sa copine, où ils ont éclaté les portes et pris d'assaut la chambre où on était, Manu, Vincent et moi, à écouter de la musique : « Maintenant on est chez nous, vous dégagez ! » On a appelé les gens de Caruette, un collectif anar pas trop loin : ils ont débarqué à trois ou quatre, rapport de force inversé, ça a tenu les autres en respect… mais les gars de Caruette n'allaient pas s'installer là à vie ; donc quand ils sont repartis, au petit matin, on avait toujours les malades et leurs copains voleurs de pauvres sur les bras…

Plus tard, lorsque Pierre, contraint et forcé, est venu s'installer chez Ferdi, dans la vallée de Bellair, avec son projet de ferme pédagogique, il a dû laisser une bonne partie des bêtes au pré, dans les enclos bien solides qu'on avait faits. Et ces saloperies de « rebelles verts », comme ils se faisaient appeler – des rebelles collés toute la journée devant la télé ! – se sont mis à ouvrir les clôtures et lâcher les bêtes sur les routes… Effroi du paysan du coin quand à la nuit, dans les phares de sa voiture, il voit surgir un démon cornu, yack du Tibet, Watusi ou grosse Highland, quelque chose comme huit cents kilos quand même ! Donc deux ou trois plaintes déposées, un délai d'abattage proposé par les chasseurs pour mettre fin à cette pagaille. Sans compter les chèvres disparues, dont les flics ont retrouvé les têtes décapitées – avec leurs oreilles baguées au nom de Pierre Duchêne – dans une décharge publique… Que des embrouilles, donc, qu'il a fallu gérer : Pierre avec toutes sortes de lettres aux gendarmes, moi chargé de vendre au plus vite ce qui restait de ses bêtes, l'occasion de nouveaux malentendus et disputes, évidemment…

Pour en finir avec Baillou : ç'avait été l'enthousiasme, au début. Un lieu où il y avait plein de possibilités, bien plus qu'ailleurs, plus qu'à Boscavès même, et où on s'est investis à fond, d'abord... Et puis c'est devenu irrespirable. Mais ce n'était pas vraiment grave, puisque c'est tombé juste au moment où nous commencions à naviguer vers d'autres lieux, d'autres contacts, d'autres apprentissages et amis... Le début de l'autonomie, quoi ! avec un coup de main au père de temps en temps, notre domicile officiel toujours chez lui bien sûr, mais des vies pas mal séparées quand même...

2000. Le Vaucluse. Plantation des poireaux…

2000. La Drôme. Apiculture.

2000. La Drôme. Tissage…

2000. Shahi Yena et Okwari bricolent leurs vélos…

2001 à 2005. Les Cévennes, « chez nous » au mas de Boscavès.

Animation (fête médiévale).

Couleuvre d'Esculape.

Été 2005. Près de Montauban. Campement de fortune après notre fuite des Cévennes en catastrophe. Nous avons de nouveau tout perdu…

2005 à 2007. L'Ariège. Notre arrivée fin août 2005, premier campement.

2007-2008. L'Ariège. Notre chalet…

Okwari : apprentissage professionnel en traction animale.

Okwari présente une jument bretonne en cours de dressage.

2009. Okwari lors d'un cours d'attelage avec une paire de mules des Pyrénées.

Okwari au labour, accompagné de son maître de stage.

Shahi Yena et Okwari en Ariège pendant l'écriture de ce livre.

La famille Fortin retrouvant, onze ans plus tard, leur ami Gabriel, agriculteur bio, dans sa ferme de Normandie.

Entrée de Xavier dans le box des accusés lors de son procès à Draguignan, en mars 2009.

Okwari

La vie en société

Je savais à peine marcher que le dos des chevaux m'était déjà familier. Je monte à cru depuis toujours, avec un simple licol. Mais pour Olivier Courthiade, chez qui j'ai fait mes huit mois de stage, je ne sais pas monter *à* cheval : je sais juste monter *sur* un cheval – nuance ! Il faut dire qu'Olivier a fait ses classes dans l'armée, où il était muletier. Il est très carré, très militaire, très à cheval sur les principes. Ce qui m'a permis d'apprendre un tas de choses.

Ce n'est pas n'importe qui, Olivier ! Il a son école de dressage de mules, de bœufs, de chevaux, forme les dresseurs eux-mêmes, connaît tous les savoir-faire des anciens, a dressé des animaux pour des films, *Les Visiteurs* et *Cyrano de Bergerac* entre autres, et a contribué à sauver la race des Mérens, ces petits chevaux rustiques à la robe noire et au pied sûr. C'est un passionné, respecté, qui connaît des gens dans toute l'Europe, même si son entreprise est à taille humaine, simple exploitation familiale dont il a pu racheter les parts d'héritage à ses frères et sœurs grâce à l'aide… de tous ses amis, justement.

Pendant que je me formais chez lui, deux équipes de télévision sont passées à la ferme, faire des reportages sur son travail. L'une d'elles m'a filmé assez longuement, alors que je travaillais au débardage, c'est-à-dire au transport du bois. J'étais présenté comme Manu Duchêne, stagiaire. Avec mes quinze ans et mes cheveux longs, il y avait peu de chances que qui que ce soit me reconnaisse, mais ça montre un peu notre état d'esprit, à Théo et à moi, à l'époque : ne plus se cacher, fini la cavale !

Lorsque j'ai débarqué chez Olivier, en janvier 2007, le choc a d'abord été rude. La discipline, les ordres militaires – du moins c'est ainsi qu'ils m'apparaissaient –, je n'avais pas l'habitude. Je m'y suis fait, bien sûr, je me suis coulé dans le rythme, adapté aux circonstances, comme je l'ai toujours fait. Alors ça s'est bien passé entre nous. Et ça m'a permis d'apprendre... énormément ! Apprendre le dressage et l'attelage, évidemment – j'étais là pour ça. Apprendre la vie en société, aussi – et ça je ne m'y attendais pas.

Lorsque j'ai débarqué chez Olivier, donc, j'avais quinze ans. Je sortais de Boscavès – assez solitaire – puis de Baillou – plus vivant, mais pas franchement structuré. Les années cruciales de ma vie, je les avais passées en famille avec très peu de monde autour, des contacts ici et là, oui, l'ambiance brouillonne des collectifs, aussi, mais pas de contacts réguliers avec des jeunes de mon âge. Résultat : adolescent, quand il me fallait rencontrer des gens je n'étais pas franchement à l'aise, j'avais tendance à me dévaloriser, à me renfermer sur moi-même. Bref, ce n'était pas facile facile. Et voilà que, pendant huit mois, j'allais devoir vivre avec Olivier et les stagiaires qui allaient et venaient. Olivier qui m'impressionnait, avec cette autorité qu'il a, et aussi tout ce savoir que je respectais. Si bien que mon premier réflexe, ça a été d'entrer dans un rôle, le rôle du stagiaire sérieux, bosseur, responsable… que j'étais *aussi,* mais que je n'étais pas *seulement.* Bien sûr, tout se passait bien : j'apprenais, Olivier était content de moi… mais il y avait une distance entre nous, une distance que j'ai d'abord mise sur le compte de son côté « militaire » et dont j'ai compris, des mois plus tard, qu'elle venait de ma réticence à moi.

Une fois enfermé dans ce rôle, il m'était difficile d'en changer. Alors je menais une sorte de double vie, le bosseur sérieux et fermé en semaine, sauf avec quelques stagiaires avec qui je me lâchais un peu, le vrai Manu en week-end, avec mon frère et les amis. Pas aussi caricatural que ça, mais pas vraiment naturel non plus. Et, surtout, pas très confortable. Mais je ne l'ai réalisé qu'après.

Plus tard, c'est-à-dire au printemps 2008, quand je suis retourné chez Olivier pour y passer mes examens, quelque chose s'était détendu. J'ai pris conscience de ce rôle que j'avais joué, de cette distance que j'avais établie moi-même, et j'ai commencé de m'ouvrir, de pouvoir être moi, tout entier, au milieu des autres et face à Olivier lui-même. Comme quoi, on peut toujours évoluer… à condition de prendre conscience de ses erreurs, qui font partie du chemin et peuvent se révéler utiles… une fois comprises.

Quant à mon apprentissage, professionnel cette fois, j'étais là pour le dressage, l'attelage de loisir et l'attelage agricole. Quand je suis arrivé à la ferme de Méras, à l'automne 2007, mes notions d'attelage se limitaient à ce que j'avais appris vers les six-sept ans avec Bijou, chez Jeanne, puis avec La Bougne, la jument d'Hervé, à Boscavès. J'allais donc me perfectionner pendant huit mois, en dressage notamment, et passer l'année suivante mes quatre premiers galops.

La technique de dressage d'Olivier Courthiade – car il en existe d'autres –, c'est de prendre au pré la jument quand elle a environ six mois, établir le contact, instaurer la confiance et lui enseigner toutes les bases mais sans la faire travailler, c'est-à-dire sans lui faire traîner de poids : juste qu'elle apprivoise les sangles autour d'elle avec quelque chose qui traîne derrière. Ensuite, tu la remets au pré, avec le licol pour tout contact. Et quand tu la reprends, vers les deux ans, elle a la mémoire de tout ça. C'est là que commence le débourrage : un travail quotidien, progressif. Tu travailles d'abord seul en longe avec elle, lui apprends à répondre à la voix, à s'arrêter, à tourner, puis à supporter le poids léger du surfait et du culeron, avec la pression de la sangle. Peu à peu, tu lui mets collier ou bricole, d'autres pièces de cuir, des chaînes... C'est quand tu lui fais traîner son premier pneu, de voiture d'abord, puis de tracteur, puis un attelage léger et, peu à peu, tous les outils, que tu travailles à deux : un à la longe, sur le côté, question sécurité ; l'autre en arrière, avec les longues rênes. Au bout d'un mois environ, elle est débourrée. C'est là qu'Olivier, le plus souvent, la rend au propriétaire... Mais attention ! si tu remets ta jument au pré sans plus la faire travailler, c'est évident qu'elle va « se rouiller ». De même qu'elle prendra de mauvaises habitudes, pourra garder des séquelles à vie, d'expériences qui l'ont effrayée, si tu ne la fais pas travailler correctement. Certaines personnes achètent un cheval sans rien y connaître, le traitent, en gros, comme une machine, et s'étonnent du résultat...

Entre le cheval et son maître, tout est affaire de confiance. Une confiance qui s'établit par le contact que tu entretiens avec lui ; une confiance qui grandit au fil du suivi, de la relation. Le meilleur débourrage du monde restera sans effet si le maître ne prend pas la relève. Raison pour laquelle Olivier n'hésite pas à affirmer que, dans son école, on dresse les chevaux... et les hommes !

C'est ainsi que je me suis retrouvé, à quinze ans, à devoir donner des ordres à des gars de vingt-cinq ou trente ans. « C'est lui qui commande ! » annonçait Olivier aux nouveaux venus parce que, après trois ou quatre mois, je connaissais le rythme des travaux quotidiens : distribuer la nourriture, mettre au pré les chevaux qu'on ne ferait pas travailler ce jour-là, faire les boxes, monter avec les mules le fumier au tombereau, un kilomètre plus haut... Ce qui fait que j'ai appris sur le tas l'importance de la diplomatie, celle du ton de ta voix quand tu transmets la consigne, celle du mot que tu choisis, l'usage de l'humour, aussi, pour alléger tout ça... Encore une expérience bien utile, dans la vie ! Et qui s'ajoute, bien sûr, à ce pour quoi j'étais venu : le dressage, l'attelage agricole et l'attelage de tourisme.

Les gens ne le savent pas forcément, mais l'attelage de tourisme se développe de plus en plus. Des communes se remettent à faire appel à des cochers pour toutes sortes de tâches, le ramassage scolaire par exemple : j'ai vu ça sur le site du SNCP, le syndicat des cochers. Et puis il y a de la demande pour des démonstrations, des animations, des mariages... Quant aux travaux agricoles en traction animale, on pourrait croire que c'est une résurgence du passé, mais pas du tout : cette tradition est utile même aux modernes, sur les terrains d'accès difficile ; et pas mal de petits agriculteurs y reviennent, pour le débardage notamment, mais aussi dans les pentes montagneuses viticoles : il y en a beaucoup, de ces vignobles cultivés à l'ancienne, en Ariège où nous sommes et dans les Pyrénées-Orientales...

Donc j'ai appris un peu tout ça. Il y a eu quelques moments forts au passage, de ces anecdotes d'apprentissage qui te font rire après coup. Celle d'un lundi matin où j'étais revenu pas trop frais d'un week-end de fête, entre autres. C'était le premier cours d'attelage de la jument avec ce qu'on appelle une dresseuse, petit attelage souple et costaud, deux roues, tout simple. J'avais à peine fait quatre mètres, moi en longe près de la jument, qu'elle me plaquait contre le mur et s'emballait. Elle a fait trois ou quatre kilomètres et on l'a retrouvée en train de marcher, tranquille, au bord de la route... « La jument, elle est fichue ! » s'est écrié Olivier. Mais pour Raphaël, un dresseur espagnol installé à côté, c'était plutôt : « Fantastique ! Comme dressage, il n'y a pas mieux. Elle a dû se faire des frayeurs, puis elle a retrouvé son calme : elle a donc passé le cap, plus de problème... » Deux hommes, deux professionnels, deux points de vue...

J'ai travaillé avec un étalon, Mozart, qui s'est emballé lui aussi. C'était un bel Ardennais, cheval de trait d'environ neuf cents kilos, qui traînait ce jour-là des troncs de cinq à six mètres. Nous étions tous les deux tout seuls, dans un chemin en pente, et voilà qu'il a pris de l'élan. Je n'ai pas réussi à le retenir, parce que j'avais mal calculé mon coup et me suis retrouvé coincé contre un arbre par un tronc qui m'arrivait dessus. J'ai lâché les guides, forcément, et il a continué au galop jusqu'à la maison, tout en bas, où les autres l'ont arrêté. Le chemin était large, Mozart le connaissait bien : ça n'a pas été plus grave que ça. Mais disons que c'était du sport, quelquefois, ces huit mois de stage ! Et comme je faisais presque autant d'efforts pour « tenir mon rôle » que pour apprendre, j'en avais un peu marre, forcément. Alors quand Pierre a dû partir précipitamment de Baillou pour s'installer dans la vallée, chez Ferdi, j'étais assez content de faire un break et de venir lui prêter main-forte.

Pierre a re-déménagé, à Bolant cette fois, deux mois après : entre Ferdi et lui, ça avait vite tourné au vinaigre, le vieil Allemand ayant l'habitude de mener tout le monde à la baguette… et Pierre celle de ne se laisser mener par personne.

À Bolant, au départ, on devait y être tous les trois chez nous : pas une maison familiale, donc, mais une maison partagée, puisque c'est par affection pour Théo que Barbara nous avait trouvé l'endroit. Mais l'ambiance y est vite devenue si mauvaise, avec prise de tête un peu tous les jours, que… je me suis fait embaucher pour l'hiver par un paysan qui avait deux cents vaches. J'étais logé, nourri, blanchi et payé 500 euros par mois – correct.

Au printemps 2008, puis à l'automne, je retournerais chez Olivier pour passer mes examens. C'est là qu'il me ferait remarquer un truc du genre : « Tu bosses bien, c'est vrai, mais tu ne nous as montré qu'une de tes facettes ; on attend toujours de connaître le vrai Manu. » C'est là que je commencerais de baisser ma garde, établissant avec lui des échanges de plus en plus vrais, découvrant, derrière la distance que j'avais mise moi-même, son côté chaleureux, généreux. C'est là que j'aurais vraiment du plaisir, à réussir mes examens bien sûr, mais aussi à vivre avec toute l'équipe.

Côté expérience personnelle, j'ai appris en quelques mois qu'on pouvait rester soi-même dans la compagnie des autres, de tous les autres. Les rencontres sont autrement plus riches, alors !

Côté expérience professionnelle, j'ai mon quatrième galop. Et j'ai le projet de suivre une formation d'attelage avec le CFPPA[1] pour passer tous les diplômes jusqu'au septième galop. J'obtiendrai ainsi le brevet de cocher

1. Centre de formation professionnelle et de promotion agricoles.

professionnel, pourrai enseigner à mon tour, ce qui me plaît plutôt et, surtout, j'aurai un diplôme me permettant d'exercer une profession assez libre. Le contraire du boulot régulier où tu pointes, où tu t'ennuies, où tu dois rendre des comptes. Le travail, oui, mais « à la carte » : c'est le B.A.-BA de la liberté, pour moi !

Xavier

Crise d'adolescence

Elle m'a pris par surprise, la crise d'adolescence de mes fils. À Baillou d'abord, à Rimousca puis à Bolant : rien n'était comme avant. Cette manière de m'appeler « p'pa », pour commencer, ou « le padre », sur un ton ironique, comme le faisait Yann, le fils de Benoît le charpentier : je la prenais comme une gifle, après toutes ces années où j'étais tantôt Manu tantôt Michaël tantôt Bertrand, Paco ou Pierre, mais surtout pas cette figure paternelle lointaine. J'y voyais l'influence des gens de Baillou, gentils mais issus du système quand même, avec cette manière machiste qu'ils avaient de parler des femmes, avec leur sens atrophié d'une famille où « les adultes » ne partagent rien avec « les enfants » puis « les ados », fracture entre les générations artificiellement fabriquée, maladie de la société occidentale contre laquelle je nous croyais vaccinés, mes fils et moi. Une fracture, une mise à distance qui m'attristaient profondément.

Bien sûr, il y avait l'envol des garçons vers la jeunesse d'Ariège. Et j'étais heureux pour eux de toutes ces rencontres qu'ils faisaient enfin avec des gens de leur âge.

Mais j'assistais, stupéfait, à la fulgurante contagion de « valeurs » individualistes, matérialistes et déstructurées qui leur étaient étrangères jusqu'alors et leur faisaient soudain confondre autonomie et égocentrisme, liberté et « n'importe quoi ». J'étais sidéré de voir mes fils changer si vite, abandonner en un clin d'œil les valeurs qui avaient été les nôtres pour adopter celles de leur nouveau « groupe ». Comme s'il leur fallait à tout prix « être comme tout le monde », avec vêtements de marque – qui leur coûtaient tout ce qu'ils gagnaient –, cheveux courts, vacances scolaires revendiquées – nous qui vivions au fil du temps et des saisons naturelles –, lecture qu'on laisse tomber au profit de la BD parce que, dans la bande, « lire ça fait intello »... J'étais désespéré de les voir tout abandonner, soudain. Hier encore c'était l'enthousiasme ; après avoir tout perdu à Boscavès, ils découvraient le potentiel de Baillou et se jetaient à corps perdu dans l'aventure d'une ferme collective, de leurs élevages à multiplier, eux qui les avaient tant rêvés. Aujourd'hui, c'était le « bof », une indifférence générale, générationnelle il paraît, comme s'ils étaient contaminés par un vague à l'âme d'adolescents auquel je ne comprenais rien.

C'est que je n'avais jamais connu ça, même à leur âge ! La réaction contre les parents : j'étais passé par là, bien sûr ; et je m'attendais à ce qu'ils y passent eux aussi. Mais dans la passion, comme moi naguère, dans l'appétit pour tout, la curiosité de tout, pas dans cet « à quoi bon ? », laisser-aller, égocentrisme et ingratitude dans lesquels je ne reconnaissais plus mes fils.

Au départ, c'est vrai, ma réaction fut plutôt cassante. Je croyais leur avoir transmis une vision plus solidaire, plus cohérente aussi, et saine, de la vie. Je croyais même leur avoir évité mes propres années d'errance, en leur offrant dès l'enfance tous les contacts, les rencontres, les échanges avec l'extérieur qui m'avaient tant manqué, à moi. Au fil de toutes ces années où nous discutions de tout ensemble sans éluder aucun sujet, ni le trivial ni le métaphysique, je croyais leur avoir donné les moyens d'évaluer par eux-mêmes, de juger, de faire le tri... Et je les voyais tomber dans tous les panneaux du matérialisme et du désarroi qu'il engendre !

Cette régression, ce brutal abandon de tout ce qui leur tenait à cœur, notamment de leurs élevages, la violence de leur rejet, l'apparition d'un conflit, entre nous, que je n'avais pas vu venir : je ne comprenais vraiment pas ! Alors je réagissais. Maladroitement, sans doute.

Je réagissais d'autant plus que, de mon côté, j'étais à bout de forces. Le travail sur la ferme de Baillou – quarante hectares ! – joint aux démêlés avec Claudine, à la gestion du collectif qu'il me fallait prendre en charge puisque les autres étaient néophytes et, bientôt, à l'irruption des squatters : c'était beaucoup, pour un seul homme ! Les garçons se fichaient de moi, à l'époque. Avec un total irréalisme, ils me reprochaient de m'obstiner. C'est qu'il en aurait fallu si peu pour les flanquer dehors, Sylvie, Goffrit et leurs âmes damnées ! – un peu de solidarité, un peu de poigne, comme on en avait connu naguère avec les gens de La Bernette. C'est, surtout, que je n'étais pas seul en jeu : une poignée de gens, deux ou trois familles, avaient investi dans Baillou leur énergie, leur espérance et leurs maigres économies. Si Baillou s'effondrait, eux comme moi nous perdions tout... Quitter Baillou pour aller où, de toute façon ? Et comment réfléchir clairement à toutes ces questions quand on est harassé de travail, de préoccupations, de harcèlement, et qu'on met juste un pied devant l'autre, un geste après l'autre, pour faire face au jour le jour ?

Et c'est dans cette lutte quotidienne, dans cet éreintement de chaque heure que les garçons me trahissaient !

Certains jours, bien sûr, j'en étais soulagé, je me réjouissais qu'ils ne soient pas là, qu'ils voguent vers d'autres horizons puisque, à Baillou, c'était trop rude, trop désespérant aussi. À d'autres moments, je leur en voulais, je les jugeais égoïstes, ingrats. Et mon humeur s'en ressentait quand ils débarquaient, un peu plus tard. Humain tout ça, trop humain...

Je réagissais d'autant plus, aussi, que j'étais inquiet. Où couraient-ils, de fête en fête ? Que vivaient-ils lorsque, comme Théo, ils disparaissaient des semaines entières sans donner de nouvelles ? Pour Manu, qui revenait tous les vendredis de chez Olivier Courthiade, je n'avais pas trop d'inquiétude. Mais pour son frère, si imprévisible... Heureusement que, régulièrement, Barbara au téléphone se chargeait de me rassurer...

Et puis, ils rêvaient, mes deux garçons ! Ils se prétendaient autonomes, mais le domicile, « mes » jardins, « mes » bêtes, comme ils disaient, ils étaient bien contents d'y trouver gîte et subsistance quand ils revenaient, c'est-à-dire chaque semaine ou presque, comme reviennent tous les jeunes de leur âge. Ils voulaient le beurre et l'argent du beurre, et cela me décevait... Avais-je raté leur éducation ? Moi qui avais mis toute ma vie dans la balance pour accompagner ces jeunes vies dont j'étais responsable : avais-je donc tout raté ?

Ces idées noires, et bien d'autres, j'en ai vu défiler pas mal, pendant ces deux ou trois ans qui m'ont conduit de Baillou à Rimousca, puis à Bolant. À Bolant où j'arrive, épuisé, vingt kilos perdus, et où je me sens bien seul, dans cette installation de fortune où tout, une fois encore, est à recommencer. Sauf que, cette fois, j'ai peu de forces. Et que la vallée ne convient pas au Méridional que je suis : trop froide l'hiver, trop humide, trop isolée aussi. J'en viens à acheter un téléphone portable – au moment du déménagement entre Rimousca et Bolant –

dans la crainte de m'effondrer et que personne ne s'en aperçoive... Mais les garçons ne se doutent de rien. Ils ne voient pas – et c'est aussi bien, peut-être. Ils ne voient pas... Et c'est normal, je le réaliserai après coup : pour eux, je suis le pilier, le roc qui pare les coups et, dans les situations les plus désespérées, trouve toujours une solution. J'ai voulu être ce pilier, cette stabilité, la seule, dans leur enfance par ailleurs chahutée de toutes parts. J'ai voulu être ce repère sans faille, nécessaire à leur construction. J'en découvre aujourd'hui le revers : ils me croient inébranlable... alors que je ne le suis pas. Je suis un homme, j'ai cinquante ans et, provisoirement, je m'effondre... loin de leurs yeux.

Ils ont bien assez de problèmes, eux aussi. Des problèmes de leur âge, premières amours, premières fumettes – qui permettent de grandes avancées de perception mais qui sont périlleuses aussi, car on devient perméable à tout –, copains déstructurés dont ils partagent les errances. D'un peu loin, puisqu'ils me tiennent à distance, j'assiste à ça, je veille. Et me prends de plein fouet leur « c'est ton problème, je m'en fous ! » à propos de rien et de tout. Je me prends de plein fouet leurs incohérences, comme d'exiger une jolie maison bien proprette sans bêtes autour... mais sans tenir leur engagement de m'aider à construire à temps les abris où protéger contre l'hiver ces bêtes qui assurent notre subsistance. Et pas question de discuter, de s'expliquer, de réfléchir ensemble comme on l'a fait pendant toute leur enfance ! Non ! L'adolescence, m'apparaît-il, c'est quand on cesse de réfléchir. On s'affirme, un point c'est tout. Même à tort et à travers...

Les mois, trois années, puis quatre, ont passé depuis. Il y a eu les heures si dures de Bolant, puis la prison, puis le procès. Il y a eu cette bataille médiatique, que j'ai découverte après coup, que mes fils ont menée...

pour eux, au nom de *leur* vérité... pour moi, au nom de *ma* liberté... Il y a eu, ensuite, les retrouvailles avec nos amis de partout – et ce furent de belles émotions. Avec des lieux que nous avions été forcés de quitter et dont il ne restait plus rien – et ce furent de cruelles déceptions. Il y a eu tous ces mois à nouveau passés ensemble...

La crise d'adolescence n'est pas achevée, le besoin de s'affirmer, donc le conflit, se rallument volontiers, mais je suis rasséréné. Car je les retrouve, mes garçons ! Je vois resurgir en eux les valeurs qui ne s'étaient voilées que l'espace d'un long instant. Je comprends comme je ne l'avais pas compris alors que, à Baillou puis à Bellair, ils réagissaient contre le « trop ». Trop d'injustice et de violence, quand nous fûmes chassés de Boscavès, ayant tout perdu, tout à refaire. Trop de brassage, dans les milieux alternatifs de tous poils que nous avons fréquentés – alors, malgré ma présence, des repères difficiles à trouver. Trop de masculin, évidemment ! – alors, à l'adolescence, le conflit de « mâles » que ne tempère d'un sourire ou d'un brin d'humour aucune présence féminine. Trop de déception, avec le projet de Baillou effondré – alors dans leur tête la conclusion un peu rapide : « Si l'idéalisme ne mène à rien et que l'individualisme l'emporte toujours, je choisis l'individualisme ! »

Je constate aujourd'hui que ce « passage » par le matérialisme, désespéré autant qu'imbécile, n'a eu qu'un temps. Mes fils, aujourd'hui, sont passés à autre chose, et cela me remplit de joie. La nature, la solidarité, la conscience de faire partie d'un tout, d'avoir à œuvrer pour ce tout, société humaine ou autre : je vois qu'en eux elles sont vives ! L'autonomie, la liberté, la faculté de discerner, par-delà la poudre aux yeux matérialiste – et Dieu sait si le succès médiatique leur en a tendu, de ces miroirs aux alouettes ! : je crois bien qu'ils les retrouvent.

Je serai toujours là pour eux, bien sûr. Mais je puis aller mon chemin tranquille, puisque la Providence les guide… et qu'ils le savent.

Shahi Yena

Notre mère à tous…

Nous étions à la fin de l'été 2007. Un an déjà que je travaillais et vivais, la plupart du temps, avec mes amis de la vallée. Pierre venait de quitter Baillou, enfin ! Suite à ma relation de confiance à Bellair, il avait avec Ferdi un projet de ferme pédagogique. Avec notre aide et celle des gens de Rimousca, il y avait amené ses volailles, poules, oies, canards et oiseaux d'ornements, ses lapins, un poney, deux petits ânes adaptés à cette région montagneuse ; et préparait son installation.

Allemand implanté là depuis trente ans, Ferdi est un pur et dur de l'agriculture à l'ancienne. Après avoir épuisé ses enfants à la tâche – tous se sont enfuis de la vallée –, il épuise désormais ses woofers lesquels, jeunes et de passage, sont plus ou moins « ravis » de découvrir sous sa houlette l'effort exaltant du bûcheronnage, labourage, fauchage et autres travaux des champs effectués, tous, à la main. Il allait finir d'épuiser un Pierre déjà mal en point et peu disposé, vu qu'il connaissait son métier aussi bien que Ferdi, à se laisser imposer une autre loi que la sienne. Deux « chefs » ne peuvent jamais s'associer…

Nous étions maintenant à la fin de l'automne 2007. Entre Ferdi et Pierre, ça ne le faisait vraiment plus. Ça n'avait surpris personne, vu la réputation d'autocrate qu'avait le « maître » de Rimousca. Mais il devenait soudain urgent de trouver, avant l'hiver, un nouveau point de chute !

C'est là que Barbara, l'amie Barbara qui me félicitait quelque temps plus tôt d'avoir amené ma famille dans la vallée, a joué un rôle décisif : elle nous a « obtenu » Bolant, qui venait de se libérer. Elle connaissait Pierre pour l'avoir rencontré de temps en temps, notamment lors des chantiers collectifs d'entraide organisés à Baillou, du temps où le projet d'éco-village réveillait encore les enthousiasmes. Elle l'avait parfois au téléphone, lui donnait de mes nouvelles, et me connaissait moi, surtout, me traitant comme l'un de ses fils. Elle venait de nous ouvrir les portes de la vallée à tous trois...

Car il faut savoir qu'à Bellair ne s'installe pas qui veut. Quiconque y pénètre fait d'abord l'objet d'une observation soupçonneuse. Si tout se passe bien, il est alors *toléré* par le cercle des habitants dont Barbara est une « vigile » malgré elle. Et ce n'est que peu à peu, quand il a fait ses preuves, qu'il est éventuellement *accepté*... Une protection indispensable, dans ce bout du monde choisi par chacun pour y vivre libre, et en paix...

C'est ainsi que, acceptés tous trois, nous nous installions à Bolant aux environs de novembre 2007. Retour de Manu et moi à un semblant de cadre familial, après des mois d'autonomie ; mais à une *grande* nuance près : nous ne retournions pas « chez papa » mais nous entrions, tout contents, dans notre premier « chez-nous »... Bolant n'était pas « la maison du paternel » : c'était notre maison à tous, et à chacun, à part entière... Du moins est-ce ce qui s'était dit, entre nous trois. Comme il s'était dit que l'aménagement des lieux, les clos et emplacements pour les bêtes bien à l'écart de la maison et de sa jolie terrasse pour en préserver le charme, que tout cela, donc, on le déciderait tous ensemble. « Oui oui, pas de problème », avait acquiescé Pierre comme nous lui faisions part de notre besoin d'avoir une vraie maison, accueillante, agréable, pas une roulotte ni un corps de ferme comme par le passé.

Nous étions en novembre 2007, donc, et nous avions promis à Pierre de l'aider à déménager bêtes et choses entassées près de chez Ferdi. De Rimousca à Bolant, situés à deux bouts du haut de la vallée, il y a un bon trois quarts d'heure de marche à travers pentes et bois, ruisseaux et prairies dont il faut ouvrir et refermer les clôtures à chaque passage. Plus de temps encore si l'on est chargé de cages, de clapiers, de volières avec tous leurs occupants plus quelques autres, ânes, poney, dindon... Autant dire une bonne vingtaine d'allers-retours que nous comptions effectuer, ensemble, le lendemain et les jours d'après. Mais ce premier soir, nous à Bolant, Pierre encore à Rimousca, mon frère et moi avions prévu de faire la fête avec des amis dans notre nouveau « chez-nous »...

Quelle ne fut donc notre surprise de voir Pierre débarquer ce même soir et, sans tenir compte de tout ce qu'on avait pu se dire, déposer, imposer son premier chargement de cages et de bêtes... *dans* la maison, pour une partie et, pour l'autre, *juste devant*, à côté de la porte... Ambiance !

Pas la peine de préciser que son déménagement, Pierre l'a fait pratiquement tout seul ! Parfois nous l'avons croisé, ces jours-là : il allait, chargé comme une mule, avec son vieux blouson, sa capuche sur les yeux et sa mauvaise humeur. J'avoue même que nous nous sommes moqués de lui, sans pitié pour sa fatigue... et qu'il se le rappelle encore ! C'est qu'on avait compris le message

– « c'est comme ça et pas autrement ! » – et qu'on ne l'avait pas apprécié... On lui a peut-être prêté main-forte trois ou quatre fois, quand même, pour le plus encombrant – mais le strict minimum. Pour nous, il avait rompu sa part du contrat : pourquoi aurions-nous rempli la nôtre ?

Cette logique, Pierre ne l'a jamais admise. C'est à peine s'il se rappelle, je crois, qu'on avait un contrat tacite entre nous. À peine, peut-être, s'il nous a entendus lorsqu'on lui a exprimé, Manu et moi, notre envie de vivre dans une maison « normale ». C'est si étranger à son univers, une maison, le respect d'une maison, que peut-être il n'a même pas enregistré ce qu'on lui disait ; il a dit « oui oui comme vous voudrez » sans y penser... Je ne sais pas. J'essaie de comprendre. *Aujourd'hui*, j'essaie de comprendre. À l'époque, je n'essayais rien : j'étais juste en rage contre lui... Et réciproquement, d'ailleurs, puisqu'il nous reprochait de l'avoir laissé tomber pour le déménagement, comme il nous reprochait d'avoir tout abandonné à Baillou, comme il nous reprochait de ne pas ou très peu l'aider aux jardins et aux bêtes – *ses* bêtes ! – de Bolant... comme je lui reprochais, moi, de faire de notre maison un taudis, avec de la boue plein la cuisine, des chiens, des poules, des lapins partout, et les fenêtres encrassées par la fiente des volières entassées devant, et...

La liste est longue, de tout ce qui nous a dressés l'un contre l'autre, Pierre et moi, au cours de ces fichus mois qui ont précédé la Corse ! L'ambiance était si détestable, à Bolant, que Manu a jugé sage d'aller voir ailleurs si on y était, se faisant embaucher à droite à gauche pendant des mois. Quant à moi, je ne bougeais pas. D'abord parce que, têtu et obstiné comme je peux l'être, je considérais que j'étais « chez moi ». Ensuite et surtout, parce que je me sentais très très mal, à cette époque-là. La philosophie « rasta », « roots », fumeur : ça, c'était pour l'apparence. La réalité, c'était que j'optais pour la facilité. Fumer des joints, ne plus contrôler le fil de mes pensées, « voyager »... c'était pour ne pas affronter ma – très dure – réalité du moment : mère inexistante, identité perdue, histoire de fou avec obligation de jouer un rôle, personnage que je n'étais pas mais sans savoir qui j'étais, père qui ne dit pas bonjour le matin, qui fait une montagne d'embrouilles pour la moindre broutille quotidienne... Père, surtout, qui une dizaine d'années plus tôt avait fait le choix – à notre demande, OK – de nous embarquer dans une cavale dont nous ne pouvions imaginer les conséquences, la durée du « calvaire » de ne pouvoir vivre qu'à moitié. Nous avions six et sept ans, quand nous avions fait ce « choix » ! Bien sûr, nous l'avions fait par réaction contre une souffrance, une cassure, un traumatisme extrêmes. Mais comment aurions-nous pu nous projeter loin, si loin dans notre avenir ?

Telles étaient quelques-unes des idées qui me tournaient dans la tête, pendant cette dernière année, à Massat. La tentation était grande, parfois, de filer au commissariat et de tout raconter. Cette menace, je l'ai quelquefois balancée dans les disputes – verbales, rarement physiques, même s'il est arrivé que Manu doive nous séparer – qui nous opposaient, Pierre et moi...

Aujourd'hui, avec le recul, je comprends qu'il y avait juste la tristesse, de part et d'autre. Une tristesse intérieure, intériorisée, qui ne savait pas se dire... Maintenant que notre « affaire » a éclaté au grand jour, nous délivrant, *me* délivrant de ce silence opaque, je peux regarder en arrière et sourire de ces longs mois que j'ai vécus comme un enfer. Je peux mesurer, même, ce que je leur dois de maturation. Mais à l'époque, je ne souriais pas. L'absence de papiers, d'identité légale, m'empêchait l'accès à tout travail, à tout apprentissage, au permis de conduire, à tout voyage hors d'Europe et j'en passe... Je me sentais piégé, ligoté par notre fichue histoire ! Tout prétexte m'était bon pour accuser Pierre d'être responsable de ce gâchis. Pas vraiment objectif... mais bon !

Je me sentais si mal, à l'époque, je recherchais tellement le féminin, cette mère, cette tendresse, cette douceur que je n'avais pas eues, que même les relations amoureuses me laissaient sur ma soif. J'avais commencé par trop attendre, trop demander... à des filles de dix-sept ans qui ne pouvaient pas m'apporter tout ça, les pauvres ! Et je continuais de galérer avec mes manques : celui d'une mère, celui de l'affectif, celui d'un équilibre impossible à réaliser, en moi, à l'époque, entre mes parts masculine et féminine. Pas étonnant, dans ces conditions, que j'aie été incapable d'établir une relation harmonieuse avec les filles que je rencontrais !

C'est ainsi que, sans l'avoir décidé, je n'en ai plus laissé une s'approcher. Pendant toute une année, pas une. Des amours de filles que j'ai laissées passer, *avant* les retrouvailles avec ma mère et la folie médiatique, *après* la déception de ces retrouvailles et la retombée du tumulte... Et puis, des mois plus tard, je pourrai me rouvrir sentimentalement, enfin. Pourquoi ? Parce que j'aurai fini par le trouver, cet équilibre, cette harmonie intérieure entre la part de moi qui fonce, qui s'enflamme, et cette autre qui aime que les choses soient belles, que les choses soient douces autour de moi, des fleurs sur la table, un sourire, un geste affectueux... Cette harmonie entre les deux extrêmes, il m'aura fallu toute une année pour la trouver. Pour être prêt, par conséquent, à établir une relation de confiance avec l'autre, climat de confiance à 400 % parce que je n'attendrai plus rien de cette fille, cette femme à mes côtés, parce que je ne lui demanderai plus de me donner un équilibre... trouvé en moi, désormais.

Il en a fallu, du temps, pour en arriver là ! Auparavant, à Massat, pendant les mois de galère, la seule issue que je trouvais, outre la présence de mes amis, c'était l'herbe et autres substances qui m'envoyaient provisoirement en l'air pour me faire « redescendre » lourdement, plus désespéré que jamais... Mon petit tour de la drogue, ce passage pour moi obligé – mais que je ne conseille pas à tout le monde –, c'est à cette époque que je l'ai fait. De certains « voyages » d'alors, je garde le souvenir d'une intensité, d'une osmose avec le monde, avec les choses et la lumière du monde, qui n'ont fait que confirmer bien des intuitions que j'avais déjà. L'évidence d'un lien, d'une harmonie, d'un sens invisible tissé entre les événements, les êtres, les choses – et c'est à cette prise de conscience, à cette remise en cause de notre vision habituelle, limitée, de la « réalité » que servent les champignons et autres substances hallucinogènes dans des sociétés moins dénaturées que la nôtre. L'évidence de la magie du monde, invisible pour les yeux de la raison mais perceptible pour quiconque retrouve cette capacité de « voir » que nous avons tous... Et pas besoin de drogue pour ça !

L'optimisme qui me porte aujourd'hui, cette gourmandise de tout qui me donne des ailes, ces projets de vie et d'expériences que j'ai à la pelle et que je compte bien vivre, tous, un jour ou l'autre, je les dois sûrement en partie à ma nature de Lion, selon l'astrologie. Je les dois aussi, et depuis longtemps, à cette perception aiguë que j'ai que rien n'arrive par hasard dans une vie, ni les joies, ni les épreuves. Au-delà de l'agréable ou du désagréable, du confortable ou de l'inconfortable, tout ce qui arrive a un sens, même quand tu ne le perçois pas immédiatement. C'est pour te faire évoluer, te faire grandir, te faire comprendre ce que tu n'avais pas encore compris que les choses arrivent. Ça, toutes les aventures vécues en clandestinité me l'ont confirmé. Alors je ne conçois pas d'autre chemin, pas de chemin plus désirable que d'accepter ce qui arrive, accepter le bien comme le mal. Accepter tout, en commençant par toi-même, ce que tu es, physiquement, psychiquement. Accepter dans la foulée les événements qui se présentent, sans te prendre la tête comme je l'ai fait, du temps de Bolant. Laisser couler… Laisser faire… T'adapter aux circonstances en ne perdant pas ton cap, bien sûr, mais sans forcer, sans te donner l'obligation de réussir absolument, d'atteindre ton but, là, tout de suite…

Je ne dis pas que j'y arrive toujours, mais c'est vers ça que je tends, c'est là où je voudrais arriver… cette acceptation… cette sérénité… la seule façon d'être pleinement présent, désencombré de toutes mes résistances, et de pouvoir jouer mon rôle, remplir ma mission sur terre, quelle qu'elle soit…

Ça paraît naïf, ce que je dis ? Pas si sûr… L'homme est une drôle de bête, tout de même ! Il est la seule bête, tout d'abord, à avoir oublié qu'il en est une – étrange orgueil, et aux conséquences bien néfastes. Cet orgueil, il le tire peut-être du fait d'être, aussi, la seule espèce à avoir le choix de faire quelque chose ou pas, lorsque toutes les autres, mues par l'instinct, savent *toujours* ce qu'elles ont à faire sans avoir à se poser la question. Résultat : l'homme est le *seul* animal assez bête pour rester sur place en cas de tremblement de terre ou d'inondation… alors que tous les autres animaux ont déjà fui depuis deux jours ! Pourquoi ? Parce qu'il a le choix. Ou plutôt : parce qu'il passe tellement de temps dans sa tête à se demander ce qu'il va choisir, ce qu'il va décider, qu'il n'écoute plus son instinct, n'entend plus la voix de la nature en lui, ne vit plus en harmonie ni avec le monde ni avec lui-même...

J'observe les arbres, souvent. C'est un luxe à ma portée, puisque j'ai la chance – et fais le choix – de vivre dans la nature. J'observe les arbres, donc. Je les aime. Je les respecte. Je suis persuadé qu'ils ont une âme, comme tous les êtres vivants, de l'animal à la plante en passant par la roche, la montagne ; et qu'on peut l'écouter, l'entendre, cette âme qui nous parle... Bref : cet arbre que j'observe, il n'a pas le choix. Il ne peut décider de changer de pré. Il accepte. Il accepte le vent, le soleil, la pluie. Il accepte toute vie qui vient se poser sur lui, celle des oiseaux sur ses branches, des insectes dans son écorce ou de la tronçonneuse qui l'abat. Il est *acceptation* de la vie... et il me l'enseigne... comme l'aigle m'enseigne l'acuité de son regard, le chevreuil sa vigilance, le feu sa puissance ou la terre sa patience...

C'est ce même arbre qui, selon les anciens, réceptionne l'énergie du ciel pour la donner à la terre. Ce même arbre qui, pour les modernes, transforme le gaz carbonique en oxygène nous permettant, à tous, de respirer : les scientifiques reconnaissent la forêt amazonienne[1] comme le poumon de la Terre – et hier, aujourd'hui, demain, on en coupe vingt-cinq mille hectares chaque jour ! Ce même arbre qui a le cœur chaud, ai-je appris il y a quelques années, une chaleur que l'on distingue au détecteur infrarouge... Impressionnant, non ?

Ce qui est plus impressionnant encore, c'est la stupidité des hommes qui, au nom de leur intelligence, au nom d'une pensée rationnelle qu'ils adulent à l'égal de leurs dieux d'autrefois, n'entendent plus les voix de la nature, ne savent plus rien de ces évidences qu'ils

1. Avec le plancton, qui fournirait 70 % de notre oxygène et que l'on détruit, lui aussi, à force de pollution.

connaissaient, avant, avant d'être coupés des éléments et de leur instinct, donc d'eux-mêmes.

C'est peut-être pour ça qu'instinctivement je déteste le virtuel... PlayStation, télévision, surf sur le Net : ces choses-là m'ennuient terriblement. Ça manque de vrai, ça manque de cru ! La télévision, à la rigueur, il arrive qu'elle m'absorbe, quoiqu'elle soit elle aussi, comme la drogue, une fuite de la réalité... Mais la meilleure des télés, celle que j'apprécie vraiment, ça reste, encore et toujours... un bon feu dans la cheminée ! Et je ne suis pas tout à fait sûr que ce soit purement anecdotique. Je crois que ça va avec tout le reste. Le virtuel, l'abstraction, la déréalisation de tout : c'est ce que sécrète la société, le système où vit l'Occident. Le conditionnement commence dès la crèche. À la maternelle, déjà, les gamins sont formatés, engagés dans la compétition, le « faire » à tout prix, le « réussir », le nivellement par les notes, les matières obligatoires, le rythme commun pour tous, un vrai lavage de cerveau qui éradique tout ce qu'il y a d'unique, de précieux, en chacun d'eux. Et qui coupe, au passage, toute communication entre l'enfant et son instinct, et sa beauté, sa nature profonde. Il ne lui reste plus d'accès qu'à sa tête, sa pauvre tête farcie d'idées toutes faites qu'il n'a pu expérimenter, sa pauvre tête aussi bétonnée que le sol et les murs des villes où il grandit... À vous donner la chair de poule, ce système !

D'autant que l'existence de l'homme s'y poursuit d'esclavage en esclavage : à vingt-cinq vingt-six ans, lorsqu'il quitte les bancs de l'université, le malheureux jeune adulte n'a pas encore commencé à vivre... et voilà qu'aussitôt il s'engage dans un métier, une carrière, un « boulot alimentaire » qui lui voleront, vacances exceptées, les trente ou quarante prochaines années de son existence passée à rembourser les traites sur l'auto, sur la maison achetées à crédit. Pratiquement une vie entière perdue à la gagner, sans voir grandir ses enfants, sans réaliser la moitié du centième de ses rêves, sans servir à quoi que ce soit d'autre qu'à remplir les poches des banques, sans jamais vivre l'instant présent parce que le remboursement, la sécurité, la retraite, la liberté, c'est toujours demain, demain, demain... Le système tout entier, en fait, semble n'aboutir qu'à un seul résultat : condamner chaque homme, chaque nouveau-né, chaque futur bonhomme formaté à passer à côté de l'essentiel...

Je ne sais pas comment on en est arrivé là. Je ne sais même pas si c'est utile de le savoir. Je sais que ça ne sert à rien de critiquer un système si l'on n'a pas d'alternative, d'autre projet à proposer. Et je n'ai pas l'arrogance de croire détenir les solutions... La seule chose que j'ai, c'est mon expérience... et mon instinct... et ma conscience. L'une et l'autre et la troisième me disent : retour aux sources ! Retour à la nature, à l'harmonie avec la nature, au respect que tu lui dois puisque tu lui dois la vie et que, sans elle, c'est la mort assurée de toi et de tout.

Un exemple, un tout petit exemple de ce retour au simple bon sens ? Apprendre à l'enfant que le lait qu'il boit ne vient pas du supermarché, mais de la vache ; que la viande qu'il mange ne sort pas d'une barquette mais de l'aile d'une poule, de la cuisse d'un cochon ou du flanc d'un petit veau qui fut un jour bien vivant, comme lui... Regarder les choses en face, telles qu'elles sont, dans la vie réelle ; pas les choses telles qu'on voudrait qu'elles soient ou voudrait faire croire qu'elles sont ; pas l'idéal, pas l'imaginaire, pas le virtuel, pas l'abstraction, pas le mensonge politique ou publicitaire... Revenir au vrai, au cru, au concret ; tuer soi-même l'animal qu'on a nourri, qu'on a vu grandir, le tuer les yeux dans les yeux, avec respect, avec gratitude... ou alors se faire végétarien. En finir avec tous ces faux-semblants, ces feintes, ces conforts inutiles, ces simulacres qui nous piègent au lieu de nous libérer...

Le retour aux sources, la nature, c'est le chemin que je connais pour revenir à l'essentiel. La nature est un lieu de retrouvailles avec ce « vrai » dont je parle. D'où ses bienfaits quand on l'approche, cette simplicité qu'elle nous rend quand on apprend à vivre avec elle, même si quelquefois c'est rude. D'où ce respect qu'on lui doit. D'où cette gratitude que j'ai envers elle, que je ne dirai jamais trop. D'où ce vœu que je fais, de tout mon cœur, pour l'humanité entière : que les gens parviennent à développer une autre conscience ; conscience des choses vraies, du ressenti, de l'instinct et de l'instant. La nature peut les y aider, le contact avec les éléments – terre, eau, air, feu –, avec les quatre règnes – minéral, végétal, animal, humain – et les quatre directions, qui nous constituent comme ils la constituent, elle. Le contact avec le vrai, pas avec ce fichu virtuel qui détruit. Le contact avec la beauté intérieure de chacun, avec tout cet indicible qu'il dégage, pas avec son paraître, sa réussite financière ou sociale. Le contact avec tout ce que l'Occident semble avoir oublié... Et que certains redécouvrent, ici et là, en marge le plus souvent, à l'ombre d'une foi, d'un retour à la terre, d'une vie communautaire ou autre. Qu'ils redécouvrent... de plus en plus, on dirait, comme si naissait, effectivement, une nouvelle conscience, un renouveau de sens oubliés, retrouvés... C'est pourquoi je suis optimiste, au fond ! C'est pourquoi je suis confiant, et que j'ai espoir, en achevant cet ouvrage...

L'espoir que l'on prenne conscience, tous ensemble. L'espoir que l'on arrête d'exterminer tout ce qui est beau et simple. L'espoir d'avoir un impact, même infime, sur notre société, afin de limiter les souffrances actuelles et à venir – ce qui relève de *notre* prise de position, *maintenant* ! L'espoir d'une humanité où l'on serait tous libres et égaux. L'espoir de vivre en harmonie avec le grand Tout et, surtout, avec notre mère à tous, la Terre…

IV

LE JOUR LE PLUS LONG...

Manu

Ce matin-là…

Ce matin du 17 mars, au terme de trois jours et trois nuits passés près de Brignoles, chez une cousine de Pierre rencontrée à cette occasion, nous sommes réveillés par notre propre histoire, claironnée sur toutes les radios. Les infos n'en ont que pour « l'affaire Fortin », on dirait, qui sera jugée ce jour-là au tribunal de Draguignan.

Sur RTL et France Info, pour qui nous sommes allés à Paris préenregistrer deux entretiens, sur RMC avec qui Théo a parlé au téléphone hier, nous entendons nos voix répéter que « le père n'a rien à faire en prison » puisqu'il n'a fait que « nous écouter », il y a onze ans, et que nous comptons sur la justice pour réparer les erreurs passées et nous entendre, enfin. Le même discours, depuis six semaines, de plus en plus rodé au fil du temps. Avec, ce matin-là, un supplément d'adrénaline : l'épreuve décisive, c'est aujourd'hui !

Les jours précédents, on les a consacrés principalement à décompresser. Bourgeoise, assez luxueuse, la maison est accueillante, comme le sont Lisa et son mari. De la chambre avec ordinateur qu'ils nous ont donnée, nous avons pris la température de l'opinion par médias et mails interposés, avons répondu aux derniers appels des journalistes, à ceux des amis qui viennent au procès et que nous essayons de loger ici ou là. Il y a deux ou trois soirs, dans un resto de la Côte, on a donné une interview à une rédactrice de *France-Soir*, sympathique quoique bien aveuglée par son point de vue de « maman ». Le lendemain, sur France 3, on a rigolé en découvrant les images du resto avec ce commentaire édifiant pour les téléspectateurs : « Les frères Fortin ont dîné là hier soir. » Pas vraiment l'intimité, quoi ! Mais au point où nous en sommes, rien de la comédie médiatique ne nous étonne.

Ce qui nous a sérieusement pris la tête, en revanche, c'est ce droit de visite qu'on nous fait miroiter sans jamais nous l'accorder. Six semaines qu'on n'a pas vu le père ! Six semaines à quémander un droit que, tantôt au parquet de Draguignan tantôt au pénitencier lui-même, au dernier moment on nous refuse, chaque fois pour une excellente mauvaise raison ou une autre. Si bien que, trois jours plus tôt, j'ai appelé les services du juge d'instruction en gueulant un coup... et nous l'avons enfin, ce droit de visite. À trois ou quatre heures du procès, nous allons apercevoir Pierre...

Nous roulons donc, ce matin du 17 mars, dans la petite auto d'une journaliste devenue amie. Nous roulons vers le pénitencier de Draguignan, où nous nous sommes déjà pointés une fois, mais qui nous avait refusé l'entrée. La journaliste dont je tairai le nom parce que ça ne se fait pas dans le métier, paraît-il, d'avoir un contact privilégié avec son « sujet », nous dépose devant et file aussitôt, pour ne pas croiser ses confrères. Et nous on entre, traverse une salle d'attente, puis une autre, on vide nos poches, passe au détecteur de métaux, à la fouille, entre dans un sas où on est entassés à quinze, où on attend un bon quart d'heure avant qu'il s'ouvre de l'autre côté, puis l'on passe une autre grille, un autre sas... Une demi-heure, au moins, rien que pour franchir tous ces obstacles... Et on finit par voir le père... Il a le visage pâle, les traits tirés ; six semaines à l'ombre, ça vous abîme ! Mais à part ça : pas trop mal en point. Il y en aura même, parmi nos amis, pour déclarer après le procès que la prison lui a fait du bien : il a l'air plus reposé que quelques mois auparavant... Bien moins stressé, en tout cas, que six semaines plus tôt, à Foix.

L'un de nos proches, qui a eu maille à partir avec la justice lui aussi, nous a prévenus : « Il se peut qu'il pleure, a-t-il dit, ne vous laissez pas impressionner : c'est courant, chez les taulards, ce besoin de se faire plaindre... » Rien de tout ça, avec Pierre. Sauf peut-être lorsqu'on a évoqué Nicolas...

On a échangé les infos urgentes. Pas vraiment le temps de s'épancher ; c'est pas le genre de notre trio, de toute façon. Lui nous a informés que, d'après l'avocate commise d'office, « la maman sera présente au procès, c'est normal... » Stupéfaction ! Katia, qui affirme dans la presse avoir retiré sa plainte alors que c'est faux, nous a promis qu'en tout cas elle retirait ses attaques et n'envoyait son avocat qu'à seule fin d'être représentée... Parce qu'il y a plus urgent, nous ne faisons pas de commentaires et mettons Pierre au courant, plutôt, de tout ce qu'on a fait depuis six semaines : les médias, les avocats, le travail avec le comité de soutien, la sélection des témoins... On lui transmet les consignes de ses avocats, les deux de Paris et celui de Foix : « Reste calme, ne parle pas trop, réponds aux questions, c'est tout ; tu ne dois pas apparaître comme un criminel amer et, surtout, pas de scandale ! Les avocats se chargent de tout ; ils disent qu'ils ont l'affaire bien en main et que tu peux avoir confiance... » On l'a mis en garde, aussi, contre l'avocate commise d'office sur laquelle nous avons de gros doutes. Bref : rien que des échanges pratiques… Et voilà qu'il faut repartir.

Dans le sas de retour, Théo a fait son petit esclandre. « C'est marrant, il y a une majorité de rebeus, ici… » Les autres visiteurs l'ont aussitôt pris pour un facho et on a failli se faire taper. Jusqu'à ce que Théo rectifie le tir et leur explique l'ironie : y'a que des rebeus… délit de sale gueule…

L'anicroche s'est révélée fructueuse puisque, quelques minutes plus tard, quand on s'est retrouvés dehors avec la meute de journalistes tout autour, une des femmes qui nous avait pris à partie nous a tirés de là en nous embarquant dans son auto.

Théo

Jugé d'avance !

La fille de la prison nous a déposés près de l'office du tourisme, point de rendez-vous avec les avocats et les amis : les huit témoins dont j'ai établi et étudié la liste avec Me Bouzerand, le pénaliste, et la cinquantaine de personnes qui viennent en soutien et rempliront à elles seules la moitié de la salle d'audience – l'autre moitié étant composée de journalistes et de trois proches de Katia, autant dire qu'on aura l'assistance pour nous...

Pour l'heure, je vois débarquer tour à tour Muriel, Charline et Cassandre, perdues de vue en 2004, Katie et Kornélia, du temps de Boscavès elles aussi, Jean-Pierre et Dayan, du parc ornithologique, et Jojo, et Barbara, et Jean-Marc bien sûr, qui nous a peu quittés ces dernières semaines, et Victor le woofer de l'époque Baillou, et des tas d'autres... Des gens que je n'ai pas revus depuis cinq ans, pour certains. Des visages, des âges de ma vie, mes divers prénoms qui se télescopent dans un mélange de « Léo ! », « Théo ! », « Shahi Yena ! » à me faire tourner la tête. En même temps, ça va si vite, je suis tellement pris par le flux des choses à gérer que, à peine je reçois un choc, la seconde d'après je suis déjà passé à autre chose. Je suis à bloc d'adrénaline, la meilleure des drogues, en ces minutes qui annoncent le procès.

C'est là, sur cette espèce de terrain vague avec murette et oliviers, que j'ai téléphoné à Katia. « On vient de me dire que tu venais au procès, m'man. Est-ce que c'est vrai ? » C'était vrai, hélas ! Douze ans sans ses enfants... besoin d'être prise en considération... besoin d'être entendue... « Alors tu nous fais la guerre, à nous aussi ? Nous on n'a rien contre toi, on t'a pardonné le passé, mais on est là pour défendre le père donc on sera bien obligés d'évoquer des faits qui ne vont pas te faire plaisir... Tu vas passer un sale moment ! Tu es vraiment sûre de vouloir ça ? » Elle est sûre, Katia. Vraiment sûre. Et moi je trouve qu'elle a tort de ressortir la hache de guerre contre Pierre. Pourquoi, au fait, puisqu'on s'est retrouvés maintenant, elle et nous ? Pour ses enfants, comme elle l'a toujours affirmé ? Ou pour elle, pour régler ses comptes à elle, même contre nous, ses fils ? Le ton a grimpé très vite, comme d'habitude. On s'est pris la tête pendant un quart d'heure, comme d'habitude. Et on a fini par se raccrocher au nez, comme souvent.

Excellente mise en bouche avant le déjeuner, pris sur le pouce dans un kebab, et moi qui commande un truc que je serai incapable de finir, appétit coupé. Avec nous : les trois avocats, super détendus, qui disent en gros « c'est dans la poche », et une vingtaine d'amis qui parlent autour. Même Alain Chillé est venu. Toute une histoire, Alain... Il est entré dans nos vies par une lettre et un roman, *son* roman, envoyés à Pierre en prison. Dans son *Échappée belle,* en effet, il avait imaginé jusqu'où il serait capable d'aller pour préserver ses enfants. Or ce qu'il avait imaginé c'était, précisément, l'entrée en clandestinité. D'où le choc, en découvrant notre histoire... C'est ainsi qu'il nous a reçus, lors d'un de nos passages à Paris, et qu'on est devenus amis.

On est tous là, plutôt confiants, puisque les avocats ont l'air de l'être. Mais il y a du stress dans l'air, quand même… Si bien que quand on s'approche du tribunal, quand on se fait agresser par la meute de journalistes dressée devant nous comme un mur avec les micros, les caméras, les appareils photo qui mitraillent, je prendrai un malin plaisir à leur marcher sur les pieds, nous qui tentons d'avancer eux qui reculent. Il y en a même un qui est tombé en arrière, dans la bousculade – ça me fait rire, même si je le cache.

Ensuite, ça va super vite ! On entre, on passe le portique pour les métaux, on vide ses poches. La salle d'audience est juste là, avec Nico qu'on retrouve à la porte, l'avocat de Katia qui vient vers nous et nous demande ce qu'on va dire au tribunal. « On va juste raconter la vérité. Mais c'est vrai que la vérité peut blesser, quelquefois… » J'ai le temps d'apercevoir quelques têtes : celles des gens de La Bernette, Kahena, cheveux de toutes les couleurs et piercings partout, Bart, crâne rasé et tatouages, Dido, des dreadlocks jusqu'à la taille, de vrais guerriers tous les trois, debout derrière le procureur ; celles de Barbara, de Jojo, de Jean-Pierre du parc, complètement retourné ; celle d'un copain de la grand-mère maternelle, aussi, avec qui on s'était pris la tête un soir chez Nico parce qu'il ne savait rien de notre histoire mais la racontait à sa façon : il est là avec un pote et une copine à eux ; ils sont sans doute chargés de rapporter le procès à Katia, qui finalement n'est pas venue… J'ai juste le temps de me frayer un chemin jusqu'à un banc un peu devant, et voilà qu'on amène Pierre, dans la cage de verre, sur notre gauche. Aussitôt, c'est la ruée : quarante journalistes qui lui sautent dessus. Aucun respect. La foire d'empoigne. Un type du *Figaro* devant moi me brandit son objectif sous le nez ; « Ça suffit ! », je dis en le repoussant, et lui qui commence à m'attraper le bras… Plus tard, pendant une suspension de l'audience, je suis allé lui taxer une clope en m'excusant ; « C'est pas grave, dit-il, sympa : j'ai l'habitude… » Drôle de métier ! En tout cas, il aura fallu le cri de Pascaline[1] – « Ça suffit, on n'est pas dans un zoo, ici ! Mon client n'est pas un animal, c'est un père de famille… » – pour que la juge intervienne et fasse sortir photographes et cameramen.

Ensuite… ensuite, le procès commence. Grand silence dans la salle, tout d'un coup. La juge commence à cuisiner Pierre. Elle n'en a que pour « la pauvre maman », ressort tous les témoignages débiles, comme quoi il nous faisait boire et fumer quand on avait six ans – belle lucidité, pour une juge ! C'est aberrant, complètement incohérent, et pourtant elle insiste, elle ne le lâche pas. Tout ce qu'elle raconte, ça sort direct du dossier de Katia. Rien sur tous les témoignages de notre dossier à nous, les amis qui, dès 1996, ont décrit les faits comme ils étaient vraiment, nos lettres à nous quand on était petits, les attestations des médecins, des pédopsychiatres… Bon, je me rappelle plus trop les détails ; trop de stress, trop d'énervement. Mais, en gros, la juge m'a l'air à 300 % contre Pierre. L'affaire paraît jugée d'avance. C'est tellement violent qu'à un moment je craque : on vient de nous faire sortir de la salle pour la énième fois et je m'en vais cogner un mur, derrière le tribunal, tellement ça fait mal. C'est là qu'une copine m'explique que c'est sûrement une tactique pour acculer Pierre à tout sortir à la barre…

Je ne sais pas si c'est une stratégie… Ce que je vois, ce que j'entends, chaque fois qu'on quitte la salle – et il y en aura, des suspensions, pendant ce procès qui va

1. Me Pascaline Saint-Arroman-Pétroff, spécialiste du droit des enfants, l'un des trois avocats de Pierre, avec Me Guy Dedieu, de Foix, et Me Michel Bouzerand, pénaliste parisien.

durer six heures ! –, c'est les flics du tribunal qui nous disent : « Il va en prendre un maximum, votre père. On a rarement vu la présidente aussi remontée ! Et on la connaît bien : on assiste à toutes ses audiences... Là, c'est clair, elle l'a dans le nez. »... De quoi me remonter le moral !

Xavier

Aliénation parentale ?

J'ai vu mes fils, ce matin. Ils ont l'air de bien tenir le choc. Tant mieux ! Parce qu'avec ce que j'ai lu dans *Var Matin* il y a quelques semaines, cette déclaration de Katia disant « ils ont été manipulés par leur père : d'ici le procès il risque d'y avoir des surprises », je m'attendais un peu à tout… Y compris à ce que le clan M. leur ait fait un de ces lavages de cerveau dont il a le secret… Théo me confirmera d'ailleurs un peu plus tard qu'au cours de son premier séjour chez leur mère, et avec toute la famille derrière, « à la fin, c'est vrai, je ne savais plus du tout »… En tout cas, là, ils sont bien remontés.

J'avais une petite idée de l'ampleur que prenait l'affaire, avec les journaux télévisés, les dizaines de lettres de soutien que j'ai reçues d'inconnus, et l'estime grandissante de matons et détenus, mais là les garçons m'en disent un peu plus. Je vois qu'ils ont bien maîtrisé les choses. Je leur parle de l'avocate commise d'office qui m'annonçait la présence de Katia au procès. « On n'a pas besoin de l'avocate, répondent les garçons aussitôt. Il faut même la mettre de côté au dernier moment. »

Puis ils me conseillent de faire profil bas, un ami a même suggéré que je me coupe les cheveux pour faire meilleure impression. Il n'en est pas question ! Je suis comme je suis…

On n'ose pas s'en dire trop, en fait, avec les matons qui font les cent pas derrière l'alignement de boxes où nous sommes. Les garçons me rassurent un peu, en tout cas. Ils me confirment que les trois avocats sont excellents, qu'ils sont confiants, alors que je peux l'être moi aussi… J'aimerais bien…

Ça dure le temps d'un éclair, leur visite ! Puis on me ramène à ma cellule. Je me jette sur les infos télévisées et… C'est horrible ! Partout on parle du procès. Partout, on répète ces mots : « syndrome de Stockholm », « aliénation parentale », « une affaire emblématique de la manipulation des enfants ». Sur toutes les chaînes, dans toutes les bouches, les mêmes propos, le même son de cloche avec des tas d'exemples cités à l'appui, des interviews d'associations de protection de l'enfance… comme s'ils s'étaient passé le mot ! Rien, mais alors rien qui ait le moindre lien avec les faits réels de notre histoire, mais des discours généraux, des théories qui me visent toutes et sont de très mauvais augure. Surtout, je ne comprends même pas d'où ça sort, cette offensive gratuite tout à coup. Je n'apprendrai qu'après le procès que *Le Figaro* a publié le matin même des extraits de l'expertise psychologique des garçons ; expertise protégée par le secret de l'instruction mais qui s'en soucie ? extraits expressément choisis, surtout, pour alimenter cette nouvelle thèse… J'apprendrai en effet par Pascaline, l'avocate, que l'expertise était tout à fait bien, tout à fait honnête, et concluait au contraire que les garçons étaient étonnamment équilibrés, au vu de tout ce qu'ils avaient vécu… C'est fou ce qu'on peut faire, tout de même, quand on a la paire de ciseaux et le porte-voix ! En tout cas, à ce moment-là, moi je n'en mène pas large !

Je suis encore en train de regarder les infos quand on vient me chercher. Le ballet des sas, des grilles, puis la sortie par une porte dérobée du pénitencier. Ensuite le fourgon cellulaire où nous sommes trois ou quatre, chacun dans une cage de moins d'un mètre carré, menotté, sans même la hauteur pour se tenir debout – un truc à devenir claustro ! Et puis le gyrophare, le fourgon qui roule à fond la caisse et me fait perdre l'équilibre : ça fait bizarre, serions-nous en retard ? Je comprendrai après coup que c'était pour fuir les journalistes… Et puis l'arrivée au tribunal, encore par une porte discrète ; un sous-sol, la cellule au fond ; et un peu plus tard on revient me chercher, me remet les menottes, pour me conduire à la salle d'audience.

C'est là que je vois arriver l'avocate commise d'office, toute pimpante, dans sa robe de mascarade. Les flics m'amènent vers elle. « Qu'est-ce que vous faites là ? je lui demande. Je sais par mes fils que le comité de soutien ne vous a pas payé ce que vous réclamiez… » Et puis je vois mes avocats, un peu plus loin. Alors je la zappe et me dirige vers eux. Guy Dedieu, je le connais déjà : il est venu me voir en prison deux fois ; on a eu un très bon contact. Pascaline et Bouzerand, je les découvre.

Ils sont très à l'aise, tous les trois. Rien qu'à voir leur assurance, on sent qu'ils maîtrisent le dossier. « Ne vous inquiétez pas, me dit Pascaline aussitôt ; il n'y a pas de problème, ça va bien se passer. Dites-en juste le moins possible… » Pascaline, je vois tout de suite qu'elle a un cœur énorme et qu'elle est touchée par l'histoire. Elle a reçu les garçons plusieurs fois, la défense des enfants c'est le combat de toute sa vie[1], je la sens concernée, d'office. Bouzerand, lui, c'est différent. C'est un pénaliste de renom dont les services m'ont été offerts spontanément par un inconnu, membre du comité de soutien pour la défense d'Yvan Colonna. Jeune, un peu poupin, il me fait sourire, mais on sent le professionnel sous son aisance très parisienne. Il me dit qu'il ne compte pas plaider l'acquittement ; il va reconnaître le délit – je suis bien dans l'illégalité – mais, pour toutes sortes de raisons procédurales ou autres, il va plaider ma sortie immédiate. J'écoute tout ça, j'observe, je hume : ils sont plutôt rassurants, tous les trois.

C'est là que je remarque à nouveau l'avocate commise d'office. Elle est là, tout intimidée. Ça fait des semaines que je lui ai donné les coordonnées des avocats, elle ne les a jamais appelés. Elle fait terriblement gamine, dans ce couloir, face aux trois autres. À peine sortie de l'école, on dirait une grande sœur de mes fils qui aurait dix fois moins de maturité. Elle est impressionnée par ses confrères, si sûrs d'eux et si rigolards. Alors elle vient me voir, toute discrète. Je lui dis : « J'ai vu les garçons, ils disent que votre intervention n'est pas nécessaire. Voyez avec mes avocats… » Et elle part vers la salle d'audience.

C'est là qu'un flic s'approche et me glisse : « La juge demande si vous acceptez les photos. » Moi je n'ai absolument rien à cacher…

Sauf que je n'imaginais pas ce qui allait se passer… À peine j'ai franchi la porte, ils sont quarante ! Debout, assis, accroupis, à genoux, dans toutes les positions, ils sont là à me mitrailler, des flashes plein la figure, une agression totale : « Arrêtez, arrêtez ! lance Pascaline.

1. C'est même cet engagement qui lui vaudra, neuf mois plus tard, à l'heure où nous bouclerons ce livre, d'être violemment séquestrée un jour de décembre 2009, emmenée en pleine forêt, ligotée à un arbre et laissée pour morte… avec *happy end*, heureusement !

C'est pas une bête de foire, c'est un père de famille. » Peine perdue. Caméras et appareils photo continuent de me bombarder. Jusqu'à ce que la juge intervienne et les fasse sortir.

Je suis là, abasourdi par les flashes. Alors seulement je vois la salle. Et là… c'est trop d'émotion ! Il y a des amis, des tas d'amis de toutes les époques, des visages et encore des visages, celui de Muriel, que je vois en premier, ma compagne des années Boscavès dont j'ai reçu en prison une lettre qui m'a terriblement touché. Je les découvre tous ensemble… Je vois Gabriel, de Normandie, et Jean-Marc, qui s'occupe des garçons, et Françoise, revue en vitesse lors de sa visite au pénitencier après sept ou huit longues années ; je vois les amis du mouvement des squats, Kahena arrivée d'Italie, Bart d'Espagne, Dido d'Allemagne ; je vois des trucs surprenants, des paysans cévenols qui ne bougent pas de chez eux et qui sont là soudain, solidaires. Je vois Katie et Kornélia, et encore un, et encore une. Il y a de tout dans cette salle, de Jojo la grande bourgeoise aux amis de La Bernette avec dreadlocks, tatouages et piercings en passant par les babas cool des montagnes, les néo-hippies, les néo-ruraux, et les paysans de toujours… Ça fait une drôle d'énergie, ce mélange. L'assistance est inclassable. Je suis peut-être un « marginal » et un « reclus volontaire », comme se plaît à dire le procureur, mais comment expliquer, dans ce cas, et le nombre de mes amis et leurs origines si diverses ?

De quelque milieu qu'il soit, on sent l'auditoire vigilant. On le sent concerné, aussi, et on le sentira de plus en plus au fil des heures et de ses réactions aux coups bas de la juge et du procureur. En ces minutes d'avant le procès, moi j'essaie de détourner les yeux. Ça fait trop d'émotion, toutes ces présences amies après six semaines d'isolement. Ça réchauffe le cœur, bien sûr. Mais j'ai peur de perdre pied au moment où tout requiert mon énergie et ma concentration.

D'autant que je viens de reconnaître la juge. Ça me flanque un coup au cœur, de la voir là : c'est la même qui, six semaines plus tôt, en tant que juge d'application des peines, ne m'a pas laissé en placer une et m'a flanqué en prison. La même qui, comprendrai-je plus tard, a condamné Françoise, cinq ans plus tôt, pour complicité de non présentation d'enfants. Aussitôt je me dis : « C'est foutu ! » J'en glisse un mot à mes avocats. « Calme-toi, me disent-ils. Dis-en le moins possible, nous on est là pour t'aider. Tout est prêt, il n'y a pas de problème… »

Sauf qu'il y en a un, de problème. Je m'en rends compte à peine la juge commence à m'interroger. Elle attaque à boulets rouges, coup foireux après coup foireux, ma vie de romanichel par-ci, mon existence précaire par-là – « Vous ne me ferez pas croire qu'avec 180 euros par mois vous subvenez aux besoins de vos enfants ! » –, et l'expertise psychologique faite en taule, selon laquelle je suis psychorigide et n'accepte pas d'autre point de vue que le mien, et plein d'éléments de mon dossier que je lui oppose mais dont elle nie l'existence, prétendant n'avoir pas les pièces, et… À peine elle me pose une question, avec toute cette hargne qu'elle a, à peine je commence à répondre, aussitôt elle me coupe la parole et me pose une autre question piège. Si bien qu'à un moment, à bout de nerfs, je commence à m'échauffer. Trop c'est trop ! Là elle menace de faire évacuer la salle dont je perçois les murmures, dans mon dos. Là je repense aux conseils des garçons, je prends une grande respiration, je me calme… et je présente mes excuses : « Écoutez, ce que je vis là c'est très dur. J'ai très mal supporté la prison, vu la vie de grand air qui est la mienne. Je suis un peu sorti de mes gonds. Excusez-moi... »

Et le flot de questions assassines reprend.

À un autre moment, c'est la salle, derrière moi, qui réagira. Un mouvement spontané, rumeur de désapprobation et de révolte. La juge une fois encore lance son « Silence ! ou je fais évacuer... » Tout en moi se raidit, alors : il ne faut surtout pas que les gens sortent ; il me faut les témoins, les amis ; sans quoi c'en est fait de moi... L'assistance doit le sentir parce que, aussitôt, ça se calme.

Manu

Accepter d'avance le verdict

Je n'ai pas vu grand-chose du procès, puisqu'on a fait sortir les témoins très vite et que j'étais le dernier à passer. Cette journée a duré des heures, des heures passées à attendre et à s'occuper comme on pouvait.

On est là, dans le hall du tribunal. On se lève de temps en temps pour aller griller une clope dehors ou prendre un Coca au distributeur. On va discuter avec les journalistes, aussi. C'est marrant, les journalistes : quand ils sont tous là en meute avec leurs caméras et leurs appareils photo, on a envie de les cogner ; mais quand on les prend un par un, tranquille, hors boulot, comme on les a rencontrés pendant toutes ces heures où l'audience se déroulait loin de nous, il y en a de vraiment cool ! On parle de tout et de rien, de leur métier, des gens qu'ils ont rencontrés, des affaires qu'ils ont suivies. On ne parle pas de nous pour une fois ; on n'a pas à jouer la comédie, ni eux, ni nous – ça repose. De temps en temps ils nous font une petite prise de vue, des fois qu'ils en auraient besoin pour un prochain montage. Certains m'ont même fait visionner les images qu'ils avaient filmées un peu plus tôt dans la journée.

C'est là que je me suis vu, comme on marchait vers le tribunal, en train de rire. C'est à cause des journalistes que je riais, justement : ils étaient tous là à nous barrer la route et à reculer en même temps, nous on faisait exprès de leur marcher sur les pieds, y'en a même qui ont failli se vautrer, et moi j'étais mort de rire...

Cela dit, en arrivant au tribunal, j'étais stressé – normal. Mais pas tant que ça, en fait, parce que j'allais au procès dans l'acceptation du résultat. Je n'attendais ni ceci ni cela. Pierre pouvait sortir tout de suite ou rester en prison un peu de temps, ce n'est pas que ça m'était égal mais... j'acceptais d'avance le verdict, quel qu'il serait. En clair, j'avais confiance. Donc il y avait la nervosité, le trac, toute cette ambiance autour qui met la pression, mais pas d'angoisse quant au résultat. J'étais dans l'instant présent, pas dans l'instant suivant ni dans la réflexion. Ma manière d'être de toujours, en fait : tu lâches prise, comme dans mes rêves d'enfance, tu ne te prends pas la tête, il sera toujours temps d'aviser quand tu y seras, de t'adapter au fur et à mesure... Pour l'interrogatoire des flics, les interviews des médias, le rendez-vous d'expertise psychologique ou les discussions avec les avocats, c'est ce que j'avais toujours fait. Au procès, c'était pareil...

Ce qui fait que, ce jour-là, bizarrement... je me suis plutôt amusé. Des moments de stress, mais d'autres vraiment très cool, avec les journalistes, avec les amis surtout.

À part ça, le hall du tribunal avec les autres, et le flic qui les appelle l'un après l'autre pour témoigner, et bientôt plus que nous deux, Théo et moi, les derniers : c'est sûr que ça fait monter la pression. Surtout le moment où, à son tour, Théo s'en va et me voilà tout seul comme un con. Là, c'est vrai, bon coup de stress. Et quand c'est moi qu'on appelle, quand je dois traverser la salle d'audience avec cent cinquante personnes dont des tas que je ne connais pas du tout, qui sont là par curiosité pour certaines, plus tous les journalistes : il y a le cœur qui bat un peu fort…

Donc j'arrive à la barre, on me demande de décliner mes nom, prénom, date de naissance… Je ne sais pas si la juge a oublié ou quoi, mais je ne me rappelle pas qu'on m'ait fait jurer « de dire toute la vérité rien que la vérité ». J'ai l'impression, en tout cas, qu'elle a les larmes aux yeux, la juge. Elle a l'air bouleversée. Elle me pose deux ou trois questions. Elle me dit un truc du genre « Qu'avez-vous à dire ? ». Alors je commence en expliquant que le père n'a rien à faire ici, qu'il n'a rien fait de punissable… et puis j'enchaîne avec un truc du genre : « Quand on sait que des tas de médiations ont été essayées et que la mère les a toutes repoussées, quand on sait qu'il lui aurait suffi de deux ou trois coups de fil pour avoir de nos nouvelles ou nous revoir mais qu'elle ne les a jamais passés… on se dit qu'il y a une petite contradiction, quand même… » Alors la juge demande des preuves. Du coup je cite Françoise, la présidente du comité. Je crois que la juge l'a fait parler ensuite pendant que j'étais là, mais je ne sais plus trop ce qui s'est dit. Elle m'a encore posé quelques questions assez banales, du genre de celles que les journalistes n'avaient pas arrêté de nous poser… Ça n'a pas duré longtemps. Deux ou trois minutes, je dirais… Et je suis allé m'asseoir.

C'est là que les avocats ont commencé leurs plaidoiries.

Xavier

Les témoins parlent avec leur cœur

Ça dure, ça dure, c'est interminable ! À un moment, la juge suspend l'audience. Je suis épuisé. Elle a essayé de me pousser à bout : elle a réussi. Mais si elle espérait que je me coupe, il n'y avait aucune chance puisque je ne disais que les faits, rien que la vérité, d'un bout à l'autre, même si elle ne m'a pas laissé le temps d'entrer dans les détails. Pour se couper, il faudrait mentir…

Même quand la juge m'a mis sur le gril avec cette histoire d'expertise psychologique qui n'avait rien à voir avec les faits mais impressionnait les journalistes – ils l'ont repris dans leurs articles – et permettait de m'enfoncer : je serais psychorigide, selon elle… Je ne pouvais que répondre : si être psychorigide c'est la droiture, la cohérence ; si c'est dire et répéter toujours la même chose parce que c'est la vérité et qu'il ne peut y en avoir plusieurs ; si c'est ne pas tourner comme une girouette au hasard des changements d'opinions sans tenir compte ni des faits ni de son axe à soi, alors, oui, je suis psychorigide ; et dans ce cas je le revendique…

Ce que je n'ai pas pu placer bien sûr, mais heureusement les avocats s'en chargeront tout à l'heure, c'est la question qui me travaillait : qu'ont à voir ces tartuferies psy avec un dossier dont le contenu, si on se donne la peine de l'éplucher, révèle l'exacte succession des événements, prouve chaque fait qu'il énonce et amène, en conséquence, à tirer les conclusions qui en toute logique s'imposent ? Quel besoin le tribunal a-t-il de faire appel à une subjectivité psychologique quand les faits objectifs sont là, et bien là ? Quel besoin ?... sauf si l'on cherche à les étouffer, ces faits, parce qu'ils dérangent, parce qu'ils remettent en cause le fonctionnement même de la justice, désignent les fautes qu'elle a commises, toutes les carences, les jugements rendus sur des approximations, la discrimination…

Tout ça est interminable, donc. Comme en prison : suspension du temps…. Et puis il y a la suspension d'audience, cette fois. Les flics me ramènent dans la « cage » où un malheureux attend d'être jugé après moi – j'apprendrai plus tard qu'il a pris le maximum, le pauvre, alors que l'histoire qu'il a eu le temps de me raconter m'a semblé aberrante… L'attente, l'attente, toujours l'attente, dans cette cage… Et puis on me ramène dans la salle.

Je suis un peu plus détendu, cette fois. Je sais que le plus dur est passé. Il va y avoir le procureur, bien sûr : un jeune, très distant, très dégagé, pas du tout la hargne de la juge, mais dont la version des faits est une horreur. Il axe tout son réquisitoire sur la jeunesse des enfants. Moi je suis moins à cran qu'au début, alors, tout en écoutant, tout en répondant aux questions, je commence à prendre du recul. Je vois ce procès comme une mascarade. Trop jeune, le procureur, peu d'expérience de la vie, rien de cette maturité que l'on devine à Kahena, Bart et Dido, les trois anars juste derrière lui. Trop impliquée, la juge : c'est elle qui a jugé Françoise, elle connaît le dossier de longue date, elle sait toutes les magouilles qu'il y a eu, à Draguignan, depuis des années ; elle sait les erreurs, les bavures, les inexactitudes... Il y a un enjeu, là-derrière, qui n'a rien à voir avec moi. Je le sais, je le sens, alors je la fixe dans les yeux. Elle essaie de maintenir une distance, mais elle sait. Et elle sait que je sais. C'est à peine si je lui en veux, soudain. Avec ce recul qui me vient, je vois ce côté mascarade. Deux fois, au cours de ces années de bataille, j'ai rencontré des juges qui étaient à la hauteur de leur fonction de juge. Deux fois, ils avaient la densité, l'épaisseur, l'intelligence, l'écoute ; ils cherchaient vraiment à démêler le vrai du faux... et ils y parvenaient. Le reste du temps, je ne me suis heurté qu'à ce simulacre de justice auquel j'assiste aujourd'hui encore. Cela m'apparaît si clair, en ces minutes qui n'en finissent pas de s'ajouter les unes aux autres que, soudain, je n'ai plus peur. Je m'en remets à la Providence, aux témoins, à la salle, aux journalistes. Aux avocats, bien sûr aussi, qui prendront tout à l'heure la parole et, pour l'instant, laissent couler, comme si eux non plus ne prenaient rien de tous ces effets de manche au sérieux. Et j'attends la suite, plus ou moins paisiblement...

Sauf que la suite, ce sont les témoins. Je suis à trois mètres de la barre où ils défileront bientôt. Je vois s'approcher l'un après l'autre des gens dont certains me sont très proches. Je suis étonné, d'abord, de les voir. Je suis bouleversé, surtout. Ce qui m'émeut par-dessus tout, c'est que *tous* parlent avec leur cœur. Et ça, ça les décontenance, le procureur et la juge. Les témoins n'ont pas l'habitude du tribunal, et ça se voit. Certains bégaient, sous le coup de l'émotion, d'autres sont d'une clarté implacable, les uns effarouchés les autres flamboyants, tous, toujours, engagés de tout leur être dans ce qu'ils sont en train d'affirmer. Pas d'artifice. Pas de ruse. Ni professionnalisme ni langue de bois. Ils sont, au beau milieu de la mascarade, un bain de fraîcheur et d'authenticité. Crédibles à 100 %, en plus, puisque, quelles que soient les questions qu'on leur pose, on voit bien qu'ils seraient incapables de mentir.

Il y a les coups de théâtre, Jojo, grande bourgeoise méridionale qui se lance dans une tirade sur sa famille catalane qui a fui Franco puis sur ses parents dans la Résistance – « C'est hors de propos ! » la coupe la juge ; mais si, justement, c'est le propos, celui d'une désobéissance civile parfois nécessaire, et parfois même essentielle à la société tout entière ; et, grâce à Jojo, spontanément, voilà ce propos abordé. Il y a les moments poignants, comme l'intervention de Jean-Marc, tellement ému qu'il en bredouille et parvient à toucher la juge : au lieu de l'enfoncer, elle l'apaise et lui laisse le temps de se reprendre. Il y a l'intervention posée de Gabriel, son esprit logique d'ingénieur, son expérience au sein de l'association Justice parité parentale, sa présentation précise des faits, son analyse réfléchie de la situation ; le tout est imparable de cohérence, de concision et, en même temps, de profondeur. Il y a Muriel, bien sûr, mère de famille posée, gérante de société, néo-rurale certes, mais pas vraiment marginale : qu'elle ait pu être ma compagne met à mal ma pseudo-image de « zonard ». Il y a Romain, l'officier de police judiciaire qui m'a interrogé, à Foix ; Romain qui vient et qui témoigne de ma reddition volontaire, puis qui raconte la garde à vue, qui reprend mes déclarations et les détaille une par une : oui, on peut vivre avec 180 euros par mois quand on a son autonomie alimentaire et pas de charges puisque pas de loyer, eau de la source, bois pour le chauffage et panneaux solaires pour l'électricité ; oui, je gardais bien sous la paille l'argent pour qu'à tout moment les garçons puissent aller voir leur mère, s'ils le désiraient ; oui, oui, oui, tout ce qui était déjà dans le dossier quand la juge, en tant que juge d'application des peines, m'avait reçu et expédié au trou, six semaines plus tôt ; sauf que là il développe, il donne aux faits leur épaisseur, leur dimension réelle, concrète... Et je vois bien que la juge, le procureur, l'écoutent attentivement.

Puis, pour finir, il y a mes fils...

Théo

Impertinent, moi ?

Je crois me rappeler qu'ils ont fait une pause avant le passage des témoins. Chaque fois qu'on ressortait du tribunal, c'était la même chose : il fallait se faire escorter pour franchir le mur des journalistes aussitôt reconstitué. Les flics s'en fichaient complètement, alors c'était les copains qui nous encadraient. On passait par la porte de derrière, on faisait ce qu'on pouvait pour leur échapper. Une fois, il y a eu le gros mouvement de foule, une chaise qui tombe, deux personnes qui se retrouvent par terre… la folie, à chaque fois !

En tout cas, quand vient le moment de faire sortir les témoins, on se regroupe dans le hall du tribunal. Il y a Romain, le flic super cool, et Jojo bien remontée, et Jean-Marc hyper ému, et Dayan en état de choc qui ne dit trop rien, et Victor le woofer de Baillou, et Muriel, et… On est neuf, en tout, Françoise étant restée dans la salle d'audience, je n'ai pas trop compris pourquoi. Je vais chercher à boire pour tout le monde. Et on attend… Ils partent l'un après l'autre. Nous deux on est les derniers. Et puis le flic arrive, appelle « Shahi Yena Fortin »… OK. C'est mon tour.

J'arrive dans la salle, le trac au ventre. Je commence à avoir mal au bide. Je traverse la salle, sens tous les regards, arrive à la barre. Je jette un coup d'œil à Pierre. La juge commence à me poser des questions. Il y a plein d'amis qui m'ont dit, après, que la manière dont j'avais répondu les avait choqués : je restais poli, il paraît, mais mon ton était beaucoup trop sec, selon eux, pas impertinent mais presque. Moi je ne sais pas, je n'ai pas remarqué...

Ce que je sais, en revanche, c'est que je suis très mal à l'aise. Tordu en deux par cette douleur au ventre. C'est toute ma vie qu'on étale, qu'on manipule et qu'on dissèque, là, devant tout le monde ! Alors je suis forcé de me placer « en dehors » et de regarder, de raconter comme si tout ça m'était extérieur. Je dis « le père », je dis « la mère », « les victimes », « la justice »... Si je prononçais les mots « mon père », « ma mère », « mon frère et moi », l'émotion serait trop violente, elle risquerait de me balayer... Je sais que ça en a choqué plus d'un, cette distance... Le moyen de faire autrement ?

Je suis là, coincé à cette barre. La juge me pose une question. Ensuite elle me repose la même. Je lui coupe la parole une ou deux fois – elle n'apprécie pas ! Ensuite l'avocat de Katia me demande si on a reçu les lettres de notre mère, pendant la clandestinité ; je dis oui, puisque c'est vrai, on en a reçu quatre ou cinq. Alors l'avocat me piège en disant : « Vous n'avez pas reçu les jouets, pourtant ? » – ces jouets qui étaient piégés, heureusement qu'on ne les a pas reçus ! Sauf que je ne sais pas trop *pourquoi* on ne les a pas reçus, ceux-là ; alors d'une façon ou une autre l'avocat se débrouille pour me donner tort ; alors je fais « OK, voilà, c'est bon... »

En tout ça dure deux ou trois minutes, le même discours que dans les médias : comment Katia nous a embarqués le 6 juin 1996, comment Nico s'est échappé en courant, comment on a vécu les Adrets, la cassure, l'enfermement, le traumatisme, Pierre qu'on n'avait pas le droit de voir, et moi malade tout le temps, et les crises qu'on lui a faites, ce Noël-là, pour qu'il ne nous ramène pas… À un moment, en réponse à une question où la juge essaie de me pousser à coincer Pierre, je sors, et c'est sincère : « Tout le monde fait des erreurs… la mère en a fait, elle aussi. » Cette phrase-là, tous les journalistes l'ont relevée : je l'ai retrouvée dans des tas de médias. Comme j'en ai retrouvé une autre qui disait, en gros : « C'est clair que si le père va en prison à cause de la mère, on ne pourra pas retrouver des liens normaux avec elle… » Ça les a choqués, on dirait ! Ils ont appelé ça – et Katia aussi – du chantage… Pour moi, vu toute l'histoire depuis treize ans, c'est du bon sens, pas du chantage… Mais c'est vrai que la plupart des journalistes n'y ont rien compris, à l'histoire…

Quant à la juge… Je ne sais pas ce qu'elle comprend, la juge. Je n'ai pas vraiment l'idée qu'elle va m'entendre, m'entendre vraiment, je veux dire. Je n'ai pas l'intention de me répandre, de lui faire comprendre à la barre ce qu'on a vécu, toutes ces années. Je suis là pour répondre à ses questions et rétablir la vérité autant que je peux. La justice, je suis bien placé pour savoir qu'elle n'entend rien, qu'elle est injuste. Une salle d'audience, ce n'est pas l'endroit pour se raconter, de toute façon. Je suis là comme devant les médias : c'est un combat. Le but du combat : faire sortir le père de prison. La vérité, *ma* vérité, je ne vais pas la jeter en pâture au tribunal : elle ne regarde que moi…

Bref, pas si content de moi, je vais me rasseoir. Puis Manu arrive. Il fait sa déposition, plus courte que moi j'ai l'impression. Et les plaidoiries commencent.

Xavier

Mes fils à la barre…

Et voilà mes fils qui témoignent… Alors là ça me touche énormément. Je les vois très investis. Et en même temps, je les vois qui ne me défendent pas de façon aveugle. Bien sûr, ils ont le côté militant qu'on leur a vu à la télévision, Théo surtout : on voit bien qu'il est l'aîné, qu'il se sent la mission de défendre son père, de défendre sa famille – ou ce qu'il en reste, mais il ne tombe pas dans le travers de n'être pas objectif. Comme ce moment où il lâche, en parlant de moi aussi, « tout le monde commet des erreurs… » On sent le désir de dire la vérité, de la faire entendre, enfin ! Et il ne mâche pas ses mots. Il ne les mâche même pas du tout. Il a une franchise, et ça se sent. Même quand la juge ou le procureur essaient de le coincer, il ne se laisse pas faire. À un moment, même, Théo les déstabilise : c'est qu'il ne tutoie pas la juge, mais presque. On sent qu'il ne les prend pas au sérieux. Il n'y a pas de mépris, mais il est comme moi : il sait très bien où nous sommes, et que nous ne sommes pas à notre place ici, que tout ça n'est pas objectif, qu'il y a des magouilles et il le sait, il l'a vécu depuis tout petit, et la juge se retrouve en face d'un ado qui ne se démonte pas, qui dit les choses clairement, qui n'hésite pas à marteler les faits, sans se laisser impressionner. Et elle, elle a beau l'interrompre, il continue, il continue... Il a été jusqu'au bout.

Manu, lui, est plus posé, fidèle à son tempérament. Il raconte, calmement. Et là le procureur en profite parce qu'il est plus jeune. Là, le procureur est plus virulent que la juge. Il n'a pas pu coincer Théo qui est incoinçable, vu son caractère. Alors il s'occupe de Manu comme la juge s'est occupée de son frère. « Mais vous n'aviez que cinq ans, lâche-t-il soudain : comment pouvez-vous dire que c'était votre choix ? » Là, Manu ne sait plus que dire... C'est vraiment une attaque déloyale : il n'aurait jamais pu se permettre ça avec Théo, parce que Théo l'aurait apostrophé !

Ce qui me dégoûte, là-dedans, c'est que ce n'est pas la recherche de la vérité : c'est tout le contraire. Les garçons, les autres témoins, la juge et le procureur font tout pour les déstabiliser. Ils sont tous les deux ligués pour ça. Ils n'y arrivent pas, parce que les gens parlent avec leur cœur, on ne peut pas les déstabiliser, on peut juste les faire s'effondrer. Pour Théo et Manu, c'est pire encore : on voit bien qu'ils sont émus ; c'est leur père, ce qu'il reste de leur famille qu'ils défendent, c'est tout ce qu'ils ont vécu en onze ans plus toute la souffrance d'avant... Alors vouloir les affaiblir, les coincer, au lieu de faire la lumière ; ne pas tenir compte de leurs réponses quand elles dérangent et aussitôt zapper, passer à autre chose : c'est vraiment ignoble !

Avec Françoise, c'est pareil. Françoise a commencé à témoigner, mais aussitôt la juge l'a interrompue pour dire que son témoignage ne serait pas pris en compte parce qu'elle a été condamnée pour complicité dans la même affaire. Elle est quand même interrogée, heureusement. Mais chaque fois que ce qu'elle dit est trop précis, remet trop en cause les jugements précédents, la juge abrège, elle la fait taire – « c'est bon c'est bon… » –, et Françoise ne peut aller jusqu'au bout. Mais qu'est-ce que c'est que cette justice ? ! Aucun débat contradictoire, aucune écoute, aucune tentative de comprendre…

Il y a des moments, tout de même, où la juge se laisse émouvoir, c'est vrai. Et tout le monde est ému, dans l'assistance, lorsque passent les témoins – Jean-Marc surtout, qui en impose si peu et, peut-être précisément pour ça, la touche vraiment. Les témoignages de Gabriel et de Romain, le flic, sont particulièrement consistants. Mais ceux de mes deux fils, leur sincérité, leur spontanéité, auront probablement beaucoup de poids sur la décision du tribunal…

Et c'est là que commencent les plaidoiries.

Manu

Pas méchant, l'avocat de Katia

L'avocat de Katia a parlé d'abord. Pas longtemps. Il dit deux ou trois choses pas vraiment gênantes. Il n'est pas très méchant. Assez gentil, même, franchement.

Puis c'est Pascaline qui commence. « On n'a rien à faire ici, elle dit d'entrée de jeu. C'est une affaire familiale, pas une affaire pénale. » Puis elle sort une deuxième phrase, je ne sais plus trop quoi… et la salle se met à applaudir ! Du coup la juge pète un câble. « Silence ! elle crie, on est dans un tribunal ici. » Et Pascaline poursuit. C'est beau ce qu'elle dit. C'est émouvant. Je serais incapable de retrouver ses mots mais je sens la salle qui vibre à mesure qu'elle parle… Puis c'est Guy Dedieu qui prend la parole, avec son accent du Midi : plus zen, mais très carré en même temps. À eux deux, ils ont bien dû parler deux heures… Puis vient le tour de Bouzerand. Alors là, c'est stupéfiant ! Il se montre catégorique, plaque deux ou trois arguments auxquels on ne comprend pas grand-chose mais qui apparemment sont imbattables… et il clôture le truc en deux temps trois mouvements. Apparemment, c'était super fort, d'après les commentaires que j'ai entendus après de gens qui s'y connaissent.

Ensuite le procureur fait son discours comme quoi ce n'est pas le procès de la marginalité qu'on fait ici – vraiment ? – ni le procès d'un père de famille dont on ne peut qu'admirer les qualités – tiens donc... Bref, il commence super-cool, en apparence... Mais réclame quand même six mois ferme, le reste avec sursis.

J'ai entendu dire plus tard que ce procureur avait la réputation d'être si mesuré, si juste que, la plupart du temps, la peine qui tombait était exactement celle qu'il avait réclamée. Aucun d'entre nous ne le sait, à ce moment-là. Donc lorsque l'audience est levée, en vue des délibérés, personne ne sait à quoi s'attendre. Suspense...

À la sortie, les journalistes se jettent sur nous, comme d'habitude. Mais les avocats nous ont conseillé de ne rien dire. Je ne sais pas si c'est à ce moment-là ou un peu plus tôt, mais Théo a lâché un truc contre la juge qui était de parti pris... Bref, en gros on réussit à esquiver les médias, quand même – à force, on est rodés –, et après encore un temps d'attente, on retourne tous dans la salle d'audience.

La juge commence à lire le jugement. Un tel jargon, ces conclusions que, dans l'assistance, il n'y a pas grand monde qui comprend. On est tous là, suspendus... Et puis l'un des avocats se tourne. Il dit : « C'est bon, il sort ce soir. » Et là c'est l'explosion dans la salle, les gens qui se mettent à crier, à applaudir, tout le monde debout, à se prendre dans les bras... Du coup, la juge s'énerve encore une fois, tape avec son marteau comme dans les films...

Et nous ressortons tous, dans la pagaille... Pendant une heure et demie deux heures, on reste dehors, devant le tribunal, à répondre aux médias. Théo fait un direct pour une journaliste de TF1 qu'on connaissait déjà. Les avocats font le point ; Bouzerand surtout développe ; on voit qu'il a l'habitude et en profite pour faire sa pub ; Pascaline et Guy Dedieu sont bien plus discrets... Même Nicolas est interviewé. Et moi bien sûr... un peu à répéter toujours la même chose...

Et puis on file récupérer le père, à la sortie du pénitencier...

Xavier

Prier…

À partir de là, je suis relativement serein. C'est aux avocats de parler et ils ont toujours l'air aussi confiants… Je peux me détendre, maintenant. On ne va plus rien me demander. Et je deviens spectateur…

Ils vont me stupéfier, tous les trois ! C'est si organisé, si concerté, cette façon dont ils se sont réparti les rôles ! Une véritable machine de guerre, mais qui avance bien tranquillement et se révèle… imparable.

La juge est fatiguée, ça se voit. On est enfermé là depuis des heures et c'est loin d'être fini. Un vrai procès d'Assises miniature ! Sauf que la juge devra rendre son verdict ce soir même ; qu'ensuite, alors qu'elle est déjà complètement HS, elle devra entendre – et expédiera ! – le malheureux que j'ai croisé dans la cage derrière… Quel sérieux accorder à une justice qui travaille dans des conditions pareilles ?

Pascaline, elle, est en pleine forme. Elle commence par replacer la situation dans son juste cadre : « Nous n'avons rien à faire en correctionnelle : ceci est une affaire familiale, qui relève donc du juge des affaires familiales. » Puis, désignant l'assistance, elle lance une deuxième salve : « Regardez tous ces gens, là… C'est le Grenelle de l'environnement au jour le jour ! » Le cri du cœur... avec applaudissements spontanés de la salle entière ! La juge élève le ton, menace de suspendre l'audience… Cette fois pourtant je n'ai pas peur. Je sens que c'est gagné… Si elle pouvait encore s'interroger sur qui pensait quoi, dans cette audience disparate, la juge ne peut plus en douter : la salle est acquise à notre cause. Acquise parce que mes amis s'y trouvent, acquise aussi parce que des dizaines d'inconnus alertés par les médias sont venus spontanément nous soutenir. Quelques semaines plus tard, à Paris, les garçons et moi serons abordés dans le métro par un jeune Noir, joueur de foot, qui nous expliquera que sa famille est descendue à Draguignan pour le procès. Des gens comme ça, en ce moment même, il y en a des tas dans cette salle d'audience, dans les couloirs, et jusque sur les marches du tribunal… La juge et le procureur prennent la mesure de l'opinion, soudain. Ils découvrent qu'ils sont complètement isolés…

Pascaline poursuit, passionnément. Sa plaidoirie est à la fois brillante et pleine de sensibilité. Droit des enfants, leur écoute non seulement nécessaire mais rendue obligatoire par la loi, parité parentale, effets désastreux que provoque le préjugé inconscient des juges et jugettes en faveur de « la maman »… On voit qu'elle connaît le sujet à fond : ce dossier-là, et tous les autres, qu'elle a eu à traiter en faveur des enfants. Elle ne discute pas procédure : elle raconte mes fils, ce qu'ils ont vécu, ce qu'ils ont subi, toutes ces années à n'être *jamais* – sauf lors du premier référé dont ils s'étaient tant réjouis – écoutés par la justice… Elle insiste sur la discrimination ; discrimination contre « le père », d'abord ; discrimination pour « marginalité »… Elle est très à l'aise, magnifique, et tire un frisson d'émotion à plus d'un auditeur attentif.

La juge, elle, somnole à moitié. Elle écoute, fait mine de fixer son attention : on sent qu'elle est déjà *out*.

Guy Dedieu prend la relève. Il a l'accent roulant du Sud, se lance dans des citations littéraires… et ça allège. Il est aussi lyrique qu'on peut l'être et, en même temps, touchant, avec cette plaidoirie qui sent le terroir, la montagne, le vaste ciel et le labeur des hommes. Ce qu'il développe est inclassable. Pour aborder l'ensemble du dossier, il parle de la vie des humbles, il parle de l'Homme, il parle du Pardon, il enrobe tout ça dans des paroles bibliques… Il ne s'appelle pas Dedieu, de Foix, par hasard ! Mon intuition ne m'avait pas trompé, ce premier soir en prison, quand j'ai décidé de lui écrire…

Je jette de temps à autre un coup d'œil à la juge et au procureur : ils se détendent, se reposent presque.

Et voilà que Bouzerand prend la parole. En deux temps trois mouvements, il balance : un délit par-ci, une détention provisoire par-là, une remise de peine par ailleurs… L'aspect qu'il aborde est purement juridique, purement procédural. Ça dure trois minutes et il conclut : « iIl faut que Xavier Fortin sorte ce soir. »

Électrochoc, du côté de la juge. Là, elle est pleinement réveillée. Elle le regarde avec des yeux ronds.

Ensuite, il y aura l'avocat de Katia : discours larmoyant sur « la pauvre maman » mais rien dans son dossier, pas de témoignages, pas de preuves, et quand il nie l'existence des lettres que les enfants lui ont envoyées dès après notre départ en cavale, les avocats n'ont aucun mal à répliquer : « Non mais attendez : les voilà, ces lettres, elles sont au dossier avec accusé de réception… »

C'est là, en gros, que je décroche. C'est beaucoup trop énervant. Je suis déjà passé à l'étape suivante, celle du verdict, que j'envisage… pile ou face. Pile, ils font de moi un exemple : pour les autres parents tentés de défier le système en passant outre ses jugements ; pour toutes les brebis noires qui osent résister à l'uniformisation, celles qui choisissent de résister pour protéger leur identité comme celles qui adoptent un mode de vie atypique ; pour se venger, tout simplement, du camouflet à la face de tous les flics de France qui aura duré onze ans... Dans ce cas-là, je suis cuit : je prends le maximum, deux ans ce soir et, aussitôt après, le procureur d'Ariège m'intente un nouveau procès pour la clandestinité des années 2005-2009, alors j'en prends pour trois ans de plus, comme il le souhaite... Ou alors, c'est « face » qui sort. Parce que les médias sont là, parce que l'opinion, à en juger par l'ambiance dans la salle d'audience, m'est clairement favorable : on me libère au plus vite...

Sauf que je n'ose pas trop y croire. Parce que si je sors, « ils » savent que je vais parler, que les garçons vont parler, que ça va devenir un élément de plus pour un vrai débat de société, plusieurs débats même : celui sur la justice en France, sur le droit des enfants bafoués, sur la discrimination, sur les bavures, sur la légitimité de la désobéissance civile, même...

Tiens ! C'est le réquisitoire du procureur, maintenant. Habile, mesuré. Et, contre toute attente, il réclame bien moins que le maximum : deux ans, oui, mais avec dix-huit mois de sursis...

Et aussitôt on m'emmène. Suspension d'audience, pour délibérés. Guy Dedieu a juste le temps de me glisser : « Ne t'inquiète pas, tu vas sortir ce soir. » Et me revoilà dans la cage derrière avec le malheureux qui attend toujours. Et moi je me mets à attendre aussi. Interminables, ces minutes, ces quarts d'heure, cette éternité à estimer mes chances, le pour, le contre, et l'enjeu pour la justice qui ne peut ni se dédire ni, tout de même, se voiler la face, et... Cette fois tout a été dit, enfin. Pour la première fois en douze ans, le tribunal n'a pas eu d'autre choix que de *tout* entendre. Mais ce qu'il en fera… Je ne sais pas. Je ne sais plus. Je me vois aussi bien être ramené dans ma cellule et entamer une grève de la faim… jusqu'à la fin… ou alors : la victoire !

C'est long, c'est long, cette attente. Je n'ai plus les idées claires. Je fais la seule chose à ma portée, en ces minutes d'angoisse : je prie.

Théo

Tout est ouvert…

Voilà : c'est les délibérés. On est tous dehors, bloc de stress, Kornélia à bout. Et puis les journalistes qui montent à l'assaut. Et les avocats qui nous ont dit de ne pas moufter. Et le suspense, l'indécision, la pression de toute cette journée de fous. On est confiants, un peu… Mais on n'imagine pas une seconde qu'il va sortir le soir même ! On se dit qu'il va en prendre pour trois ou quatre mois, peut-être…

Quand l'audience reprend, que la juge balance ses conclusions, je n'entends pas quelle est la sanction mais je sens que ça commence à s'affoler dans la salle. Je demande confirmation à mon voisin et, là… Là je gueule – cri de la victoire ! Tout le monde gueule, dans l'assistance. Les gens se lèvent. La juge frappe avec son marteau : « Pas de chahut dans la salle ! » Qu'est-ce qu'on s'en fiche, on n'entend plus rien. Mon père va sortir ce soir !

Quand on quitte la salle, quelques minutes plus tard, je ne sais plus qui me prend dans ses bras. On se fait la bise. C'est naze mais ça permet de lâcher le trop-plein… Et puis on est dehors, fous de joie.

C'est là, sur les marches du tribunal, que je lance mon cri du cœur, cri de soulagement et de gratitude : « Maman je t'aime ! » C'est que je l'aime, je l'aime vraiment, en cet instant où tous les possibles s'ouvrent à moi. Le père libéré, l'affaire jugée, ce n'est pas seulement la vie qui recommence, c'est la vie qui *commence* tout court. Plus de clandestinité, plus de mensonges, plus de coupure avec la mère ; tout le temps d'apprendre à se connaître au contraire, tout le temps d'apprendre à s'aimer, de recoller les morceaux, sans cette méfiance pour cause de procès qui a faussé nos retrouvailles.

Je crois même me rappeler qu'à ce moment-là j'ajoute : « Merci, tu as fait l'essentiel… » Et je le pense. Effacés, ses demi-mensonges quart de vérité ; effacées, nos engueulades au téléphone ou ailleurs ; effacés, mes doutes, ma colère contre elle. Ce soir, on a gagné, le père est libre. On n'a pas gagné contre Katia, on a gagné contre l'injustice, les années de chaos, l'obligation de vivre cachés… Et on gagné… grâce à elle, aussi, puisqu'elle n'est pas venue nourrir la guerre…

J'essaie ensuite de l'appeler. Deux ou trois fois, je réessaie. Ça ne répond pas, évidemment. Et puis l'urgence du moment me happe. Réceptionner les appels de deux ou trois personnes, comme mon pote Saël, avec qui j'ai passé pas mal de temps, d'autres aussi qui ont suivi le procès à la télé – il paraît que c'était un vrai feuilleton, entre deux émissions, deux pages de pub. Se donner aux médias à fond, les avocats et nous tous dispersés un peu partout sur la place devant le tribunal. Je fais le Journal de TF1, en duplex avec Claire Chazal, sur place dix personnes de l'équipe à courir dans tous les sens, brancher les fils, la grosse parabole, et moi qui suis là à attendre, à me fiche gentiment d'eux, ensuite la journaliste qui m'interroge… tout ça pour trente secondes d'antenne que je visionnerai plus tard !

Ensuite, vite fait, on décide comment on s'organise, où on se retrouve, plus tard. Et on part avec Muriel et les filles, direction : le pénitencier. On court dans les rues, fous de bonheur. Pierre est libéré ? Moi aussi ! Parce que la guerre est finie, la guerre qu'ils se faisaient tous les deux et dans laquelle j'étais pris. Parce que je vais retrouver ce père avec qui je suis réconcilié et qui sait, maintenant, combien je me suis battu pour lui. Parce que je vais pouvoir aller vers cette mère que j'ai hâte de découvrir enfin, loin du combat, loin des médias. Parce que tout est ouvert, désormais...

C'est là qu'on manque faire un carton en sortant la voiture, tellement on est euphoriques. Et puis on roule vers la prison, Muriel met la musique ; je monte le son ; un morceau de ska espagnol, je crois ; du feu, de la puissance, de la passion ; et moi j'ouvre grand la fenêtre, le vent dans la figure, le cœur qui danse, et je suis là : « Putain ! Ce moment-ci, avec cette musique, avec vous tous… si on doit faire un film sur tout ça, il faut absolument que ça soit dans le film ! »

Épilogue

Une année s'est écoulée, depuis la sortie au grand jour de « l'affaire Fortin », la nôtre. Une année pas comme les autres, où nous avons dû laisser notre maison de Bolant pour parcourir les routes et les souvenirs. Nous avons rencontré bien des gens, amis perdus de vue depuis des années, journalistes plus ou moins fiables ou inconnus qui sollicitaient notre aide dans tel procès – où la garde, donc la vie, d'un enfant étaient en jeu –, dans telle attaque contre des libertés fondamentales – telles que le droit d'accoucher chez soi ou celui d'y faire l'école… Nous avons retrouvé nombre d'êtres chers : Guy et Magali, de La Celle, et la communauté pleine de vie qu'ils animent ; Josiel, ascète à l'amérindienne, dont l'ancrage et la sagesse ont remis bien des équilibres en place ; ceux du village tipi jadis itinérant aujourd'hui posés en Bretagne, Laurent, le « barde », et son fils Naïché, réunis dans une même fidélité à la culture amérindienne qu'ils célèbrent dans les spectacles équestres, les animations et le musée itinérant du Spered an Avel Wild West Show… Nous avons donné une fête, dans les Cévennes, où une cinquantaine de personnes, qui pour beaucoup ne se connaissaient pas puisque leur seul lien était le comité de soutien, ont pu se rencontrer enfin – un grand moment d'émotion !

Pour nous, les garçons, cette année a été marquée par la déconvenue des retrouvailles avec notre mère, que tout s'est acharné à compliquer. Sa révolte – compréhensible – contre la décision de la justice de relâcher son ex-compagnon s'est retournée contre nous, ses fils. Bientôt, dans les médias, nous qui ne l'y avions jamais attaquée avons reçu le choc de ses critiques, son amertume, son désaveu. Une dernière rencontre, au printemps, s'est très mal passée elle aussi : questions de notre part, fureur de la sienne… au point que nous avons jugé plus sage de disparaître. De brefs échanges téléphoniques ou internet depuis, des appels répétés de Shahi Yena accueillis par un silence obstiné malgré le « je serai toujours là pour vous » d'un message écrit antérieur… Les blessures sont encore à vif. Les malentendus se multiplient… Un jour, à l'abri des regards publics, loin du voyeurisme des uns, de la soif de revanche des autres, nous espérons de tout notre cœur que la parole qui libère et l'écoute qui apaise finiront par se frayer un chemin. Lorsque le passé, réconcilié, aura cessé d'être un fardeau, lorsque l'amour sera plus fort que la méfiance et les regrets, alors nous aurons pour nous trois le présent… et tout l'avenir…

Cette année est également celle où notre père et grand-père Philippe Fortin, à peine revu lui aussi, s'est éteint, quelques mois après le procès. À bout de forces comme il l'était, il se redressait encore pour nous transmettre, à nous les petits-fils qu'il n'avait pas vus grandir, ces valeurs de droiture, de probité et de dédain des choses matérielles qu'il craignait de nous voir perdre dans le chant des sirènes médiatiques.

Une année s'est écoulée, donc. Elle fut riche en émotions, en joies, en tristesses. À l'heure de finir ce livre, nous souhaitons expliquer le sens que nous lui donnons. Ce livre se veut un témoignage pour tous ceux qui, contrairement à nous, n'ont pas le droit à la parole et vivent cependant des expériences semblables. Un témoignage pour tous les enfants qui font les frais de la séparation de leurs parents, frais que la justice rend plus lourds encore en ne les écoutant pas… Un témoignage en faveur de certaines minorités dont les valeurs, le mode de vie et la vision du monde méritent non seulement d'être accueillis sans discrimination, mais se révéleraient même, pour peu qu'on daigne en prendre connaissance avec respect, être riches d'enseignement pour notre « système » occidental exsangue… Un témoignage en faveur de la résistance et de la désobéissance civiles qui sont l'unique issue, dans certains contextes, et se révèlent parfois salvatrices pour la société entière – par temps d'occupation et autres crises… Un témoignage, enfin et surtout, en faveur de la nature qui nous donne la vie et des peuples premiers qui, plus que d'autres, nous invitent à la respecter. Une partie de nos droits d'auteur ira d'ailleurs à des organismes de soutien à ces peuples, ainsi qu'à des associations qui promeuvent le contact, la connaissance, l'amour de la nature et de la terre…

Une page se tourne, avec la fin de ce livre. Une fois la poussière retombée, nous aborderons une nouvelle étape de nos vies. Celle où tout reste à construire, à rêver… et à concrétiser.

Pour Xavier, dès qu'il en aura retrouvé le temps et les moyens, puisqu'il n'a plus rien, il s'agit de réinstaller les jardins, en Ariège et dans les Cévennes, où établir ses camps de base, de réunir les bêtes, le convoi, le matériel pédagogique nécessaire à un nouveau petit cirque d'animation, afin de repartir sur les routes et partager avec tous, avec les enfants surtout, la connaissance et l'émerveillement de la nature, des animaux de la ferme, des reptiles, peut-être…

Pour Shahi Yena, les rêves sont multiples… et il compte bien les réaliser tous, un jour ou l'autre. Certains d'ailleurs se recoupent : ainsi des chevaux, des aigles, des reptiles, du feu aussi, *son* élément, à partir desquels il envisage de monter des spectacles, plus tard. Dressage, équitation, voltige, mais aussi fauconnerie et herpétologie sont donc inscrits au programme de ses futures formations. Avec la photo, leur complément, parce qu'elle permet de saisir l'insaisissable, osmose féerique du cavalier et de sa monture dans un mouvement de voltige ou épopée « microcosmique » du scarabée qui charge la fourmi... Un autre projet, s'il a un jour les moyens : acheter des terres dont l'écosystème est menacé et les mettre à disposition d'individus, de collectifs prêts à s'y établir dans le respect de la faune, de la flore, leur équilibre et leur magie... Se pencher sur la psychologie l'attire tout autant, pour se comprendre et comprendre les autres. Mais aussi chanter, jouer de la musique, faire du cinéma, pourquoi pas ? Et puis passer son brevet de pilote d'hélicoptère, pour voler, enfin, voler pour de vrai ! Et... quand on lui demande *comment* il pourra accomplir tant de choses, Shahi Yena a une réponse toute prête : « Écoute ton cœur et crois en toi ! La Providence fera le reste... » Il ne se voit pas vivre ailleurs que proche de la nature, de toute façon. Ni autrement que libre, c'est à dire « polyvalent, avec des tas de cordes à mon arc et sûrement pas un *seul* métier »...

L'étoile de la liberté, c'est elle aussi que choisit Okwari, dans son projet plus immédiat. « Partir, dès que ce sera possible. Partir avec le vieux camion que Pierre m'a donné pour mes dix-huit ans. Rouler sans savoir pour où, l'Italie d'abord, puis l'Europe de l'Est, puis, avec le temps, l'Égypte... »

Les plans peuvent changer en chemin. Pour chacun de nous trois, en effet, les lieux, les rencontres, la Providence et l'heure indienne se chargeront de décider...

Note finale

Pour nous faire part de vos réactions à la lecture de ce livre, il vous est possible de nous joindre à :

– l'association La Ferme écologique, fermecologique@gmx.fr, pour Xavier

– ou media.fevrier@gmail.com, pour Okwari et Shahi Yena.

TABLE DES MATIÈRES

Ce volume a été composé
par PCA

Impression réalisée par
CPI BRODARD ET TAUPIN
La Flèche
en février 2010

Pour l'éditeur, le principe est d'utiliser des papiers composés de fibres naturelles, renouvelables, recyclables et fabriquées à partir de bois issus de forêts qui adoptent un système d'aménagement durable.

En outre, l'éditeur attend de ses fournisseurs de papier qu'ils s'inscrivent dans une démarche de certification environnementale reconnue.

N° d'édition : 01 – N° d'impression : 56406
Dépôt légal : mars 2010

Imprimé en France